上海市精品课程配套教材

高职高专“十四五”国际商务专业核心课规划教材

# 国际货运代理实务

（第二版）

刘 丽 吴文一 主 编

周琼琼 董 森 陈 婧 副主编

杨志刚 主 审

上海财经大学出版社

**图书在版编目(CIP)数据**

国际货运代理实务/刘丽,吴文一主编. —2版. —上海:上海财经大学出版社,2021.7

(高职高专“十四五”国际商务专业核心课规划教材)

ISBN 978-7-5642-3802-5/F·3802

Ⅰ.①国… Ⅱ.①刘… ②吴… Ⅲ.①国际货运-货运代理-高等职业教育-教材 Ⅳ.①F511.41

中国版本图书馆 CIP 数据核字(2021)第 107830 号

□ 责任编辑 李成军
□ 封面设计 张克瑶

**国际货运代理实务**
(第二版)

刘 丽 吴文一 主 编
周琼琼 董 淼 陈 婧 副主编
杨志刚 主 审

上海财经大学出版社出版发行
(上海市中山北一路 369 号 邮编 200083)
网 址:http://www.sufep.com
电子邮箱:webmaster @ sufep.com
全国新华书店经销
上海景条印刷有限公司印刷装订
2021 年 7 月第 2 版 2024 年 7 月第 2 次印刷

787mm×1092mm 1/16 14.5 印张 371 千字
印数:8 001—9 000 定价:49.00 元

# 第二版前言

《国际货运代理实务》自 2018 年出版以来，受到广大读者的认可和欢迎，作为高等院校的国际商务、物流管理、报关与国际货运等专业的核心教材，被广为选用。

为更好地落实立德树人根本任务，全面推进课程思政建设，本书在每个项目前增设了思政目标，编写了兼具时代性、科学性的思政链接案例，力求将价值引领、知识传授和能力培养三者融为一体，同时本书更新了一些旧的数据，补充了部分新的资料和参考资料。

依然恳请专家和读者对本书再版中存在的不足之处批评指正，对广大读者的支持和帮助表示感谢。

编　者

2021 年 4 月

# 前 言

随着世界各国经济贸易往来的日益频繁、跨国经济活动的增加，世界经济一体化进程的加快，国际货运代理行业在世界范围内得到迅速发展，国际货运代理人队伍不断壮大，并成为促进国际经济贸易发展、繁荣运输经济、满足货物运输关系人服务需求的一支重要力量。

国际货运代理的业务范围十分广泛，其重点内容是与国际贸易相关的国际运输。本书采用项目引领、任务驱动的编写方式，以国际货运代理业务为主线，重点阐述海运、航空、铁路、公路及多式联运方式下的运输单证、运输程序，以及相关的国际公约和国内法规，并提供大量的操作以加深读者的理解。

本书力求反映国际货运代理行业的最新动态和发展趋势，做到理论与实务兼顾，内容完整、翔实、新颖，同时突出国际货运代理业务重点。因此，本书可作为报关与国际货运、物流管理、集装箱运输管理、国际贸易等专业的教材使用，也可作为物流公司、货运代理公司、仓储公司等相关单位的管理、技术和业务人员的培训教材。

在本书编写过程中，参阅了大量国内外论著，并从中引用了不少经典的概念和图片，在此，谨向各位货运代理研究的专家、学者致以诚挚的感谢。

本书由上海海事职业技术学院吴文一、上海工商外国语职业学院刘丽主编并统稿，上海工商外国语职业学院周琼琼、董森和陈婧参与编写相关内容，全书由上海海事大学杨志刚教授主审。由于多名人员参加了本书的编写工作，并且编写时间紧、任务重，难免出现疏漏和错误，真诚希望广大读者批评指正，以便再版时予以修正，从而使其不断完善。

编者<br>2017 年 11 月

# 目　录

# 项目一　货运代理行业认知

**知识目标**

- ◆ 了解国际货运代理的性质
- ◆ 理解国际货运代理的作用
- ◆ 熟悉国际货运代理责任保险的方式

**能力目标**

- ◆ 能够认识国际货运代理的业务内容和特征
- ◆ 学会查找相关的国际货运代理企业网址
- ◆ 理解国际货运代理人法律责任的鉴别和风险防范

**思政目标**

- ◆ 加强对货运代理从业人员职业素养的培养
- ◆ 培育货运代理行业的职业责任感和敬业精神

**重点难点**

- ◆ 熟悉国际货运代理的业务范围
- ◆ 熟悉货运代理法律地位的识别标准及国际货运代理责任险的内容

**任务引入**

2019 年 3 月 5 日，上海某公司向美国出口一批玩具，国外贸易商要求货物运至美国洛杉矶港。负责操作的业务员小王应该如何完成这项工作呢？通过本项目的学习，你应当能够了解通过何种途径将该批货物按外方要求平安送达。

## 任务一　认识货运代理行业

### 一、国际货运代理的概念

随着市场经济的不断发展，人们的活动范畴日渐拓宽，社会关系渐趋复杂，从事民商活动不可能事必躬亲。频繁的经济活动常因时间、地点和条件的限制，而使当事人无法逐项亲自参与，为了实现其合法的经济权益，需要授权他人代其从事经济活动。代理制度一方面使民事主体活动的范围得以扩大，权利效力得以延伸，大大降低被代理人（本人）的交易成本，另一方面能使民事主体不仅可以利用自己的能力和知识参加民事活动，而且通过利用他人能力和知识扩展其活动能力。

“国际货运代理人”一词，国际上虽然没有公认、统一的定义，但在一些权威机构出版的工具书中有一定的解释。联合国亚太经合组织的解释是：“货运代理人代表客户运输，而本人并不起承运人的作用。”国际货运代理人协会做出的定义是：“国际货运代理人是根据客户的指示，并为客户的利益而取得货物运输的人，其本人不是承运人。”对英文“Freight Forwarder”一词，国内也有多种译法，如“货运代理人”“货运经纪人”“货运代理行”。国外对“货运代理人”一词也理解不一，如“关税代理人”“清关代理人”“关税经营人”“海运代理人”等。尽管在字面上对“国际货运代理人”理解不一，但其含义是相同的，即充当代理的角色。他们替客户安排货物运输、代收代付运费，开展进出口报关、检验等业务。但由于国际货运代理业的发展，有时国际货运代理人不再以代理人的身份出现，而直接以承运人的身份与客户订立运输合同，或直接签发自己的提单给客户，这就是国际货运代理人发展的又一方向——无船承运人（Non-Vessel Operating Common Carrier，NVOCC）。但从目前国际货运代理人所从事的业务活动和他们与客户之间的关联来看，其性质主要如下：

（1）根据与客户订立的协议或合同，或根据客户的指示从事业务，货运代理人应以通常具有的责任完成客户的委托，尤其是在授权范围内，如违反这一服务准则而造成损失，货运代理人应承担责任。

（2）作为承运人完成或组织完成货物运输并承担责任（这是指国际货运代理人充当无船承运人，并由其签发全程货运单证，收取运费时）。

（3）作为经营人完成或组织完成货物运输，但不承担运输责任（这是指由他人签发全程货运单证，或委托他人完成或组织完成货物运输时）。

（4）如实汇报一切业务事项，如对客户有任何隐瞒或所提供的资料不实而造成损失，客户有权向货运代理人追索并撤销代理合同或协议。

（5）货运代理人在与客户订立的合同或协议有效期内不得将代理行为让第三方知悉，也不得将代理权转让他人。

**提醒您**

**NVOCC与货运代理的区别**

| 主要内容 | 国际货运代理人 | 无船承运人 |
|---|---|---|
| 与托运人关系 | 委托方与被委托方 | 托运人与承运人 |
| 与收货人关系 | 不存在任何关系 | 提单签发人与持有人 |
| 法律地位的确定 | 委托方代理 | 承运人 |
| 相关费用计收 | 佣金 | 收运费或赚取差价 |
| 提单拥有 | 不拥有自己的提单 | 拥有自己的提单 |
| 运输合同 | 代表委托方订立 | 与托运人订立 |
| 法律关系 | 委托关系 | 双重身份 |

## 二、我国国际货运代理业的现状

我国国际货运代理行业虽然起步较晚，历史较短，但是由于国家重视、政策鼓励，发展十分迅速。截至2021年4月，我国已有国际货运代理企业74 000多家，从业人员超过200万人。这些企业遍布全国各省、自治区、直辖市，分布在30多个部门和领域，国有、集体、外商投资、股份制等多种经济成分并存，已经成为我国对外贸易运输事业的重要力量。这对于我国对外贸易和国际运输事业的发展，乃至整个国民经济的发展做出了不可磨灭的贡献。目前，我国80%的进出口贸易货物运输和中转业务、90%的国际航空货物运输业务是通过国际货运代理企业完成的。综观我国国际货运代理行业的发展历程和现实状况，不难看出其至少存在以下几个特点：

（1）政府部门多头管理，政策法规不够统一。虽然国际货运代理法规已经明确商务部为全国国际货运代理行业的主管部门，但是国务院公路、水路、铁路、航空、邮政运输主管部门和联合运输主管部门在根据与本行业有关的法律、法规和规章对国际货运代理企业的设立及其业务活动进行着不同程度的管理。开办国际货运代理企业，从事国际货物运输代理业务，不仅要遵守国际货运代理法规和规章，还要遵守有关公路运输、水路运输、铁路运输、航空运输、联合运输代理的法规和规章，以及邮政法规、规章。

（2）国际货运代理企业分布的地域、领域较为广泛，多种经济成分并存，发展不够均衡。虽然全国所有省、自治区、直辖市均有国际货运代理企业存在，但沿海国际货运代理企业数量较多，业务发展较为迅速。内陆国际货运代理企业数量较少，业务发展较为缓慢。虽然国际货运代理企业分布于30多个部门和领域，多种经济成分并存，但绝大多数国际货运代理企业隶属于进出口贸易企业和交通运输企业，国有、外商投资国际货运代理企业在规模上占绝对优势，其他经济成分的国际货运代理企业规模较小。

（3）国际货运代理企业服务网络不够健全，服务质量参差不齐，国际竞争能力较弱，经营秩序有待规范。目前很少有国际货运代理企业拥有完善的全球业务网络，大多数国际货运代理企业缺乏国际业务网络，多数国际货运代理企业没有国内业务网络。由于缺乏专业人员，业务人员不足，没有统一的行业规范，国际货运代理企业之间服务质量参差不齐，差别很大。加之资金、市场、信息网络等方面的原因，我国国际货运代理企业总体国际竞争能力较弱。有关部门虽然多次清理国际货运代理企业，整顿国际货运代理市场秩序，打击非法经营活动，但是由于种种原因，整个国际货运代理行业的经营秩序仍然不够理想，有待进一步规范。

（4）多数国际货运代理企业历史较为短暂，服务项目单调，资产规模和经营规模较小，专业人才匮乏。由于我国国际货运代理行业成立时间较短，大多数国际货运代理企业成立不足10年，服务功能较少，不能提供有关法规和规章允许的所有服务。从资产规模、经营规模角度来看，大型、集团型国际货运代理企业数量较少，中小国际货运代理企业占70%以上，多数国际货运代理企业缺乏精通有关业务的专业人才。现有专业人员有待普遍的规范化培训。

## 三、国际货运代理组织

### （一）国际货运代理协会联合会

“FIATA”是国际货运代理协会联合会的法文缩写，并被用作该组织的标识。它是一个非营利的世界性国际货运代理行业组织，代表了由大约50 000家货运代理企业、1 000万从业人员组成的国际货运代理行业，具有广泛的国际影响。

为了保障和提高货运代理行业的全球利益，1926 年 5 月 31 日，116 个国家和地区的货运代理协会在奥地利维也纳成立了国际货运代理协会联合会。该联合会总部设在瑞士苏黎世，并在欧洲、美洲、亚洲和太平洋、非洲和中东 4 个区域设立地区办事处，并任命地区主席。其中，亚洲和太平洋地区秘书处设在印度孟买。该联合会现有来自 86 个国家和地区的 96 个一般会员，分布于 150 个国家和地区的 2 700 多家联系会员。在中国，国际货运代理协会联合会拥有中国国际货运代理协会和台湾地区、香港特别行政区的货运代理协会 3 个一般会员，并在中国大陆内地拥有 13 个、在台湾地区拥有 48 个、在香港地区拥有 105 个联系会员。

国际货运代理协会联合会的宗旨是保障和提高国际货运代理在全球的利益；工作目标是团结全世界的货运代理行业，以顾问或专家身份参加国际性组织，处理运输业务，代表、促进和保护运输业的利益；通过发布信息，分发出版物等方式，为贸易界、工业界和公众了解货运代理提供服务；通过制定和推广统一货运代理单据和交易条件，改进和提高货运代理的服务质量；协助货运代理人开展职业培训，处理责任保险问题，提供电子商务工具。

国际货运代理协会联合会的会员分为一般会员、团体会员、联系会员、名誉会员。FIATA 会员资格自协会发出书面批准通知，收到其缴纳的会费、摊派费开始。不能按时履行缴费义务的会员，将被协会秘书处书面通知中止会员资格，待缴纳所有欠款以后，再恢复会员资格。

国际货运代理协会联合会的最高权力机构是会员代表大会。会员代表大会每年召开一次，由主席负责召集，主要职责是修改章程，批准会员的入会和退会；审定年度工作报告、财务报告、财务预算和审计长的报告；增加或修改大会议程，批准解除主席团，选举或罢免主席团成员、主席、秘书长和司库；选举或罢免已入选的主席团扩大会议成员、审计人员；选举或罢免各机构主席、各常设委员会负责人及其副职人员；授予或取消名誉会员资格；决定会员等级类型和摊派的费用数额；审定有关商业交易规则和条件；决定机构的建立、清算及合并；决定该联合会的解散和解散后财产的分配。

为了研究国际货物运输动向，主席团还决定下设若干研究机构、常设委员会和临时工作组。目前，FIATA 设有航空货运、海关事务、多式联运三个研究机构，危险货物咨询委员会、信息技术咨询委员会、法律事务咨询委员会、公共关系咨询委员会、职业培训咨询委员会五个常设委员会。每个研究机构还根据研究的题目分别成立了若干常设工作组。其中，航空货运研究机构下设国际航空运输协会事务工作组，海关事务研究机构下设进口税工作组和海关简化工作组，多式联运研究机构下设海上运输工作组、铁路运输工作组和公路运输工作组。

除了在第二次世界大战期间被迫中断活动以外，国际货运代理协会联合会自从成立以来一直比较活跃，不仅起草了提供各国立法时参考的《国际货运代理示范法》，推荐各国货运代理企业采用《国际货运代理标准交易条件》，还制定了 FIATA 运送指示、FIATA 货运代理运输凭证、FIATA 货运代理收货凭证、FIATA 托运人危险品运输证明、FIATA 仓库收据、FIATA 可转让联运提单、FIATA 不可转让联运提单、FIATA 发货人联运重量证明八种货运代理单证格式，培训了数万名学员，取得了举世瞩目的成就。

（二）中国国际货运代理协会

中国国际货运代理协会英文名称为“China International Freight Forwarders Association”，简称“CIFA”。该协会由经国家主管部门批准从事国际货运代理业务，在中华人民共和国境内注册的国际货运代理企业自愿组成，是经国务院批准，在民政部登记的全国性行业协会，属于非营利的社团法人，受商务部和民政部的指导和监督。

为了维护国际货运代理行业经营秩序，保护国际货运代理企业合法权益，促进我国国际货运代理行业的健康发展，早在1994年对外经济贸易合作部就做出了筹建中国国际货运代理协会的决定，并于2000年3月开始筹备。2000年9月6日，中国国际货运代理协会在北京正式成立，2000年11月1日在民政部获准登记。2001年初，中国国际货运代理协会代表中国国际货运代理行业加入国际货运代理协会联合会。

中国国际货运代理协会的宗旨是维护我国国际货运代理行业利益，保护会员企业正当权益；促进我国国际货运代理行业健康发展，更好地为我国对外经济贸易事业服务。业务范围是：协助政府主管部门依法规范国际货运行业经营行为，整顿行业秩序；开展行业市场调研，编制行业统计；组织行业培训及行业发展研究；承担政府主管部门委托的部分职能；为会员企业提供信息咨询服务；代表全行业加入国际货运代理协会联合会，开展同业国际交流。

小资料

代理是指代理人在代理权限内，以被代理人的名义独立实施法律行为，其产生的法律效果直接归属于被代理人的法律制度。在实际使用中，"代理"这一概念不仅是指一种法律制度，而且是指代理行为及代理关系。就代理关系而言，涉及三方当事人，其中，代他人为法律行为的人，称为代理人；其名义被他人使用，被他人代为实施法律行为的人，称为被代理人，又称为本人；与代理人实施法律行为的人，称为第三人。

小链接

**代理的类型**

依据代理权的发生原因不同，可将代理划分为法定代理、委托代理与指定代理。

法定代理是指因法律的直接规定而取得代理权的代理。我国《民法典》规定：无民事行为能力人、限制民事行为能力人的监护人是他的法定代理人。

委托代理是指因被代理人（本人）的授权行为而取得代理权的代理。

指定代理是因法院或其他权力机关的指定而取得代理权的代理。

海上运输中的代理有船舶代理和货运代理两种，均属委托代理。船舶代理人接受船舶所有人、船舶经营人或船舶承租人的委托；货运代理人接受货主的委托开展相应的代理服务。

# 任务二　货运代理公司风险防范

## 一、国际货运代理业务范围

（一）一般规定

根据《中华人民共和国国际货物运输代理业管理规定》《中华人民共和国外商投资国际货

运代理业管理办法》和《中华人民共和国国际货物运输代理业管理规定实施细则》的有关规定，国际货运代理企业可以接受委托，作为代理人或者独立经营人从事下列全部或部分经营活动：

(1)揽货、订舱(含租船、包机、包舱)、托运、仓储、包装；

(2)货物的监装、监卸、集装箱拆箱、分拨、中转及相关的短途运输服务；

(3)报关、报检、报验、保险；

(4)缮制签发有关单证、交付运费、结算及交付杂费；

(5)国际展品、私人物品及过境货物运输代理；

(6)国际多式联运、集运(含集装箱拼箱)；

(7)国际快递(不含私人信函)；

(8)咨询及其他国际货运代理业务。

国际货物运输代理企业的经营范围是其依法可以从事的业务活动的原则概括，在遵守有关法律、法规和规章，遵循有关主管部门批准、工商行政管理机关登记的经营范围前提下，国际货物运输代理企业还可以根据服务对象、服务类别、服务方式等不同，将其经营范围内的业务活动具体化，体现为具体的服务内容，以便明确具体业务活动过程中国际货物运输代理企业与其他各方当事人的权利、义务关系。

(二)作为货主的代理人提供货运代理服务方面

国际货物运输代理企业作为出口货物发货人的代理人，其业务内容通常可以分为以下具体项目：

(1)查询并提供车次、船期、航班、运价信息，以及出口货物的报关、报检、报验、装运港、中转港、目的港装卸、运输规定；

(2)根据发货人的货物运输要求，选择运输路线、运输方式和适当的承运人，安排货物运输、转运，争取优惠运价，确认运费及其他相关费用；

(3)接受、审核发货人提供的货物运输资料、单证，提醒发货人准备货物进出口地所属国家或地区要求的货物运输文件、单证；

(4)代为填写、缮制货物运输单据，以备办理通关、报检、报验等出口手续；

(5)向选定的承运人租赁运输工具，洽订车辆、舱位；

(6)安排货物从发货人处或发货人指定的其他处所到货物起运车站、港口或机场的短途运输，将货物交付承运人或其代理人；

(7)办理出运货物的包装、仓储、称重、计量、检测、标记、刷唛、进站、进港、进场手续；

(8)办理出运货物的装箱、拼箱、理货、监装事宜；

(9)办理货物的运输保险手续；

(10)办理货物的通关、报检、报验等手续，支付有关费用；

(11)查询、掌握货物装载情况及运输工具离开车站、港口、机场时间，及时向委托人报告货物出运信息；

(12)向承运人或其代理人领取运单、提单及其他收货凭证，及时交给发货人或按其指示处理；

(13)向承运人、承运人的代理人、其他有关各方、各有关当局交付、结算运费、杂费、税金、政府规费等款项；

(14)联系承运人或其在货物起运地、目的地的代理人，掌握运输情况，监管运输过程，及时向发货人通报有关信息；

(15)记录货物的残损、短缺、灭失情况,收集有关证据,协助发货人向有关责任方、保险公司索赔;

(16)发货人委托办理的其他事项。

国际货物运输代理企业作为进口货物收货人的代理人,其业务内容通常可以分为以下具体项目:

(1)保持与承运人或其在货物运输目的地的代理人的联系,随时查询,及时掌握货物动态和运抵目的地的信息,及时通报收货人;

(2)保持与收货人的联系,接受、审核其提供的运输单据,协助其准备提货文件,办妥相关手续,做好提货、接货准备;

(3)向承运人、承运人的代理人及其他有关各方支付运费、杂费;

(4)办理货物的报关、纳税、结关、报检、报验手续,代为支付有关税金和费用;

(5)办理货物的提取、接收、拆箱、监卸、查验手续;

(6)安排货物的捣载、仓储、转运、分拨事宜;

(7)安排货物从卸货地到收货人处或其指定处所的短途运输;

(8)向收货人或其指定的其他人交付货物及有关单据;

(9)记录货物的残损、短缺、灭失情况,收集有关证据,协助收货人向有关责任方、保险公司索赔;

(10)收货人委托的其他事项。

(三)作为承运人的代理人提供货运代理服务方面

国际货物运输代理企业作为出口货物承运人的代理人,其业务内容通常可以分为以下具体项目:

(1)回复托运人关于陆运车辆班次、海运船舶船期、空运飞机航班、运价、运输条件等相关事宜的查询;

(2)承揽货物,组织货载,接受托运人的包车、租船、包机、订车、订舱要求,与之洽谈、订定车辆、船舶、飞机、舱位,签订运输合同;

(3)填写、缮制货物入仓、进站、进港、进场单据或集装箱、集装器放行单,安排货物入仓、进站、进港、进场或装箱;

(4)协助承运人或车站、码头、机场配载车辆、船舶、飞机,装车、装船、装机;

(5)审核车站、码头、场站汇总的货物清单,缮制货物出口运单、提单等单证,并向海关申报集装箱、集装器、货物情况;

(6)向航次租船的船舶承租人签发滞期或速遣通知;

(7)向托运人签发运单、提单,收取运费、杂费;

(8)办理货物、集装箱的中转手续;

(9)汇总出口货物运输单据,审核有关费用、费收,办理支付、结算手续;

(10)向委托人转交货物运输文件、资料,报告出口货载、用箱、费用、费收情况;

(11)向货物的目的地车站、港口、机场承运人代理传送货物运输文件、资料,传递运输信息;

(12)承运人委托的其他事项。

国际货物运输代理企业作为进口货物承运人的代理人,其业务内容通常可以分为以下具体项目:

(1)取得、整理、审核进口货物运输单据；

(2)向收货人或通知人传达货物到站、到港、运抵信息，通知其提货；

(3)填写、缮制进口货物运输单据，办理集装箱、集装器、货物进口申报手续；

(4)通知、协助车站、港口、机场安排卸货作业；

(5)安排集装箱的拆箱，货物的转运、查验、交接；

(6)收取运费、杂费及其他相关费用，办理放货手续；

(7)汇总进口货物运输单据，审核有关费用、费收，办理支付、结算手续；

(8)承运人委托的其他事项。

(四)作为独立经营人提供有关服务方面

国际货物运输代理企业以缔约承运人、无船承运人、多式联运经营人的身份提供货物运输服务，其业务内容通常可以分为以下具体项目：

(1)在货物的起运地或其他地点与托运人或其代理人办理货物的交接手续，签发收货凭证、提单、运单；

(2)确定运输方式、运输路线，与实际承运人、分包承运人签订货物运输合同；

(3)安排货物运输，跟踪监管货物运输过程；

(4)必要时，对装载货物的集装箱投保，对货物的运输投保承运人责任险；

(5)通知在货物转运地的代理人，与分包承运人联系，申办货物的过境、换装、转运手续，办理相关事宜；

(6)定期向发货人、收货人或其代理人发布货物位置、状况信息；

(7)在货主提出要求时，安排货物的中途停运；

(8)通知收货人或其代理人货物运抵目的地的时间，安排在货物目的地的代理人办理通知提货、交货手续；

(9)向货主或其代理人收取、结算运费、杂费；

(10)办理货物的索赔、理赔手续。

国际货物运输代理企业以仓储保管人身份提供货物仓储服务，其业务内容通常可以分为以下具体项目：

(1)清点货物数量，检查货物包装和标志，跟货主或运输人员办理货物交接手续；

(2)根据货主要求，代为检验货物品质；

(3)根据验收结果，办理货物入库手续；

(4)根据货物的性质、特点、保管要求，分区、分类按货位编号合理存放、堆码、苫垫；

(5)编制保管账卡，定期或根据临时需要盘点，做好盘点记录；

(6)妥善保管货物，及时保养、维护；

(7)根据货主要求，整理货物原件包装，进行零星货物的组配、分装；

(8)审核货主填制的提货单或调拨单等出库凭证，登入保管账卡；

(9)配货、包装、刷唛，集中到理货场所等待运输；

(10)复核货物出库凭证，向货主或承运人交付货物，核销储存货量。

国际货物运输代理企业以专业顾问身份提供货物运输咨询服务，其业务内容通常可以分为以下具体项目：

(1)向客户提供有关法律、法规、规章、惯例和运输信息；

(2)就货物的运输路线、运输方式、运输方案提出意见和建议；

(3)就货物的包装、装载形式、方式、方法提出意见和建议；

(4)就货物的进出口通关、清关、领事、商品检验、动植物检疫、卫生检验要求提供咨询意见；

(5)就货物的运输单证和银行要求提出意见和建议；

(6)就货物的运输保险险种、保险范围等提供咨询意见；

(7)就货物的理赔、索赔提出意见和建议；

(8)客户提出咨询的其他事项。

## 二、国际货运代理责任

### (一)基本责任

作为承运人，完成货物运输并承担责任(由其签发货运单据，用自己掌握的运输，或委托他人完成货物运输，并收取运费)。作为承运人，完成货物运输不直接承担责任(由他人签发货运单据，使用掌握的运输工具，或租用他人的运输工具，或委托他人完成货物运输，并不直接承担责任)。

根据与委托方订立的协议或合同规定，或根据委托方指示从事业务活动时，货运代理人应以通常的责任完成此项委托，尤其是在授权范围之内。如实汇报一切重要事项。在委托办理业务中向委托方提供的情况、资料必须真实，如有任何隐瞒或提供的资料不实而造成损失，委托方有权向货运代理人追索并撤销代理合同或协议。同时，货运代理人负有保密义务，货运代理过程中所得到的资料不得向第三者泄漏。并且，也不得将代理权转让给他人。

### (二)责任期限

国际货运代理人在作为承运人运输货物时，其责任从接收货物时开始至目的地将货物交给收货人时止，或根据指示将货物置于收货人指定的地点，作为完成并已履行合同中规定的交货义务。但货运代理人在货物运往或运抵目的地前或后，有义务向收货人发出到货通知，如在发出到货通知一定时间后，收货人仍未前来提取货物，也可作为货运代理人履行了合同中规定的交货义务。

货运代理人在由其掌管货物的责任期间，应按合同条款的规定，采取合适的方式照料和运输货物，并随时执行货物所有人的指示。如果在货运代理人不可能得到指示，而又必须采取行动的情况下，那么，此种执行是在货物所有人自行保险的情况下代表货物所有人工作。

### (三)除外责任

如果货物的灭失或损害是由下列原因所致，货运代理人对该灭失或损害则不负责任：

(1)由于委托方的疏忽或过失；

(2)由于委托方或其他代理人在装卸、仓储或其他作业过程中的过失；

(3)由于货物的自然特性或潜在缺陷；

(4)由于货物的包装不牢固、标志不清；

(5)由于货物送达地址不清、不完整、不准确；

(6)由于对货物内容申述不清楚、不完整；

(7)由于不可抗力、自然灾害、意外原因。

但如能证明货物的灭失或损害是由货运代理人的过失或疏忽所致，货运代理人对该货物的灭失或损害仍应负赔偿责任。

提醒您

**国际货运代理权利**

委托方应支付给货运代理人因货物的运送、保管、投保、报关、签证、办理单据等，以及为其提供其他服务而引起的一切费用，同时，还应支付由于货运代理人不能控制的原因致使合同无法履行而产生的其他费用。对于上述费用委托方应在提货之前全部予以支付后，才可能取得提货的权利，否则，货运代理人对货物享有留置权，并有权或以适当的方法将货物出售，以此来补偿所应收取的费用。

如货物的灭失或损害属于保险人承保责任范围之内的，货运代理人在赔偿后，从货物所有人那里取得代为求偿权，从其他责任方那里得到补偿或偿还。在货运代理人对货物全部赔偿后，有关货物的所有权便转为货运代理人所有。

### 三、国际货运代理责任风险

货运代理承担的责任风险主要产生于三种情况：

(一)本身的过错

货运代理本身的过错，如：未能履行代理义务，或在使用自有车辆运输的情况下，无权向任何人追索。

(二)分包人的过错

在“背对背”的情况下，责任的产生是由于分包人的行为或遗漏，而货运代理没有任何过错。此时，从理论上讲，货运代理有充分的追索权，但复杂的实际困难往往使他无法全部甚至部分地从责任方得到补偿。

(三)保险责任不合理

在“不同情况的保险”责任下，单据不是“背对背”的，而是规定了不同的责任限制，这时，货运代理会发现某分包人的责任小于自己的责任或者没有责任。

针对上述三种情况涉及的风险，货运代理可以从不同的渠道得到保险。

### 四、国际货运代理责任保险内容

货运代理投保责任险的内容，取决于由其过失或疏忽所导致的风险损失，如：

(一)错误与遗漏

具体来说，包括：

(1)虽有提示但未投保或投保险别有误；

(2)延误报关或报关单内容编制有误；

(3)发运到错误的目的地；

(4)选择运输工具有误；

(5)选择承运人方面有误；

(6)再次出口未办退还关税和其他税种的必要手续保留向船方、港方，国内储运部门，承运单位及有关部门追偿权的遗漏；

(7)忽视保单有关说明而产生的遗漏；

(8)所交货物违反保单说明。

(二)仓储保管中的疏忽

在港口或外地中转仓库(包括货主仓库、货主租用或委托暂存待运的其他单位的仓库、场地)监卸、监装和储存保管工作中待运的疏忽过失。

(三)货损货差不清

在与港口储运部或内地收货单位各方交接货物时，数量短少、残损责任不清，经查证落实确属货运代理责任。

(四)延迟或未授权发货

具体包括：

(1)部分货物未发运；

(2)港口提货不及时；

(3)未及时通知收货人提货；

(4)违反指示交货或未授权发货；

(5)交货但未收取货款。

## 五、责任保险的方式

责任保险的方式包括以下方面：

(1)货运代理以其所用的"标准交易条件"中规定的责任限制赔款为基础投保时，只能获得责任限制的赔款。

(2)货运代理虽有"标准交易条件"，但要求保险公司承保其全部责任时，可获得全责险的赔款。

以上两种情况，保费虽是货运代理付的，但此保费已包括在货运代理向委托人所收的服务费中。一般来说，委托人没有向保险公司追偿的权力，只有当货运代理破产时，保险公司只承保上述责任险，则委托人可以从保险公司得到赔偿。这种责任险与承运人投保的责任险相类似。

(3)委托人投保货物过程的全部风险，其中包括由于货运代理的过失或疏忽所引起的损失的风险时，有权直接向保险公司索赔，因为他是投保的当事人。此时，保险公司不得援用货运代理所采用的"标准交易条件"中的责任限制条款。对于货运代理来说，这种保险的好处是承保人往往会放弃对其索赔。

货运代理投保责任险是非常有必要的，投保后，既能使委托人较快地得到合理的赔偿，又能使货运代理提高服务质量。这对委托人和货运代理都是有利的。

**微型案例**

某货运代理作为进口商的代理人，负责从A港接收一批艺术作品，在B市交货。该批作品用于国际展览，要求货运代理在规定的日期之前于B市交付全部货物。货运代理在A港接收货物后，通过货运卡车将大部分货物陆运到B市。由于货运卡车出现季节性短缺，一小部分货物无法及时运抵，于是货运代理在卡车市场雇用了一辆货运车，要求于指定日期前抵达B市。此后，该货运车连同货物一同下落不明。

【评析】

货运车造成的损失，货运代理是否也要负责呢？对此，有人提出货运代理仅为代理人，对处于承运人掌管期间的货物灭失不必负责，这一主张似乎有道理。然而根据 FIATA 关于货运代理谨慎责任的规定，货运代理应恪尽职责采取合理措施，否则需承担相应责任。本案中造成货物灭失的原因与货运代理所选择的承运人有直接关系。由于其未尽合理而谨慎的职责，在把货物交给承运人掌管之前，甚至没有尽到最低限度的谨慎责任，包括检验承运人的证书和考查承运人的背景，致使货物灭失。因此货运代理应对选择承运人的过失负责，承担由此给货主造成的货物灭失的责任。

## 实用范例

### 货运代理协议

编号：

签约地：

甲方：

乙方：

甲、乙双方经友好协商，就集装箱/散杂货物代运达成如下协议，以兹共同遵守。

**一、委托与代理**

甲方委托乙方作为货运(集装箱/散杂货)代理，乙方同意接受甲方的委托。

**二、双方的责任**

1. 甲方负责向乙方提供翔实、全套有效的货运单据，并加盖有效印章，以便乙方及时订舱、报关及安排运输。

2. 乙方按甲方的运输要求，及时安排订舱、安排运输，除不可抗力因素造成货物损坏、损失、误期外，乙方应对甲方委托之货物负责(不可抗力因素是指双方无法预见、无法控制其发生的任何因素)。

3. 甲方负责备妥货物并按乙方指定地点发货/装箱。如系产地装箱，则由甲方按乙方开列的提箱单到指定箱点提箱，然后到产地装箱，并及时将箱号、铅封号及实际装箱数量通知乙方；如委托乙方产地装箱，甲方应提前书面委托，并确定陆运时间、联系人及通信地址。

4. 甲方在装箱/拆箱之前应做好备货/提箱事宜，否则由此产生的集卡车空放费/集装箱超期使用费由甲方负责。

5. 甲方对乙方所提供的单证负责，并配合乙方共同做好海关的检查工作。

6. 乙方在船舶离港后一个工作日内向甲方出具全套海运货物提单，甲方负责审核提单记载是否符合结汇的要求。

7. 乙方船舶开船后应尽快协调海关等部门办理核销、退税等手续，并及时转交甲方。

**三、费用及结算方式**

1. 乙方负责向甲方提供符合市场行情的运价和港口项目，并要求甲方出具每票货物的确认单。

2. 运输费、动植检、商检等费用按实际发生额收取。

3. 乙方按价格约定在船舶离港后一个工作日向甲方出具付费通知单。

4. 甲方若对付费有异议，应在收到付费通知单后两个工作日内提出，否则甲方应如数支付。

5. 乙方应按甲方货运委托书上所盖印章名称开具发票，若甲方有特殊要求，应有书面委托，但甲方仍负有支付发票所载费用的责任。

6.(A)对于进口货物，甲方应于提货时付清有关费用。

(B)对于出口货物，乙方同意给予甲方30天付费信用期，即每月15日前由乙方将上月费用明细传真至甲方，通知甲方确认付费；甲方应在20日前将上月费用付到乙方指定账户。

7. 甲方向乙方付运费时如需电汇付款，如未向乙方指定账户汇款，由此产生的一切责任及后果由甲方承担。

**四、违约责任**

1. 任何一方违约，应当赔偿另一方遭受的损失。

2. 违约方应当向另一方支付费用总额____________。

3. 甲方逾期支付，乙方可以采取扣单等相应措施，追回拖欠款。

**五、其他事项**

1. 本协议仅用于散杂货/集装箱班轮运输。

2. 本协议一式两份，双方各执一份。经甲、乙双方法定代表人或授权委托人签字，盖章后生效。

3. 本协议未尽事宜，由双方协商解决。协商不成，则双方可向乙方所在地海事法院起诉。

4. 本协议签订生效后，以前所签协议自动作废。

本协议有效期到　　年　　月　　日，任何一方终止本协议，应提前30天通知对方。

甲方代表(盖章)　　　　　　　　乙方代表(盖章)

________________　　　　　　________________

年　　月　　日　　　　　　　　年　　月　　日

## 小 结

1. 国际货运代理人是根据客户的指示，并为客户的利益而取得货物运输的人，其本人不是承运人。

2. "FIATA"是国际货运代理协会联合会的法文缩写，并被用作该组织的标识。它是一个非营利的世界性国际货运代理行业组织，代表了由大约50 000家货运代理企业、1 000万从业人员组成的国际货运代理行业，具有广泛的国际影响。

3. 中国国际货运代理协会的英文名称为"China International Freight Forwarders Association"，简称"CIFA"。

4. 根据《中华人民共和国国际货物运输代理业管理规定》《中华人民共和国外商投资国际货运代理业管理办法》和《中华人民共和国国际货物运输代理业管理规定实施细则》的有关规定，国际货运代理企业可以接受委托，作为代理人或者独立经营人从事八项经营活动。

5. 货运代理人承担的责任风险主要产生于三种情况：本身的过错、分包人的过错、保险责任不合理。

6. 货运代理投保责任险是非常有必要的，投保后，既可以使委托人较快地得到合理的赔偿，又能使货运代理提高服务质量。这对委托人和货运代理都是有利的。

## 职场体验

### 案例分析

某货运公司的A、B两名业务人员分别有一票FOB条款的货物，均配载在D轮从青岛经釜山转船前往纽约的航船上。开船后第二天，D轮在釜山港与另一艘船相撞，造成部分货物损失。接到船东的通知后，两位业务人员分别采取如下解决方法：

A业务员：马上向客户催收运杂费，受到费用后才告诉客户有关船损一事。

B业务员：马上通知客户事故情况并询问该票货物是否已投保，积极向承运人查询货物是否受损并及时向客户反馈。待问题解决后才向客户收费。

结果：A业务员的客户的货物最终没有损失，但在知道事实真相后，客户对A业务员及其公司表示不满并终止合作。B的客户事后给该公司写来了感谢信，并扩大了双方的合作范围。

结合上述案例，议一议货运代理应如何更好地为客户提供服务？在此过程中应注意什么问题？

### 业务操作

由2～4人组成一个小组，上网查找中国排名前10位的国际货运代理企业情况，撰写小组报告。

## 学习评价

**一、单项选择题**

1.（　　）是我国第一家地方国际货运代理协会。

A. 上海市国际货运代理协会　　B. 广州市国际货运代理协会

C. 天津市国际货运代理协会　　D. 重庆市国际货运代理协会

2.（　　）是国际货运代理协会联合会的法文缩写，并被用作该组织的标志。

A. FIITA　　B. FIATT　　C. FIATA　　D. FAITA

3. 中国国际货运代理协会的英文简称是(　　)。

A. CIFF　　B. CIFA　　C. CFAI　　D. CFIA

4. (　　)是我国国际货运代理行业的主管部门。

A. 交通部　　B. 国务院

C. 商务部　　D. 全国人民代表大会

5. 国际货运代理行业在社会产业结构中属于(　　)。

A. 第一产业　　B. 第二产业　　C. 第三产业　　D. 第四产业

6. 一般认为,货运代理是指接受(　　)委托,代表货主办理有关货物交接、包装、报关、检验、仓储、调拨、转运、订舱等有关运输业务的法人或个人。

A. 货主　　B. 船东　　C. 船舶代理人　　D. 海事法院

7. 在中国境内经营无船承运业务,应在中国境内依法设立企业法人,并向国务院交通主管部门办理提单登记,缴纳保证金,取得(　　),否则不得经营。

A. 登记证　　B. 许可证

C. 资格登记证　　D. 无船承运业务经营资格登记证

8. 根据《中华人民共和国国际海运条例》的规定,国际货运代理企业经营无船承运业务,需要向国务院交通主管部门办理提单登记手续,并缴纳保证金,其金额是(　　)。

A. 90 万元　　B. 80 万元　　C. 70 万元　　D. 50 万元

9. 根据我国国际货运代理行业主管部门商务部的有关规定,中国国际货运代理企业业务备案工作由(　　)负责具体组织实施。

A. 中国国际货运代理协会　　B. 工商行政部门

C. 人事部　　D. 劳动部

**二、多项选择题**

1. 以下属于 FIATA 成立以来的主要成就的是(　　)。

A. 起草了《国际货运代理示范法》　　B. 拟定了《国际货运代理标准交易条款》

C. 制定了八套标准格式的 FIATA 单证　　D. 培训了数万名学员

2. 根据《中华人民共和国国际货运代理业管理规定实施细则》的规定,国际货代企业可以从事下列全部或部分业务:(　　)。

A. 租船、订舱、储存　　B. 监管、监卸、拼拆箱

C. 国际多式联运　　D. 报关、报检、保险

E. 缮制单证、结算、交付运杂费

3. 国际货运代理企业为货主提供服务时,应当遵循的经营方针是(　　)。

A. 安全　　B. 迅速　　C. 准确　　D. 节省

E. 方便

4. 下列(　　)属于国际货物运输代理企业的经营范围。

A. 国际展品运输代理　　B. 国际多式联运

C. 私人信函快递业务　　D. 报关、报检

**三、判断题**

1. 我国第一家地方货运代理协会是厦门市货运代理协会。(　　)

2. 我国国际货运代理公司在工商行政管理部门注册成立以后,就可以从事所有货运代理经营项目。(　　)

3. 国际货运代理人是受船公司的委托与第三方从事业务的人。(　　)

4. “货运代理”一词来自“The Freight Forwarder”。(　　)

5. 委托代理合同与运输合同是两个独立的合同。 ( )

6. 国际货运代理协会联合会是一个营利性的国际货运代理行业组织，其宗旨是保障和提高国际货运代理在全球的利益。 ( )

7. 目前我国国际货运代理行业实行的是以国务院商务主管部门为主，其他相关部门依职权参与管理，政府主管部门行政管理和行业协会自律并重的管理体制。 ( )

8. 中国国际货运代理协会的宗旨之一是配合政府部门加强对我国国际货运代理行业的管理。 ( )

9. 按照我国的有关规定，国际货运代理企业从事航空运输销售代理活动，应当取得中国航空运输协会颁发的资格认可证书。 ( )

10. 在国际货运代理协会联合会的会员分类中，CIFA 属于团体会员。 ( )

**四、简答题**

1. 简述 FIATA 组织的性质和作用。
2. 简述国际货运代理人的性质和作用。
3. 简述国际货运代理的业务范围。
4. 简述国际货运代理责任险的内容。

# 项目二　海运操作

**知识目标**

- ◆ 了解杂货和集装箱班轮的货运流程
- ◆ 理解集装箱货物的交接方式
- ◆ 熟悉常见的集装箱类型

**能力目标**

- ◆ 能够缮制主要货运单证
- ◆ 能够计算海运运费
- ◆ 能够完成海运货物进口或出口的操作

**思政目标**

- ◆ 理解“一带一路倡议”中“21 世纪海上丝绸之路”的含义
- ◆ 培育海运代理行业的职业责任感和敬业精神

**重点难点**

- ◆ 熟悉杂货班轮、集装箱班轮货运进出口操作的流程
- ◆ 理解提单的内容及相关条款

**任务引入**

上海某货运代理公司接到一批出口非洲的风力发电设备运输业务，还有一批发往美国的玩具运输业务，负责操作的业务员小王应该如何完成这项工作呢？通过本项目的学习，你应当能够了解通过何种途径将这两批货物按外方要求平安送达。

## 任务一　杂货班轮操作

从事杂货班轮运输的船舶是按照船期表营运，通常挂靠港口较多，货物装卸作业频繁，所承运货物的种类多，票数也多，船舶在港停泊时间较长，出现货运质量事故的情况比较复杂。因此，杂货班轮运输中必须建立起一套行之有效的关于货物运输的安排、货物装卸和货物交接等货运程序。

### 一、揽货和订舱

货运安排包括揽货和订舱，并确定航次货运任务。

船公司为使自己所经营的船舶在载重量和载货舱容两方面均能得到充分利用，以期获得最好的经营效益，往往通过各种途径从货主那里争取货源，揽集货载——揽货(Cavassion)。通常的做法是在所经营的班轮航线的各挂靠港口及货源腹地通过自己的营业机构或船舶代理人与货主建立业务关系。通过网站、移动端、报纸、杂志(如《航运交易公报》《中国航务周刊》)等刊登班轮船期表，以邀请货主前来托运货物，办理订舱手续；通过与货主、无船承运人或货运代理人等签订货物运输服务合同(Service Contract)或揽货协议来争取货源。

订舱是托运人(包括其代理人)向班轮公司(即承运人，包括其代理人)申请货物运输，承运人对这种申请给予承诺的行为。托运人申请货物运输可视为"要约"，即托运人希望和承运人订立运输合同意思的表示，根据法律规定，合同订立采取要约－承诺方式，因此，承运人一旦对托运人货物运输申请给予承诺，则货物运输合同订立。

国际贸易实践中，出口商如要求以 CIF 价格条件成交，此时，由出口商安排货物运输工作，即出口商承担出口货物的托运工作，将货物交给船公司运往国外的进口商，所以订舱工作多数在装货港或货物输出地由出口商办理。但是，如果出口货物是按 FOB 价格条件成交，则货物运输由进口商安排，此时订舱工作就可能在货物的卸货地或输入地由进口商办理。这就是所称的卸货地订舱(Home Booking)。

确定航次货运任务就是确定某一船舶在某一航次所装货物的种类和数量。承运人承揽货载时，必须考虑各票货物的性质、包装和每件货物的重量及尺码等因素。因为不同种类的货物对运输和保管有不同的要求，各港口的有关法律和规章也会有不同的规定。例如，重大件货物可能会受到船舶及装卸港口的起重机械能力影响和船舶舱口尺寸的限制；所装货物的积载问题；各港口对载运危险货物船舶所做的限制等。而对于货物的数量，船公司也应参考过去的情况，预先在各装货港间适当分配船舶舱位，定出限额，并根据各个港口情况的变化及时调整，使船舶舱位得到充分和合理的利用。

## 二、装船

杂货班轮运输中，除另有约定外，都规定托运人应将其托运的货物送至船边。如果船舶是在锚地或浮筒作业，托运人还应用驳船将货物驳运至船边，然后开展货物的交接和装船作业。

对于特殊货物，如危险货物、鲜活货、贵重货和重大件货物等，通常采取由托运人将货物直接送至船边，交接装船的形式，即采取现装或直接装船的方式。

然而，由于在杂货班轮运输中，船舶承运的货物种类多、票数多、包装式样多、挂靠港口多等原因，如果要求每个托运人都将自己托运的货物直接送至码头船边，可能会发生待装的货物不能按规定的装船先后次序送至船边的情况，从而使装货现场发生混乱，影响装货效率。由此而产生的结果是延长了船舶在港的停泊时间，延误船期，也容易造成货损、货差现象。因此为了提高装船效率，加速船舶周转，减少货损、货差现象，在杂货班轮运输中，普通货物的交接装船，通常采用由班轮公司在各装货港指定装船代理人，由装船代理人在各装货港的指定地点(通常为港口码头仓库)接收托运人送来的货物，办理交接手续后，将货物集中整理，并按次序装船的形式，即所谓的"仓库收货，集中装船"的形式。

在杂货班轮运输的情况下，不论接货装船的形式是直接装船还是集中装船，也就是说，不论采取怎样的装船形式，托运人都应承担将货物送至船边的义务，而作为承运人的班轮公司的责任则是从装船时开始，除非承运人与托运人之间另有不同的约定。因此，集中装船与直接装船的不同之处是由班轮公司指定的装船代理人代托运人将货物从仓库送至船边，而班轮公司与托运人之间的责任界限和装船费用的分担仍然以船边货物挂上吊钩为界。从货主角度出发，在集中装船的形式下，当托运人在装货港将货物交给班轮公司指定的装船代理人(我国通常由港口的港区装卸公司充当)时，就可视为将货物交给班轮公司，交货后的一切风险都应由船公司负担。但是，根据有关海上运输法规[如《中华人民共和国海商法》(以下简称《海商法》)第 46 条规定：承运人对非集装箱装运的货物的责任期间，是指从货物装上船时起卸下船时止，货物处于承运人掌管之下的全部期间。本条规定，不影响承运人就非集装箱装运的货物，在装船前和卸船后所承担的责任，由双方达成任何协议]和提单条款的规定，对于件杂货运输，船公司的责任是从本船船边装货时开始的，即使是在“仓库收货，集中装船”的情况下，船公司与托运人之间的这种责任界限并没有改变。也就是说，船公司的责任期间并没有延伸至仓库收货时。虽然装船代理人在接收货物后便产生了如同船公司所负担的那种责任，实际上船公司和装船代理人各自对托运人所应负担的责任仍然存在着一定的界限，即根据船公司和装船代理人之间的特殊约定，在船边装船以前属于装船代理人的责任。

### 三、卸船

在杂货班轮运输中，卸船交货是指将船舶所承运的货物在提单上载明的卸货港从船上卸下，并在船边交给收货人并办理货物的交接手续。但是，如果由于战争、冰冻、港口罢工等特殊原因，船舶不可能前往原定的卸货港，或前往会使船舶处于不安全状态，则船公司有权决定船舶驶往能够安全到达的附近港口卸货。

船方和装卸公司应根据载货清单和其他有关单证认真地组织和实施货物的卸船作业，避免发生误卸(Mislanded)的情况，即避免发生原来应该在其他港口卸下的货物卸在本港的溢卸(Overlanded)和原来应该在本港卸下的货物遗漏未卸的短卸(Shortlanded)的情况。船公司或其代理人一旦发现误卸时，就应立即向各挂靠港口发出货物查询单，查清后应及时将货物运至原定的卸货港。提单条款中一般都有关于因误卸而引起的货物延迟损失或货物损坏责任问题的规定：因误卸而发生的补送，退运的费用由船公司负担，但对因此而造成的延迟交付或货物的损坏，船公司不负赔偿责任。如果误卸是因标志不清、不全或错误，以及因货主的过失造成的，则所有补送、退运、卸货或保管的费用都由货主承担，船公司不负担任何责任。

### 四、交付货物

对于危险货物、重大件等特殊货物，通常采取由收货人办妥进口手续后来船边接收货物，并办理交接手续的现提形式。但是，如果各个收货人在船抵后都同时来到码头船边接收货物，同样会使卸货现场十分混乱，影响卸货效率，延长船舶在港停泊时间。所以，为使船舶在有限的停泊时间内迅速将货卸完，实践中通常由船公司指定装卸公司作为卸货代理人，由卸货代理人负责总揽卸货和接收货物并向收货人实际交付货物的工作。因此，在杂货班轮运输中，对于普通货物，通常采取先将货物卸至码头仓库，分类整理后，再向收货人交付的所谓“集中卸船，仓库交付”的形式。

与接货装船的情况相同，在杂货班轮运输中，不论采取哪种卸船交货的形式，船公司的责任都是以船边为责任界限，而且卸货费用也是按这样的分界线来划分的。船公司、卸货代理人、收货人三者之间的相互关系与前述的船公司、装船代理人、托运人三者之间的关系相同。

由于实务中多采用“集中卸船，仓库交付”的形式，以及收货人必须在办妥进口手续后，方能提取货物，因此，在杂货班轮运输中，通常是收货人先取得提货单，办理进口手续后，再凭提货单到仓库等存放货物的现场提取货物。而收货人只有在符合法律规定及航运惯例的前提条件下，方能取得提货单。

在使用提单的情况下，收货人必须把提单交回承运人，并且该提单必须经适当正确的背书(Duly Endorsed)，否则船公司没有交付货物的义务。另外，收货人还须付清所有应该支付的费用，如到付的运费、共同海损分担费等，否则船公司有权根据提单上的留置权条款的规定，暂时不交付货物，直至收货人付清各项应付的费用；如果收货人拒绝支付应付的各项费用而使货物无法交付，船公司还可以经卸货港所在地法院批准，拍卖卸下的货物，以拍卖所得价款充抵应收取的费用。

在已经签发提单的情况下，收货人要取得提货的权利，必须以交出提单为前提条件。然而，有时由于提单邮寄延误，或者作为押汇的跟单票据的提单未到达进口地银行，或者虽然提单已到达进口地银行，而因为汇票的兑现期限的关系，在货物已运抵卸货港的情况下，收货人还无法取得提单，也就无法凭提单来换取提货单提货。此时，按照一般的航运习惯，收货人就会开具由一流银行签署的保证书，用保证书交换提货单后提货。船公司同意凭保证书交付货物是为了能尽快交货，而且除有意欺诈外，船公司可以根据保证书将因凭保证书交付货物而发生的损失转嫁给收货人或保证银行。但是，由于违反运输合同的义务，船公司对正当的提单持有人仍负有赔偿一切损失的风险。因此，船公司应及时要求收货人履行解除担保的责任，即要求收货人在取得提单后及时交给船公司，以恢复正常的交付货物的条件。实践中，船公司要求收货人(包括因不凭提单提货的收货人)和保证银行同意下列条件：(1)因不凭提单提货，收货人和银行保证赔偿并承担船公司及其雇员和代理人因此承担的一切责任和遭受的一切损失；(2)对船公司或其雇员或其代理人因此被起诉而提供足够的法律费用；(3)对船公司的船舶或财产因此被扣押或羁留或遭到这种威胁而提供所需的保释金或其他担保以解除或阻止上述扣押或羁留，并赔偿船公司由此所遭受的一切损失、损害或费用；(4)收到提单后换回保证书；(5)对于上述保证内容由收货人和银行一起负连带责任。

提单上的“卸货港”一栏内有时会记载两个或两个以上可供货主选择的卸货名称，这是因为货主在货物装船前尚未确定具体的卸货港，所以在办理货物托运时提出选择卸货港交付货物的申请，并在船舶开航后从提单上所载明的选卸港范围内选定对自己最为方便或最为有利的卸货港，最后在这个港口卸货和交付货物。这种由货主选择卸货港交付的货物称为“选港货”(Optional Cargo)。由于提单上已明示卸货港的范围，因此收货人在办理提货手续时，只要交出一份提单即可。但是货主必须在船舶自装货港开航后，抵达第一个选卸港之前的一定时间以前(通常为24小时或48小时)，把决定了的卸货港通知船公司及被选定卸货港船公司的代理人，否则船长有权在任何一个选卸港将货物卸下，并认为船公司已履行了对货物运送的责任。

如果收货人认为有必要将货物改在提单上载明的卸货港以外的其他港口卸货交付，则可以向船公司提出变更卸货港的申请。但是，所变更的卸货港必须是在船舶航次停靠港口范围之内，并且必须在船舶抵达原定卸货港之前或到达变更的卸货港(需提前卸货时)之前提出变更卸货港交付货物的申请。由于变更卸货港交付货物是在提单载明的卸货港以外的其他港口卸货和交付货物，因此收货人必须交出全套提单才能换取提货单提货。而且，在船公司根据积载情况，考虑变更卸货港卸货和交付货物对船舶营运不会产生严重影响，并接受货主变更卸货港的申请后，收货人还应负担因这种变更而发生货物的翻舱费、捣载费、装卸费以及因变更卸货港的运费差额和有关手续费等费用。

在使用海运单的情况下，收货人无须出具海运单，承运人只要将货物交给海运单上所列的收货人，就被视为已经做到了谨慎处理。通常收货人在取得提货单提货之前，应出具海运单副本及自己确实是海运单注明的收货人的证明材料。

### 思政链接

**全球最大的特种货物运输公司**

中远海运特种运输股份有限公司（以下简称“中远海运特运”）是世界排名第一的特种货物运输公司，主营特种船运输及相关业务，以“打造全球综合竞争力最强的特种船公司，成为国际领先的工程物流服务商”为战略目标。公司目前拥有规模和综合实力居世界前列的特种运输船队，经营管理半潜船、多用途船、重吊船、汽车船、木材船和沥青船等各类型船舶100多艘300多万载重吨。

中远海运特运的船舶结构合理，运载能力和适货性强，节能环保，能够承运包括钻井平台、机车及火车车厢、风电设备、桥吊、成套设备等超长、超重、超大件、不适箱以及有特殊运载和装卸要求的货物。其承运能力从1吨至10万吨全覆盖，可提供安全、高效的运输服务。中央电视台新闻联播播出的《点赞中国》中介绍的“新光华”轮运载的“希望6号”就是中远海运特运旗下的半潜船。

中远海运特运的航线覆盖全球，船舶航行于160多个国家和地区的1 600多个港口之间。其以远东为依托，在欧洲航线、美洲航线、非洲航线、泛印度洋航线和泛太平洋航线上已经形成了较强的优势，并积极开拓了大西洋航线、澳新航线等新航线。同时，该公司是全球唯一的具备北极和南极两个极地航线成功运营经验的航运公司，可以根据客户需要和项目具体情况灵活安排船舶装卸港口，工程项目到哪里，公司的航线就延伸到哪里，确保货物安全到达。中远海运特运凭借着超群实力，打造了数百个国际重大项目的经典运输案例，频频刷新“超极限”运输记录。

## 五、主要货运单证

在杂货班轮运输中，从办理货物托运手续开始，到货物装船、卸船直至货物交付的整个过程，都需要编制各种单证。这些单证是在货方（包括托运人和收货人）与船方之间办理货物交接的证明，也是货方、港方、船方等有关单位之间从事业务工作的凭证，又是划分货方、港方、船方各自责任的必要依据。

在这些单证中，有的受国际公约和各国国内法规的约束，有的则按照港口当局的规定和航运习惯而编制使用。尽管这些单证种类繁多，而且因各国港口的规定会有所不同，但主要单证是基本一致的，并能在国际航运中通用。在集装箱班轮运输中，除了一些集装箱运输使用专门的单证外，也使用这些单证，只不过是在单证中另外加上有关集装箱运输的内容而已。目前，国际上通用的及我国航行于国际航线船舶所使用的主要单证有：

（一）在装货港编制使用的单证

1. 托运单（Booking Note，B/N）

托运单（国内有时用“委托申请书”代替）是指由托运人根据买卖合同和信用证的有关内容

向承运人或其代理人办理货物运输的书面凭证。经承运人或其代理人对该单的签认，即表示已接受这一托运，承运人与托运人之间对货物运输的相互关系即告建立。

2. 装货联单

在杂货班轮运输的情况下，托运人如果以口头形式预订舱位，而船公司对这种预约表示承诺，则运输合同关系即告建立，这种以口头形式订立的合同也符合法律的规定。国际航运界的通常做法则是由托运人向船公司提交详细记载有关货物情况及对运输要求等内容的装货联单。托运人应先将托运单交船公司办理托运手续，船公司接受承运后在托运单上签章确认，然后发给托运人装货联单。但是，实务中，通常是由货运代理人向船舶代理人申请托运，然后由货运代理人根据托运人委托，填写装货联单后提交给船公司的代理人。而货运代理人填写装货联单的依据是托运人提供的买卖合同和信用证的内容以及货运委托书或货物明细表等。目前我国各个港口使用的装货联单的组成不尽相同，但主要是由以下各联所组成：

(1)托运单及其留底(Counterfoil)；

(2)装货单(Shipping Order，S/O)；

(3)收货单(Mate's Receipt，M/R)等。

而船公司或其代理人接受承运后，便予以编号并签发装货单。

签发装货单时，船公司或其代理人会按不同港口分别编制装货单号(因为最终的提单号基本上是与装货单号相同的)，装货单号不会重复，也不会混港编号。签发装货单后，船、货、港等方面都需要有一段时间来编制装货清单、积载计划，并办理货物报关、查验放行、货物集中等装船的准备工作。因此，对每一航次在装货开始前一段时间应停止签发装货单。若在停止签发装货单日(Closing Date)之后，再次签发装货单，则称之为"加载"。通常只要还没有最后编妥积载计划，或积载计划虽已编妥，但船舶的舱位尚有剩余，并且不影响原积载计划的执行时，船方往往会设法安排"加载"。不过，在确定截单日或安排"加载"时，船方和货方都应注意中国《海关法》第十八条的规定：出口货物的发货人除海关特准的外，应当在装货的二十四小时以前向海关申报。

装货单，也称下货纸，是托运人(实践中通常是货运代理人)填制交船公司(实践中通常是船舶代理人)审核并签章后，据以要求船长将货物装船承运的凭证。由于托运人必须在办理了货物装船出口的海关手续后，才能要求船长将货物装船，因此装货单又常称为"关单"。当每一票货物全部装上船后，现场理货员即核对理货计数单的数字，在装货单上签注实装数量、装船位置、装船日期并签名，再由理货长审查并签名，证明该票货物如数装船无误，然后随同收货单一起交船上大副(Chief Mate)，大副审核属实后在收货单上签字，留下装货单，将收货单退给理货长转交托运人(或货运代理人)。

收货单是指某一票货物装上船后，由船上大副签署给托运人的作为证明船方已收到该票货物并已装上船的凭证。所以，收货单又称为"大副收据"。托运人取得了经大副签署的收货单后，即可凭以向船公司或其代理人换取已装船提单。大副在签署收货单时，会认真检查装船货物的外表状况、货物标志、货物数量等情况。如果货物外表状况不良、标志不清，货物有水渍、油渍或污渍等情况，数量短缺，货物损坏时，大副就会将这些情况记载在收货单上。这种在收货单上记载有关货物外表状况不良或有缺陷的情况称为"批注"(Remark)，习惯上称为"大副批注"。有大副批注的收货单称为"不清洁收货单"(Foul Receipt)；无大副批注的收货单则为"清洁收货单"(Clean Receipt)。

托运人取得收货单后，即可凭此要求船公司签发提单。提单具有货物收据、物权凭证和运输合同业已存在证明的功能，因此，它是班轮运输中最重要的单证之一。

3. 装货清单

装货清单(Loading List)是根据装货联单中的托运单留底联，将全船待运货物按目的港和货物性质归类，依航次靠港顺序排列编制的装货单的汇总单。装货清单的内容包括船名、装货单编号、件数、包装、货名、毛重、估计立方米及特种货物对运输的要求或注意事项的说明等。

装货清单是大副编制积载计划的主要依据，又是供现场理货人员理货，港口安排驳运、进出库场以及掌握托运人备货及货物集中情况等的业务单据。当有增加或取消货载的情况发生时，船方(通常是船舶代理人)会及时编制“加载清单”(Additional Cargo List)或“取消货载清单”(Cancelled Cargo List)，并及时分送各有关方。

4. 载货清单

载货清单(Manifest，M/F)，也称“舱单”，是在货物装船完毕后，根据大副收据或提单编制的一份按卸货港顺序逐票列明全船实际载运货物的汇总清单。其内容包括船名及国籍、开航日期、装货港及卸货港，同时逐票列明所载货物的详细情况。

载货清单是国际航运实践中一份非常重要的通用单证。船舶办理报关手续时，必须提交载货清单。载货清单是海关监督管理进出口船舶所载货物进出国境的单证，如果船载货物在载货清单上没有列明，海关有权依据《海关法》的规定处理。载货清单又是港方及理货机构安排卸货的单证之一。在我国，载货清单还是出口企业在办理货物出口后申请退税，海关据以办理出口退税手续的单证之一。因此，在船舶装货完毕离港前，船方应由船长签字确认若干份载货清单，并留下数份随船同行，以备中途挂港或到达卸货港时办理进口报关手续时使用。另外，进口货物的收货人在办理货物进口报关手续时，载货清单也是海关办理验放手续的单证之一。

如果在载货清单上增加运费项目，则可制成载货运费清单(Freight Manifest)。

5. 货物积载图

出口货物在货物装船前，必须就货物装船顺序、货物在船上的装载位置等情况做出一个详细的计划，以指导有关方面安排泊位，货物出舱、下驳、搬运等工作。这个计划是以一个图表的形式来表示，即用图表的形式表示货物在船舱内的装载情况，使每一票货物都能形象具体地显示其船舱内的位置。该图表就是通常所称的积载图(Stowage Plan)。在货物装船以前，大副根据装货清单上记载的货物资料制订货物积载计划。但是，在实际装船过程中，往往会因为各种客观原因，使装货工作无法完全按计划进行。例如，原计划的货载变动；货物未能按时集港而使装船计划改变，造成积载顺序与原计划不同等情况。这样，就造成货物实际在舱内的积载位置与原来的计划不一致。当然，在装船过程中，对原计划的改动原则上都应征得船长或大副的同意。当每一票货物装船后，应重新标出货物在舱内的实际装载位置，最后绘制成一份“货物积载图”。

6. 危险货物清单

危险货物清单是专门列出船舶所载运全部危险货物的明细表。其记载的内容除装货清单、载货清单所应记载的内容外，特别增加了危险货物的性能和装船位置两项。

为了确保船舶、货物、港口及装卸、运输的安全，包括我国港口在内的世界上很多国家或地区的港口专门做出规定，凡船舶载运危险货物都必须另行单独编制危险货物的清单。

按照一般港口的规定，凡船舶装运危险货物时，船方应向有关部门(我国海事局)申请派员监督装卸。在装货港装船完毕后，由监装部门签发给船方一份“危险货物安全装载书”(Dangerous Cargo Safe Stowage Certificate)。这也是船舶载运危险货物时必备的单证之一。

另外，有些港口对装、卸危险货物的地点、泊位，甚至每一航次载运的数量，以及对危险货物的包装、标志等都有所规定。因此，船公司和货主对各国有关装卸危险货物的规定都应事先有所了解，以免日后发生不必要的麻烦。

(二)在卸货港编制使用的单证

1. 过驳清单(Boat Note,B/N)

过驳清单是采用驳船作业时，作为证明货物交接和表明所交货物实际情况的单证。过驳清单是根据卸货时的理货单证编制的，其内容包括驳船名，货名、标志、号码、包装、件数，卸货港，卸货日期，舱口号等，并由收货人、卸货公司、驳船经营人等收取货物的一方与船方共同签字确认。

2. 货物溢短单(Over Landed & Short Landed Cargo List)

货物溢短单是指一票货物所卸下的数字与载货清单上所记载的数字不符，发生溢卸或短卸的证明单据。货物溢短单由理货员编制，并且必须经船方和有关方(收货人和仓库)共同签字确认。

3. 货物残损单(Broken & Damaged Cargo List)

货物残损单是指卸货完毕后，理货员根据卸货过程中发现的货物破损、水湿、水渍、渗漏、霉烂、生锈、弯曲变形等情况记录编制的，证明货物残损情况的单据。货物残损单必须经船方签字确认。

以上三种单据通常是收货人向船公司提出损害赔偿要求的证明材料，也是船公司处理收货人索赔要求的原始资料和依据。所以，船方在签字时会认真核对，在情况属实时才会给予签认；在各方对单证记载内容意见不一致时，应尽量协调，以取得一致意见；经协商不能取得一致意见时，船方也可能会在单证上做出适当的保留批注。货主在获取以上三种单据时，应检查船方的签字。

4. 提货单(Delivery Order,D/O)

提货单也称小提单，是收货人凭以向现场(码头仓库或船边)提取货物的凭证。其内容包括船名，货名、件数、数量、包装式样、标志，提单号，收货人名称等。

提货单的性质与提单完全不同，它只不过是船公司指令码头仓库或装卸公司向收货人交付货物的凭证，不具备流通及其他作用。因此，提货单上一般记有“禁止流通”(Non-negotiable)字样。

(三)货运单证流程图

杂货班轮货运及主要货运单证流程如图2—1所示。

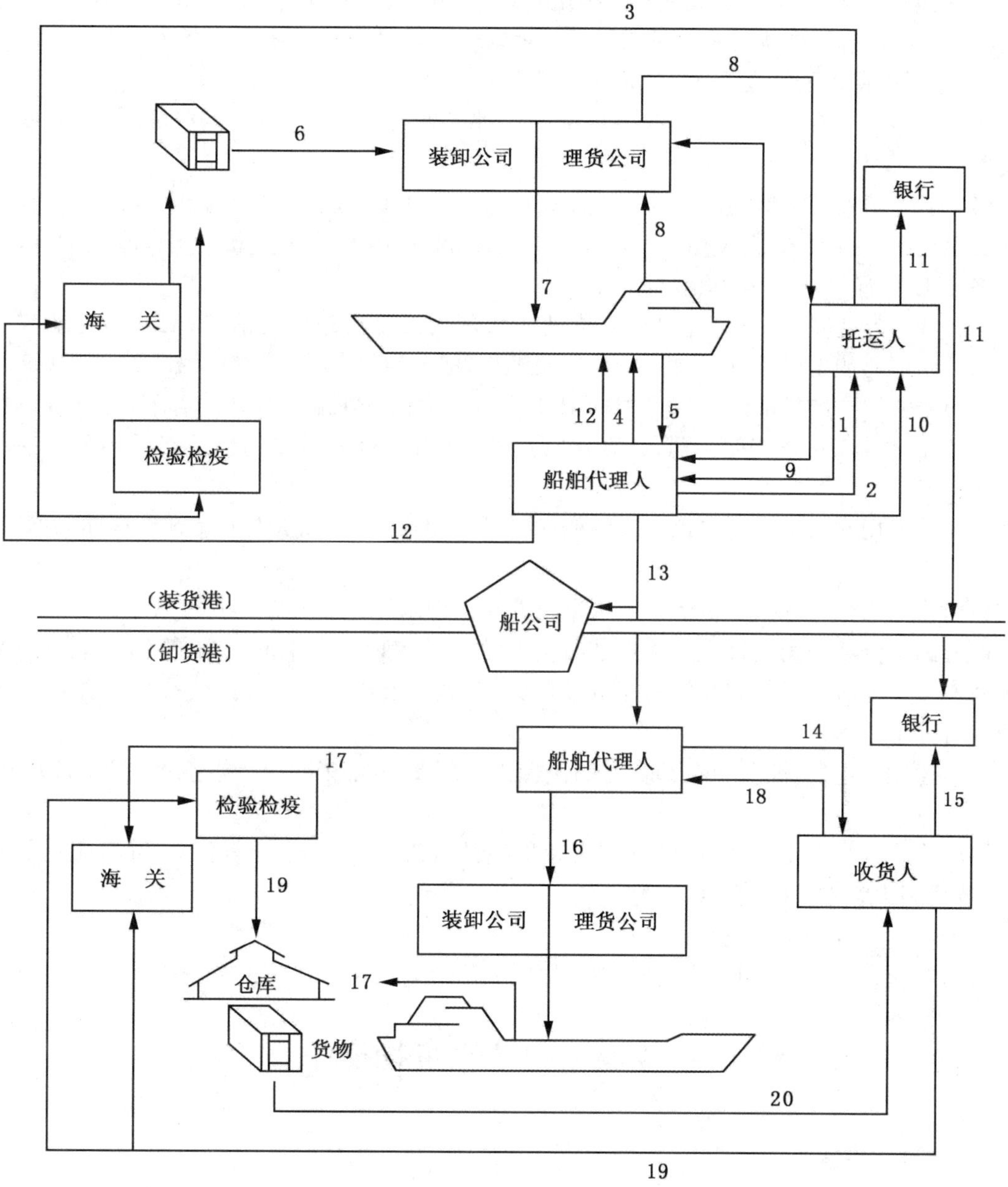


**图 2—1 杂货班轮货运单证流程**

(1)托运人向船公司在装货港的代理人(也可直接向船公司或其营业所)提出货物装运申请,递交托运单,填写装货联单。

(2)船公司同意承运后,其代理人指定船名,核对 S/O 与托运单上的内容无误后,签发 S/O,将留底联退还给托运人,要求托运人将货物及时送至指定的码头仓库。

(3)托运人持 S/O 及有关单证向海关办理货物出口报关、验货放行手续,海关在 S/O 上加盖放行图章后,准予货物装船出口。

(4)船公司在装货港的代理人根据留底联编制装货清单(L/L)送船舶及理货公司、装卸公司。

(5)大副根据 L/L 编制货物积载计划,并交代理人分送理货、装卸公司等按计划装船。

(6)托运人将经过检验及检量的货物送至指定的码头仓库准备装船。

(7)货物装船后,理货长将 S/O 交大副,大副核实无误后留下 S/O 并签发收货单(M/R)。

(8)理货长将大副签发的 M/R 转交给托运人。

(9)托运人持 M/R 到船公司在装货港的代理人处付清运费(预付运费情况下)换取正本已装船提单(B/L)。

(10)船公司在装货港的代理人审核无误后,留下 M/R,签发 B/L 给托运人。

(11)托运人持 B/L 及有关单证到议付银行结汇(在信用证支付方式下),取得货款,议付银行将 B/L 及有关单证寄给开证银行。

(12)货物装船完毕后,船公司在装货港的代理人编妥出口载货清单(M/F),送船长签字后向海关办理船舶出口手续,并将 M/F 交船随带,船舶启航。

(13)船公司在装货港的代理人根据 B/L 副本(或 M/R)编制出口载货运费清单(F/M),连同 B/L 副本、M/R 送交船公司,结算代收运费,并将卸货港需要的单证寄给船公司在卸货港的代理人。

(14)船公司在卸货港的代理人接到船舶抵港电报后,通知收货人船舶到港日期,做好提货准备。

(15)收货人到开证银行付清货款取回 B/L(在信用证支付方式下)。

(16)卸货港船公司的代理人根据装货港船公司的代理人寄来的货运单证,编制进口载货清单及有关船舶进口报关和卸货所需的单证,约定装卸公司、理货公司、联系安排泊位,做好接船及卸货准备工作。

(17)船舶抵港后,船公司在卸货港的代理人随即办理船舶进口手续,船舶靠泊后即开始卸货。

(18)收货人持正本 B/L 向船公司在卸货港的代理人处办理提货手续,付清应付的费用后,换取代理人签发的提货单(D/O)。

(19)收货人办理货物进口手续,支付进口关税。

(20)收货人持 D/O 到码头仓库或船边提取货物。

## 任务二　集装箱货物操作

### 一、集装箱概述

国际标准化组织(ISO)对“集装箱”下的定义为:集装箱是一种运输设备,应满足以下要求:

(1)具有耐久性,其坚固强度足以反复使用;

(2)便于商品运送而专门设计的,在一种或多种运输方式中运输时无须中途换装;

(3)设有便于装卸和搬运的装置,特别是便于从一种运输方式转移到另一种运输方式;

(4)便于货物的装满和卸空;

(5)具有 1 立方米及其以上的容积;

(6)是一种按照确保安全的要求设计,并具有防御无关人员轻易进入的货运工具。

“集装箱”一词不包括车辆或传统包装。

目前,中国、日本、美国、法国等国家全面地引进了国际标准化组织的定义。除了国际标准化组织的定义外，还有《集装箱海关公约》(CCC)、《国际集装箱安全公约》(CSC)、英国国家标准和北美太平洋班轮公会等对集装箱下的定义，内容基本上大同小异。我国国家标准 GB/T 1992—2006《集装箱名称术语》中，引用了上述定义。

国际标准集装箱是指根据国际标准化组织(ISO)104 技术委员会制订的国际标准建造和使用的国际通用的标准集装箱。集装箱标准化历经了一个发展过程。国际标准化组织 ISO/TC104 技术委员会自 1961 年成立以来，对集装箱国际标准做过多次补充、增减和修改，现行的国际标准为第 1 系列共 13 种，其宽度均一样(2 438mm)、长度有四种(2 991mm、6 058mm、9 125mm、12 192mm)、高度有四种(2 438mm、2 438mm、2 591mm、2 896mm)，如表 2—1 所示。目前，在海上运输中，经常使用的是 1CC 型和 1AA 型集装箱，即 20ft、40ft 集装箱。

**表 2—1　　国际标准集装箱**

| 箱型 | 长度(L) | 宽度(W) | 高度(H) | 最大总重量(kg) |
|---|---|---|---|---|
| 1D | 2.99m (9ft9.75in) | 2.44m (8ft0in) | 2.44m (8ft0in) | 10 160 |
| 1DX | | | <2.44m (8ft0in) | |
| 1CC | 6.05m (19ft10.25in) | 2.44m (8ft0in) | 2.59m (8ft6in) | 24 000 |
| 1C | | | 2.44m (8ft0in) | |
| 1CX | | | <2.44m (8ft0in) | |
| 1BBB | 9.12m (29ft11.25in) | 2.44m (8ft0in) | 2.9m (9ft6in) | 28 400 |
| 1BB | | | 2.59m (8ft6in) | |
| 1B | | | 2.44m (8ft0in) | |
| 1BX | | | <2.44m (8ft0in) | |
| 1AAA | 12.2m (40ft0in) | 2.44m (8ft0in) | 2.9m (9ft6in) | 30 480 |
| 1AA | | | 2.59m (8ft6in) | |
| 1A | | | 2.44m (8ft0in) | |
| 1AX | | | <2.44m (8ft0in) | |

## 二、集装箱的分类

### (一)按用途分

1. 干货集装箱(Dry Cargo Container)

干货集装箱也称杂货集装箱，这是一种通用集装箱，用以装载除液体货、需要调节温度货物及特种货物以外的一般件杂货。这种集装箱使用范围极广，常用的有 20ft 和 40ft 两种，其结构特点是常为封闭式，一般在一端或侧面设有箱门。

2. 开顶集装箱(Open Top Container)

开顶集装箱也称敞顶集装箱，这是一种没有刚性箱顶的集装箱，但有可折式顶梁支撑的帆布、塑料布或涂塑布制成的顶篷，其他构件与干货集装箱类似。开顶集装箱适于装载较高的大型货物和需吊装的重货。

3. 台架式及平台式集装箱(Platform Based Container)

台架式集装箱是没有箱顶和侧壁，甚至有的连端壁也去掉而只有底板和四个角柱的集装箱。台架式集装箱有很多类型。它们的主要特点是：为了保持其纵向强度，箱底较厚。箱底的强度比普通集装箱高，而其内部高度则比一般集装箱低。在下侧梁和角柱上设有系环，可把装载的货物系紧。台架式集装箱没有水密性，怕水湿的货物不能装运，适合装载形状不一的货物。台架式集装箱可分为敞侧台架式、全骨架台架式、有完整固定端壁的台架式、无端壁仅有固定角柱和底板的台架式集装箱等。

平台式集装箱是仅有底板而无上部结构的一种集装箱。该集装箱装卸作业方便，适于装载长、重大件。

4. 通风集装箱(Ventilated Container)

通风集装箱一般在侧壁或端壁上设有通风孔，适于装载不需要冷冻而需通风、防止汗湿的货物，如水果、蔬菜等。如将通风孔关闭，可作为杂货集装箱使用。

5. 冷藏/冷冻集装箱(Reefer Container)

冷藏/冷冻集装箱是专为运输要求保持一定温度的冷冻货或低温货而设计的集装箱。它分为带有冷冻机的内置式机械冷藏集装箱和没有冷冻机的外置式机械冷藏集装箱，适用装载肉类、水果等货物。冷藏/冷冻集装箱造价较高，营运费用较高，使用中应注意冷冻装置的技术状态及箱内货物所需的温度。温度可在－28℃～＋26℃调整。内置式集装箱在运输过程中可随意启动冷冻机，使集装箱保持指定温度；而外置式集装箱则必须依靠集装箱专用车、船和专用堆场、车站上配备的冷冻机来制冷。

6. 散货集装箱(Bulk Container)

散货集装箱除了有箱门外，在箱顶部还设有 2～3 个装货口，适用于装载粉状或粒状货物。使用时要注意保持箱内清洁干净，两侧保持光滑，便于货物从箱门卸货。

7. 动物集装箱(Pen Container)

这是一种专供装运牲畜的集装箱。为了实现良好的通风，箱壁用金属丝网制造，侧壁下方设有清扫口和排水口，并设有喂食装置。

8. 罐式集装箱(Tank Container)

罐式集装箱专门用来装运液体货，如酒类、油类、化学品等液体货物。它由罐体和框架两部分组成，罐体用于装液体货。框架用来支撑和固定罐体。罐体的外壁采用保温材料以使罐体隔热，内壁一般要研磨抛光以避免液体残留于壁面。为了降低液体的黏度，罐体下部还设有加热器，对罐体内温度可以通过安装在其上部的温度计观察到，罐顶设有装货口，罐底设有排出阀。装货时货物由罐顶部装货口进入，卸货时则由排出阀流出或从顶部装货孔吸出。

9. 汽车集装箱(Car Container)

汽车集装箱是专为装运小型轿车而设计制造的集装箱。其结构特点是无侧壁，仅设有框架和箱底，可装载一层或两层小轿车。

10. 服装集装箱(Garment Container)

这种集装箱的特点是：在箱内上侧梁上装有许多根横杆，每根横杆上垂下若干条皮带扣、尼龙带扣或绳索，成衣利用衣架上的钩直接挂在带扣或绳索上。这种服装装载法属于无包装运输，它不仅节约了包装材料和包装费用，而且减少了人工劳动，提高了服装的运输质量。

小链接

**集装箱类型的选择**

| 主要货种 | 集装箱种类 |
|---|---|
| 一般货物 | 杂货集装箱、通风集装箱 |
| 贵重货物、易碎货物 | 杂货集装箱 |
| 冷藏/冷冻货物、易腐货物 | 冷藏/冷冻集装箱、通风集装箱、隔热集装箱 |
| 动植物 | 动物集装箱、通风集装箱 |
| 笨重货物 | 开顶集装箱、框架集装箱、平台集装箱 |
| 散装货物 | 开顶集装箱、罐式集装箱 |

(二)按主体材料分类

由于集装箱在运输途中常受各种力的作用和环境的影响，因此集装箱的制造材料要有足够的刚度和强度，应尽量采用质量轻、强度高、耐用、维修保养费用低的材料，并且材料既要价格低廉，又要便于获得。

1. 钢制集装箱

钢制集装箱的框架和箱壁板皆用钢材制成。主要优点是强度高、结构牢、焊接性和水密性好、价格低、易修理、不易损坏；主要缺点是自重大、抗腐蚀性差。

2. 铝制集装箱

铝制集装箱有两种：一种为钢架铝板；另一种仅框架两端用钢材，其余用铝材。主要优点是自重轻、不生锈且外表美观、弹性好、不易变形；主要缺点是造价高，受碰撞时易损坏。

3. 不锈钢制集装箱

罐式集装箱一般多用不锈钢制成。主要优点是强度高、不生锈、耐腐性好；缺点是投资大。

4. 玻璃钢制集装箱

玻璃钢制集装箱是在钢制框架上装上玻璃钢复合板构成的。主要优点是隔热性、防腐性和耐化学性较好，强度大，刚性好，能承受较大应力，易清扫，修理简便，集装箱内容积较大等；主要缺点是自重较大，造价较高。

(三)按规格尺寸分类

目前，国际上通常使用的干货柜(Dry Cargo Container)有：

外尺寸为 6.1m×2.44m×2.59m(20ft×8ft×8ft6in)，简称 20 尺货柜；

外尺寸为 12.2m×2.44m×2.59m(40ft×8ft×8ft6in)，简称 40 尺货柜；

外尺寸为 12.2m×2.44m×2.9m(40ft×8ft×9ft6in)，简称 40 尺高柜。

20 尺柜：内容积为 5.69m×2.13m×2.18m，配货毛重一般为 17.5t，体积为 $24m^3$～$26m^3$。

40 尺柜：内容积为 11.8m×2.13m×2.18m，配货毛重一般为 22t，体积为 $54m^3$。

40 尺高柜：内容积为 11.8m×2.13m×2.72m，配货毛重一般为 22t，体积为 $68m^3$。

45 尺高柜：内容积为 13.58m×2.34m× 2.71m，配货毛重一般为 29t，体积为 $86m^3$。

20 尺开顶柜：内容积为 5.89m×2.32m×2.31m，配货毛重一般为 20t，体积为 $31.5m^3$。

40 尺开顶柜：内容积为 12.01m×2.33m×2.15m，配货毛重一般为 30.4t，体积为 $65m^3$。

20 尺平底货柜：内容积为 5.85m×2.23m×2.15m，配货毛重一般为 23t，体积为 $28m^3$。

40 尺平底货柜：内容积为 12.05m×2.12m×1.96m，配货毛重一般为 36t，体积为 $50m^3$。

**微型案例**

某货运代理公司接受货主委托，安排一批茶叶海运出口。货运代理公司在提取了船公司提供的集装箱并装箱后，将整箱货交给船公司。同时，货主自行办理了货物运输保险。收货人在目的港拆箱提货时发现集装箱内异味浓重，经查明该集装箱前一航次所载货物为精萘，致使茶叶受精萘污染。

请问：(1)收货人可以向谁索赔？为什么？

(2)最终应由谁对茶叶受污染事故承担赔偿责任？

【评析】

(1)可向保险人或承运人索赔。因为根据保险合同，在保险人承保期间和责任范围内，保险人应承担赔付责任。因为根据运输合同，承运人应提供“适载”的集中箱，由于集中箱存在问题，承运人应承担赔偿责任。

(2) 由于承运人没有提供“适载”的集中箱，而货运代理人在提空箱时没有履行其义务，即检查箱子的义务，并且在目的港拆箱时异味还很浓重，因此，承运人和货运代理人应按各自过失比例承担赔偿责任。

### 三、集装箱货物的交接方式

在集装箱货物运输中，根据整箱货、拼箱货的不同，其主要的交接方式(运输条款)有：

1. 门到门交接

该种货物的交接形式是指一个发货人、一个收货人。在由承运人负责内陆运输时，则在发货人的工厂或仓库验收后，承运人负责将货物运至收货人的仓库或工厂，门到门交接的货物为整箱货。

2. 门到场交接

这是一种在发货人的工厂或仓库接收货物，并负责运至卸船港集装箱码头堆场交货的交接方式。门到场货物交接方式发生在承运人不负责目的地内陆运输的情况下。

3. 门到站交接

这是一种从发货人的工厂或仓库至目的地集装箱货运站的交接方式。即通常是整箱接收，拆箱交付，也可理解为一个发货人、几个收货人。

4. 场至门交接

这是一种在起运地装船港的集装箱码头堆场接收货物，并将其运至收货人工厂仓库交货的交接方式，承运人不负责起运地发货人工厂或仓库至集装箱码头堆场之间的内陆运输。

5. 场到场交接

这是一种从装船港的集装箱码头堆场至目的港集装箱码头堆场的交接方式，通常是整箱货。

6. 场到站交接

这是一种从装船港的集装箱码头堆场至目的地集装箱货运站的交接方式，经常发生在整箱接收、拆箱交付的情况下。

7. 站到门交接

这是一种从起运地集装箱货运站至目的地收货人的工厂或仓库的交接方式，经常发生在拼箱接收、整箱交付的情况下。

8. 站到场交接

这是一种从起运地集装箱货运站至目的地集装箱码头堆场的交接方式，也可理解为几个发货人、一个收货人。

9. 站到站交接

这是一种从起运地集装箱货运站至目的地集装箱货运站的交接方式，通常是拼箱货交付、拼箱货接收。

## 四、整箱货货运流程

### （一）出口流程

1. 委托代理

在集装箱班轮货物运输过程中，货主一般委托货运代理人为其办理有关的货运业务。货运代理关系的建立也是由作为委托人的货主提出委托、由作为代理人的国际货运代理企业接受委托后建立。

在货主委托货运代理时，会有一份货运代理委托书。在订有长期货运代理合同时，可能会用货物明细表等单证代替委托书。

2. 订舱

货运代理人接受委托后，应根据货主提供的有关贸易合同或信用证条款的规定，在货物出运之前一定的时间内，填制订舱单向船公司或其代理人申请订舱。船公司或其代理人在决定是否接受发货人的托运申请时，会考虑其航线、船舶、运输要求、港口条件、运输时间等方面能否满足运输的要求。船方一旦接受订舱，就会着手编制订舱清单，然后分送集装箱码头堆场、集装箱空箱堆场等有关部门，并将据此安排办理空箱及货运交接等工作。

在订舱时，货运代理人会填制“场站收据”联单、预配清单等单据。

3. 提取空箱

在订舱后，货运代理人应提出使用集装箱的申请，船方会给予安排并发放集装箱设备交接单。凭设备交接单，货运代理人就可安排提取所需的集装箱。

在整箱货运输时，通常是由货运代理人安排集装箱卡车运输公司到集装箱空箱堆场领取空箱，但也可以由货主自己安排提箱。无论由谁安排提箱，在领取空箱时，提箱人都应与集装箱堆场办理空箱交接手续，并填制设备交接单。

4. 货物装箱

整箱货的装箱工作大多是由货运代理人安排，并可以在货主的工厂、仓库装箱或是由货主将货物交由货运代理人的集装箱货运站装箱。当然，也可以由货主自己安排货物的装箱工作。

装箱人应根据订舱清单的资料，并核对场站收据和货物装箱的情况，填制集装箱货物装箱单。

5. 整箱货交接签证

由货运代理人或发货人自行负责装箱并加封志的整箱货，通过内陆运输运至承运人的集装箱码头堆场，并由码头堆场根据订舱清单，核对场站收据和装箱单接收货物。整箱货出运前也应办妥有关出口手续。

集装箱码头堆场在验收货箱后，即在场站收据上签字，并将签署的场站收据交还给货运代理人或发货人。货运代理人或发货人可以凭借经签署的场站收据要求承运人签发提单。

6. 换取提单

货运代理人或发货人凭借签署的场站收据，向负责集装箱运输的人或其代理人换取提单。发货人取得提单后，就可以去银行结汇。

由于集装箱运输方式下，承运人的责任起始时间早于非集装箱运输方式，因此理论上在装船前应签发提单。这种提单是收货待运提单，而收货待运提单在使用传统价格术语的贸易合同下是不符合要求的。因此，为了满足贸易上的要求，也为了减少操作程序上的麻烦，实践中的做法是在装船后才签发提单，即已装船提单才符合使用传统价格术语的贸易合同的需要。

7. 装船

集装箱码头堆场或集装箱装卸区根据接受待装的货箱情况，制订出装船计划，等船靠泊后即可装船。

（二）进口流程

海运进口的货运代理业务是我国货运代理业务中涉及面最广、线最长、量最大、货种最复杂的货运代理业务。完整的海运进口业务，从国外接货开始，包括安排装船、安排运输、代办保险，直至货物运到我国港口后的卸货，开展报关报验、转运等业务。

1. 货运代理人接受委托

货运代理人与货主双方建立的委托关系可以是长期的，也可以是就某一批货物而签订的。在建立了长期代理关系的情况下，委托人往往会把代理人写在合同的一些条款中，这样，国外发货人在履行合约有关运输部分时会直接与代理人联系，有助于提高工作效率，避免联系脱节的现象发生。在货运代理与货主双方之间订立的协议中，通常应明确以下项目：

（1）委托人和代理人的全称，注册地址；

（2）代办事项的范围，如是否包括海洋运输，是否包括装运前的拆卸工作、集港运输等，到港后是提单交货还是送货上门等，明确了代办事项范围，则一旦发生意外，就能判明双方责任，也可避免因双方职责不明而造成的损失；

（3）委托方应该提供的单证及提供的时间，提供的时间应根据该单证需用的时间而定；

（4）服务费收标准及支付时间、支付方法；

（5）委托方和代理人的特别约定；

（6）违约责任条款；

（7）有关费用如海洋运费、杂费及关税等支付时间；

（8）发生纠纷后，协商不成的解决途径及地点，通常解决争议的途径有仲裁或诉讼等，地点可以在双方同意的地点，仲裁一般在契约地，诉讼则可以在契约地，也可以在被告所在地；

(9)协议必须加盖双方公章并经法定代表人签字,这是协议成立的要件。

2. 卸货地订舱

如果货物以FOB价格条件成交,货运代理人接受收货人委托后,就负有订舱或租船的责任,并有将船名、装船期通知发货人的义务。特别是在采用特殊集装箱运输时,更应尽早预订舱位。

3. 接运工作

接运工作要做到及时、迅速。主要工作包括:

(1)加强内部管理,做好接货准备,及时告知收货人,汇集单证,及时与港方联系。

(2)谨慎接卸。

4. 报检报关

根据国家有关法律、法规的规定,进口货物必须办理验放手续后,收货人才能提取货物。因此,必须及时办理有关报检、报关等手续。

5. 监管转运

进口货物入境后,一般在港口报关放行后再内运,但经收货人要求,经海关核准也可运往另一设关地点办理海关手续,称为转关运输货物,属于海关监管货物。

办理转关运输的进境地申报人必须持有海关颁发的转关登记手册,承运转关运输货物的承运单位必须是经海关核准的运输企业,持有转关运输准载证,监管货物在到达地申报时,必须递交进境地海关转关关封、转关登记手册和转关运输准载证,申报必须及时,并由海关签发回执,交进境地海关。

6. 提取货物

货运代理人向货主交货有两种情况:一是象征性交货,即以单证交接,货物到港经海关验收,并在提货单上加盖海关放行章,将该提货单交给货主,即为交货完毕。二是实际性交货,即除完成报关放行外,货运代理人负责向港口装卸区办理提货,并负责将货物运至货主指定地点,交给货主,集装箱运输中的整箱货通常还需要负责空箱的还箱工作。以上两种交货方式,都应做好交货工作的记录。

## 五、拼箱货货运流程

集装箱运输的货物分为整箱货(FCL)和拼箱货(LCL)两种。有条件的货运代理公司也能承办拼箱业务,即接受客户尺码或重量达不到整箱要求的小批量货物,把不同收货人、同一卸货港的货物集中起来,拼凑成一个20尺或40尺整箱,这种做法称作集拼,国际上称作Consolidation,承办者称为Consolidator。

承办集拼业务的货运代理企业必须具备如下条件:

(1)具有集装箱货运站(CFS)装箱设施和装箱能力;

(2)与国外卸货港有拆箱分运能力的航运或货运企业建有代理关系;

(3)政府部门批准有权从事集拼业务并有权签发自己的运输代理行提单(House B/L,HBL又称货运代理提单或无船承运人提单)。

从事集拼业务的国际货运代理企业由于其签发了自己运输代理行的提单,故通常被货方视为承运人。如果只经营海运区段的拼箱业务,则是无船承运人。因此,其特征主要有:不是国际贸易合同的当事人;在法律上有权订立运输合同;本人不拥有、不经营海上运输工具;因与货主订立运输合同而对货物运输负有责任;有权签发提单,并受该提单条款约束;具有双重身份,对货主而言，他是承运人，但对真正运输货物的集装箱班轮公司而言，他又是货物托运人。

1. 拼箱货业务流程

集拼业务的操作比较复杂，先要区别货种，合理组合，待拼成一个 20 尺或 40 尺箱后可以向船公司或其代理人订舱。

集拼的每票货物各缮制一套托运单(场站收据)，附于一套汇总的托运单(场站收据)上，例如有五票货物拼成一个整箱，这五票货须分别按其货名、数量、包装、重量、尺码等各自缮制托运单(场站收据)，另外缮制一套总的托运单(场站收据)，货名可作成“集拼货物”(Consolidated Cargo)，数量是总的件数(Packages)，重量、尺码都是五票货的汇总数，目的港是统一的，关单(提单)号也是统一的编号，但五票分单的关单(提单)号则在这个统一编号之尾缀以 A、B、C、D、E，以此区分。货物出运后，船公司或其代理人按总单签一份海运提单(Ocean B/L)，托运人是货代公司，收货人是货代公司的卸货港代理人。然后，货代公司根据海运提单，按五票货的托运单(场站收据)内容签发五份仓至仓运输代理行提单(House B/L)。运输代理行提单编号按海运提单号，尾部分别缀以 A、B、C、D、E，其内容则与各该托运单(场站收据)相一致，分发给各托运单位银行结汇之用。

同时，货运代理公司须将船公司或其代理人签发给他的海洋提单正本连同自签的各 House B/L 副本邮寄其卸货港代理人。代理人在船到时向船方提供海运提单正本，提取该集装箱到自己的货运站(CFS)拆箱，通知 House B/L 中各个收货人持正本 House B/L 前来提货。

集拼业务票数越多，处理难度越大，有时其中一票货的数量发生变更往往牵涉整箱货的出运，所以在处理中要审慎。

2. 拼箱货业务流程

拼箱货业务流程如图 2—2 所示。

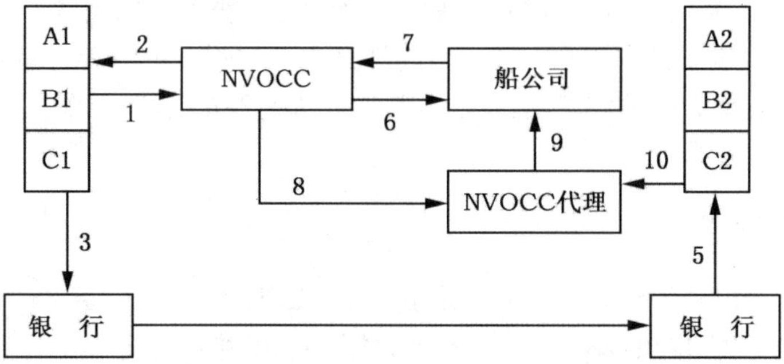


**图 2—2 拼箱货货运流程**

具体来说，拼箱货货运流程如下：

(1)发货人 A1、B1、C1 分别将货交给 NVOCC；

(2)NVOCC 签发 HBL 给发货人；

(3)A1、B1、C1 分别凭 HBL 到银行结汇；

(4)出口国银行将 HBL 转至进口国银行；

(5)A2、B2、C2 分别付款从银行取出 HBL；

(6)NVOCC 将货交船公司；

(7)船公司签发 SBL 给 NVOCC；

(8)NVOCC 将 SBL 转 NVOCC 国外代理；

(9)NVOCC 代理凭 SBL 到船公司提货;

(10)A2、B2、C2 凭 HBL 到 NVOCC 代理提货。

注:HBL 是指运输代理行提单,SBL 是指海运提单。

3. 拼箱运输的成本结构

拼箱货运输的成本是指该业务活动从接受拼箱货至交付拼箱货的整个过程中,与货物仓储、拼拆箱、运输以及其他相关费用的总和。

通常,直拼运输方式比混拼运输方式在运输路线、相关手续、收费项目和费用等方面更为简单、更为节省。

(1)拼箱货直拼运输的费用结构。

直拼运输的费用项目主要包括:

①拼箱及起运港的费用:如货物提前进站的仓储费和海关监管费、提运空箱和重箱进场的拖运费和码头费用、货物装箱费和理货费用等。

②海运运费及手续费:如班轮公司运输整箱货所收取的海运运费、到船舶代理人处办理有关订舱等手续的费用。

③目的港及拆箱费用:如提运重箱和还空箱的拖运费和码头费用、拆箱费和理货费、分拨费和相关的代理手续费、拼箱货的仓储费用等。

④其他发生在装卸两港的相关服务费用等。

如果拼箱货情况较为特殊,则还会产生特殊的费用。以上费用通常由集运经营人按运价本或协议运价向托运人收取。

(2)拼箱货混拼运输的费用结构。

混拼运输的费用项目除与直拼运输相同的费用外,还包括中转港再拼箱和转运所需的费用:

①中转港的拆箱和再装箱及理货的费用;

②集装箱的拖运费用;

③拼箱货的搬运费和仓储费用;

④办理进出口手续的费用;

⑤中转港代理人的费用;

⑥其他相关的服务费用等。

(3)节省集运成本的途径。

分析集运各个环节、实现流程再造是节省集运成本的有效方法。以下几个问题值得认真考虑:

①在可行的情况下,通常安排直拼运输方式,以减少混拼运输方式带来更多的中间环节和产生额外费用;

②当需要采用混拼运输方式时,所选的中转港应具备较好的拆拼箱作业条件,还要有能力强、关系好、信誉高的代理人;

③与班轮公司订有较好的协议运价,并与相关的船舶代理人、仓储经营人等订有优惠的服务协议;

④合理选择集装箱的箱型和尺度,正确地积载和装箱以减少亏箱及充分利用载货重量;

⑤实现业务程序和单证作业的流程再造,保证实现业务程序的有效性和单证作业的正确性;

⑥建立应付突发事件的程序,防止特殊情况发生时造成不良后果等。

## 六、主要货运单证

(一)出口单证

1. 货主委托货运代理办理运输事宜的单证

该类单证可分为基本单证和特殊单证。

基本单证,即通常每批托运货物都须具备的单证,有出口货运代理委托书、出口货物报关单、外汇核销单、商业发票、装箱单、重量单、规格单等。

特殊单证是在基本单证以外,根据国家规定,按不同商品、不同业务性质、不同出口地区需向有关主管机关及海关交验的单证,例如:出口许可证、配额许可证、商检证、动植物检疫证、卫生证明、进料和来料加工手册、危险货物申请书、包装证、品质证、原产地证书等。

出口货运代理委托书简称委托书,具有两种功能。

其一,它是委托方(出口企业)向被委托方(货运代理人)提出的一种"要约",被委托方一经书面确认就意味着双方之间契约行为的成立,因此委托书应有委托单位盖章,使之成为有效的法律文件。货运代理人接到委托书后,如不能接受或某些要求无法满足,应及时做出反应,以免耽误船期,承担不必要的法律责任。

其二,委托书详列托运各项资料和委托办理事项及工作要求,它是货运代理人的工作依据。委托书内容大致有以下事项:

(1)委托单位名称、编号。

(2)托运货物内容,包括商品名称、标记、号码、件数、包装、式样、毛重(千克)、尺码(立方米)、价格条件、出口总价等。

(3)装运事项:运输起讫地点、可否转船、可否分批装运、装运期限、信用证有效期限(结汇到期日)以及配船要求等。

(4)提单记载事项:提单发货人、收货人、通知人、正本份数、运费预付或到付,以及信用证规定的某些必要记载事项。

(5)货物交运日期及交运方式、货物备妥日期。

(6)集装箱运输的有关事项:集装箱类别;集装箱数量;装箱或提箱要求,如自拉自送、送CFS装箱、门到门(注明装箱工厂或仓库的地址、联系人、电话)。

(7)运费结算事项:外币及人民币结算单位的开户银行、账号。

(8)其他特殊事项:如危险品、冷冻货的特殊说明。

货运代理人接到委托方的委托书后,应及时审核,根据要求及时联系有关船公司或其代理人订舱,如某些要求无法接受或船货衔接存在问题,应迅速联系委托方征求意见,以免贻误工作。

2. 集装箱货物托运单("场站收据"联单)

集装箱运输以场站收据(Dock Receipt,D/R)中的第一联作为集装箱货物的托运单。"场站收据"联单通常由货代企业缮制送交船公司或其代理人订舱,因此托运单也就相当于订舱单。集装箱货物托运单如图 2—3 所示。

| | |
|---|---|
| Shipper (发 货 人) | D/R No. (编号) |
| Consignee (收 货 人) | 第一联<br>**集装箱货物托运单**<br>**货主留底** |
| Notify Party (通 知 人) | |
| Pre-carriage by (前程运输)　Place of Receipt (收货地点) | |
| Ocean Vessel (船名)　Voy. No. (航次)　Port of Loading (装货港) | |

| | | | | | |
|---|---|---|---|---|---|
| Port of Discharge (卸货港)　Place of Delivery (交货地点) | | | | Final Destination for the Merchant's Reference (目的地) | |
| Container No. (集装箱号) | Seal No. (封志号) Marks & Nos. (唛头与号码) | No of con-taners or p'kgs. (箱数或件数) | King of Package: Description of Goods (包装种类与货名) | Gross Weight 毛重(公斤) | Measurement 尺码(立方米) |
| TOTAL NUMBER OF CONTAINERS OR PACKAGES(IN WORDS) 集装箱数或件数合计(大写) | | | | | |

| | | | | | |
|---|---|---|---|---|---|
| FREIGHT & CHARGES (运费与附加费) | Revenue Tons (运费吨) | Rate (运费率) | Per (每) | Prepaid(运费预付) | Collect(到付) |

| | | | |
|---|---|---|---|
| EX. Rate(兑换率) | Prepaid at (预付地点) | Payable at (到付地点) | Place of Issue (签发地点) |
| | Total Prepaid (预付总额) | No. of Original B(s) /L (正本提单份数) | |

| | | | | |
|---|---|---|---|---|
| Service Type on Receiving<br>☐ —CY ☐—CFS ☐ —DOOR | Service Type on Delivery<br>☐ —CY ☐—CFS ☐ —DOOR | Reefer Temperature Required (冷藏温度) | ℉ | ℃ |
| TYPE OF GOODS (种类) | ☐ **Ordinary.** (普通) ☐**Reefer.** (冷藏) ☐ **Dangerous.** (危险品) ☐ **Auto.** (裸装车辆)<br>☐**Liquid.** (液体) ☐ **Live Animal.** (活动物) ☐ **Bulk.** (散货) | 危险品 | Class:<br>Property:<br>IMDG Code Page:<br>UN No. | |

| | | |
|---|---|---|
| 可否转船: | 可否分批: | 备注(REMARKS) |
| 装　期: | 效　期: | |
| 金　额: | | |
| 制单日期: | | |

图 2—3　集装箱货物托运单

“场站收据”联单各联如下：

第一联：货主留底。

第二联：船代留底。

第三联：运费通知(1)。

第四联：运费通知(2)。

第五联：装货单。

第五联：(附页)缴纳出口货物港务申请书(由港区核算应收之港务费用)。

第六联：(浅红色)场站收据副本大副联。

第七联：(黄色)场站收据正本。

第八联：货运代理留底。

第九联：配舱回单(1)。

第十联：配舱回单(2)。

船公司或其代理接受订舱后在托运单上加填船名、航次及编号(此编号俗称关单号，与该批货物的提单号基本上保持一致)，并在第五联装货单上盖章，表示确认订舱，然后将第二至四联留存，第五联以下全部退还货运代理公司。

货运代理公司将第五联、第五联附页、第六联、第七联共四联拆下，作为报关单证之用，第九或第十联交托运人(货主)为配舱回执，其余供内部各环节使用。

托运单核心单据为第五、六、七联。第五联是装货单，盖有船公司或其代理人的图章，是船公司发给船上负责人员和集装箱装卸作业区接受装货的指令，报关时海关查核后在此联盖放行章，船方(集装箱装卸作业区)凭以收货装船。第六联供港区在货物装船前交外轮理货公司，当货物装船时与船上大副交接。第七联场站收据俗称黄联(黄色纸张，便于辨认)，在货物装上船后由船上大副签字(通常由集装箱码头堆场签章)，退回船公司或其代理人，据以签发提单。

3. 集装箱预配清单

集装箱预配清单是船公司为集装箱管理需要而设计的一种单据。该清单格式及内容，各船公司大致相同，一般有提单号、船名、航次、货名、件数、毛重、尺码、目的港、集装箱类型、尺寸和数量、装箱地点等。货运代理人在订舱时或一批一单，或数批分行列载于一单，按订舱单内容缮制后随同订舱单据送船公司或其代理人，船公司配载后将该清单发给空箱堆存点，据以核发设备交接单及空箱之用。

4. 集装箱发放/设备交接单

集装箱发放/设备交接单(Equipment Interchange Receipt，EIR)是集装箱进出港区、场站时，用箱人、运箱人与管箱人或其代理人之间交接集装箱及设备的凭证，兼有发放集装箱的凭证功能，所以它既是一种交接凭证，又是一种发放凭证，主要用于集装箱的箱务管理。它在日常业务中被简称为设备交接单，如图 2—4 所示。

设备交接单，应按照有关“设备交接单”制度规定的原则使用。设备交接单制度应严格要求做到一箱一单、箱单相符、箱单同行。用箱人、运箱人凭设备交接单进出港区、场站，到设备交接单指定的提箱地点提箱，并在规定的地点还箱。与此同时，用箱人必须在规定的日期、地点将箱子和机械设备如同交付时的状态还给管箱人或其代理人，对集装箱的超期使用或租用，用箱人应支付超期使用费；对使用或租用期间发生的任何箱子及设备的灭失和损坏，用箱人应承担赔偿责任，相应的费用标准也应做出明确规定。

设备交接单有多种用途，在集装箱货物出口运输中，它主要是货主(或货运代理人)领取空

SINOTRANS

中 国 外 运 公 司
SINOTRANS GROUP CO.
集装箱发放／设备交接单
EQUIPMENT INTERCHANGE RECEIPT

IN进场

NO. 10007742

| | | | |
|---|---|---|---|
| 用箱人／运箱人(CONTAINER USER / HAULIER) | | | 提箱地点(PLACE OF DELIVERY) |
| 来自地点(WHERE FROM) | | 返回／收箱地点(PLACE OF RETURN) | |
| 船名／航次(VESSEL / VOYAGE NO.) | 集装箱号(CONTAINER NO.) | 尺寸／类型(SIZE / TYPE) | 营运人(CNTR. OPTR.) |
| 提单号(B / L No.) | 铅封号(SEAL NO.) | 免费期限(FREE TIME PERIOD) | 运载工具牌号(TRUCK,WAGON,BARGE NO.) |
| 出场目的／状态(PPS OF GATE-OUT / STATUS) | 进场目的／状态(PPS OF GATE-IN / STATUS) | | 进场日期(TIME-IN) |
| 进场检查记录(INSPECTION AT THE TIME OF INTERCHANGE) | | | |
| 普通集装箱(GP CONTAINER) | 冷藏集装箱(RF CONTAINER) | 特种集装箱(SPECIAL CONTAINER) | 发电机(GEN SET) |
| □ 正常 (SOUND)<br>□ 异常 (DEFECTIVE) | □ 正常 (SOUND)<br>□ 异常 (DEFECTIVE) | □ 正常 (SOUND)<br>□ 异常 (DEFECTIVE) | □ 正常 (SOUND)<br>□ 异常 (DEFECTIVE) |

损坏记录及代号(DAMAGE & CODE)

BR 破损 (BROKEN)　D 凹损 (DENT)　M 丢失 (MISSING)　DR 污箱 (DIRTY)　DL 危标 (DG LABEL)

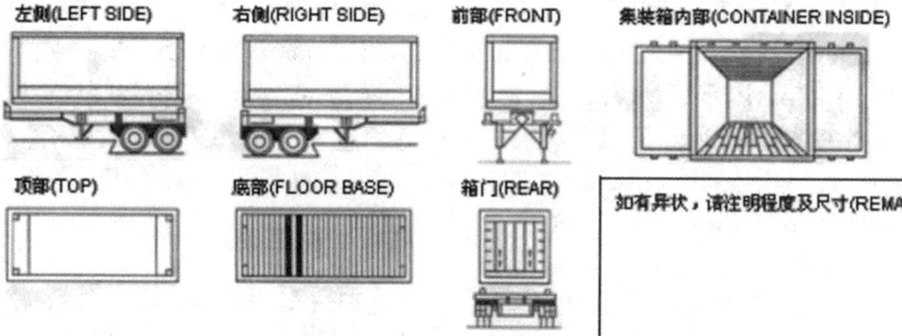


如有异状，请注明程度及尺寸(REMARK).

除列明者外，集装箱及集装箱设备交接时完好无损，铅封完整无误。
THE CONTAINER/ASSOCIATED EQUIPMENT INTERCHANGED IN SOUND CONDITION AND SEAL INTACT UNLESS OTHERWISE STATED.

用箱人／运箱人签署
(CONTAINER USER/HAULIER'S SIGNATURE)

码头／堆场值班员签署
(TERMINAL/DEPOT CLERK'S SINGATURE)

图 2－4　集装箱设备交接单

箱出场及运送重箱装船的交接凭证。

在集装箱货物运输情况下，货运代理人在向船公司或其代理人订妥舱位取得装货单后可凭其向船方领取设备交接单。设备交接单一式六联,上面三联用于出场,印有“出场(OUT)”字样,第一联盖有船公司或其集装箱代理人的图章,集装箱空箱堆场凭以发箱,一、二联由堆场发箱后留存,三联由提箱人(货运代理人)留存;设备交接单的下面三联是进场之用,印有“进场(IN)”字样,该三联是在货物装箱后送到港口作业区堆场时重箱交接之用。第一、二两联由送货人交付港区道口,其中第二联留港区,第一联转给船方据以掌握集装箱的去向,送货人(货运代理人)自留第三联作为存根。

设备交接单有如下内容:

(1)交接单号码:按船公司(船代)编制的号码填列。

(2)经办日期:指制单日期。

(3)经办人:要箱单位的经办人员。

(4)用箱人:一般为订舱的货运代理单位名称。

(5)提箱点:空箱存放地点。

(6)船名、航次、提单号、货物发往地点:须与关单相关项目一致。

(7)经营人:指集装箱经营人,如属船公司营运箱,则填船公司名称。

(8)尺寸、类型:可简写,如 20/DC,意即 20 尺干货箱。

(9)箱号:指提取空箱箱号。

(10)用箱点:货运代理人或货主的装箱地点。

(11)收箱点:出口装船的港口作业区。

(12)运箱工具:集卡车号。

(13)出场目的/状态:如提取空箱,目的是“装箱”,状态是“空箱”。

(14)进场目的/状态:如重箱进区,目的是“装船”,状态是“重箱”。

(15)出场日期:空箱提离堆场日期。

(16)进场日期:重箱进入港口作业区日期。

设备交接单的下半部分是出场或进场检查记录,由用箱人(运箱人)及集装箱堆场/码头工作人员在双方交接空箱或重箱时验明箱体记录情况,用以分清双方责任。

空箱交接标准:箱体完好、水密、不漏光、清洁、干燥、无味,箱号及装载规范清晰;特种集装箱的机械、电器装置正常。

重箱交接标准:箱体完好、箱号清晰、封志完整无损,特种集装箱机械、电器装置运转正常,并符合出口文件记载要求。

5. 集装箱装箱单

集装箱装箱单(Container Load Plan,CLP)是详细记载集装箱内货物的名称、数量等内容的单据。每个载货集装箱都要制作这样的单据,它是根据已装进集装箱内的货物制作的。不论是由发货人自己装箱,还是由集装箱货运站负责装箱,负责装箱的人都要制作装箱单。集装箱装箱单是详细记载每一个集装箱内所装货物详细情况的唯一单据。在以集装箱为单位运输时,它是一张极其重要的单据。集装箱装箱单如图 2—5 所示。

集装箱装箱单的主要作用有:

(1)作为发货人、集装箱货运站与集装箱码头堆场之间货物的交接单证;

(2)作为向船方通知集装箱内所装货物的明细表;

(3)单据上所记载的货物与集装箱的总重量是计算船舶吃水差、稳定性的基本数据;

(4)在卸货地点是办理集装箱保税运输的单据之一;

# CONTAINER LOAD PLAN

**Packer's Copy**

# 装 箱 单

⑤　　发货人/装箱人 联

| | | | | | | |
|---|---|---|---|---|---|---|
| Reefer Temperature Required 冷藏温度<br>°C °F | | | | | | |
| Class 等级 / IMDG Page 危规页码 / UN NO. 联合国编码 / Flashpoint 闪点 | | | | | | |
| Ship's Name / Voy No. 船名 / 航次 | Port of Loading 装货港 | Port of Discharge 卸货港 | Place of Delivery 交货地 | SHIIPPER'S / PACKER'S DELARATIONS: We hereby declare that the container has been thoroughly clean without any evidence of cargoes of previous shipment prior to vanning and cargoes has been properly stuffed and secured. | | |
| Container No. 箱号 | Bill of Lading No. 提单号 | Packages & Packing 件数与包装 | Gross Weight 毛 重 | Measurements 尺 码 | Description of Goods 货 名 | Marks & Numbers 唛头与号码 |
| Seal No. 封号 | Front 前 | | | | | |
| Cont.Size 箱型<br>20' 40' 45'<br>Con.Type. 箱类<br>GP=普通箱 TK=油罐箱<br>RF=冷藏箱 PF=平板箱<br>OT=开顶箱 HC=高箱<br>FR=框架箱 HT=挂衣箱 | | | | | | |
| ISO Code For Container Size / Type.<br>箱型/箱类ISO标准代码 | | | | | | |
| Packer's Name / Address<br>装箱人名称/地址<br>Tel No.<br>电话号码 | Door 门 | | | | | |
| Packing Date 装箱日期 | Received By 驾驶员签收及车号 | Total Packages 总件数 | Total Cargo Wt 总货重 | Total Meas. 总尺码 | Remarks: 备注 | |
| Packed By: 装箱人签名 | Receibed By Terminals / Date Of Receipt 码头收箱签收和收箱日期 | | Cont.Tare Wt 集装箱皮重 | Cgo/cont Total WT 货/箱总重量 | | |

图 2-5　集装箱装箱单

(5)当发生货损时，是处理索赔事故的原始单据之一；

(6)卸货港集装箱货运站安排拆箱、理货的单据之一。

目前，各港口使用的装箱单大同小异。上海港使用的集装箱装箱单是一式五联，由装箱人(仓库、供货工厂)或装箱站(CFS)于装箱时缮制，其中一联由装箱人留存，四联随箱送装运港区，供港区编制集装箱装船舱位配置计划和船公司或其代理缮制提单等参考。

装箱单记载事项必须与场站收据和报关单据上的相应事项保持一致，否则会引发不良后果。例如：装货港打错，与场站收据不符，港区有可能不予配装，造成退关；也有可能配错舱位，以致到达卸货港时难以从错误的舱位上卸下集装箱。又如，装箱单重量或尺码与报关单或发票不符，船公司按装箱单重量或尺码缮制提单、舱单，出口单位结汇时发生单、单不一致，不能结汇。此种情况，屡见不鲜，主要原因在于发货人托运时未向仓库或工厂取得正确数据，以致产生数字歧异。对此，发货人应特别注意。所装货物如品种不同必须按箱子前部(Front)到箱门(Door)的先后顺序填写。

6. 提单

提单(Bill of Lading)是指用以证明海上货物运输合同和货物已经由承运人接收或者装船，以及承运人保证据以交付货物的单证。

(二)进口单证

1. 货主委托货运代理办理进口货运业务单证

这些单证主要包括进口货运代理委托书、进口订舱联系单、提单、发票、装箱单、保险单、进口许可证、机电产品进口登记表，以及包括木箱包装熏蒸证明等在内的其他单证。

2.“交货记录”联单

在集装箱班轮运输中普遍采用“交货记录”联单以代替件杂货运输中使用的“提货单”。“交货记录”的性质实际上与“提货单”一样，仅仅是在其组成和流转过程方面有所不同。

“交货记录”标准格式一套共五联：(1)到货通知书；(2)提货单(见图 2—6)；(3)费用账单(蓝色)；(4)费用账单(红色)；(5)交货记录。

**中国外轮代理公司上海分公司**

**CHINA OCEAN SHIPPING AGENCYSHANGHAI BRANCH**

**提　货　单**

DELIVERY ORDER　　No. 0043601

致：________港区、场、站

收货人：____________

下列货物已办妥手续，运费结清，准予交付收货人。

<table>
<tr><td>船名</td><td colspan="2">航次</td><td colspan="2">起运港</td><td>目的地</td></tr>
<tr><td>提单号</td><td colspan="2">交付条款</td><td colspan="3">到付海运费</td></tr>
<tr><td>卸货地点</td><td>到达日期</td><td colspan="2">进库场日期</td><td colspan="2">第一程运输</td></tr>
<tr><td>唛头与集装箱号</td><td>货　名</td><td>集装箱数</td><td>件　数</td><td>重量(KGS)</td><td>体积($m^3$)</td></tr>
<tr><td></td><td></td><td></td><td></td><td></td><td></td></tr>
<tr><td></td><td></td><td></td><td></td><td></td><td></td></tr>
<tr><td></td><td></td><td></td><td></td><td></td><td></td></tr>
<tr><td></td><td></td><td></td><td></td><td></td><td></td></tr>
<tr><td></td><td></td><td></td><td></td><td></td><td></td></tr>
</table>

续表

| | | | | | |
|---|---|---|---|---|---|
| | | | | | |
| | | | | | |
| | | | | | |
| | | | | | |

请核对放货。

中国外轮代理公司上海分公司

年　月　日

凡属法定检验、检疫的进口商品，必须向有关机监督构申报。

| | | | |
|---|---|---|---|
| 收货人章<br>1 | 海关章<br>2 | 3 | 4 |
| 5 | 6 | 7 | 8 |

**图 2—6　提货单**

其流转程序为：

(1)船舶代理人在收到进口货物单证资料后，通常会向收货人或通知人发出“到货通知书”。

(2)收货人或其代理人在收到“到货通知书”后，凭海运正本提单(背书)向船舶代理人换取“提货单”及场站、港区的“费用账单”联、“交货记录”联等四联。“提货单”经船代盖章方可有效。

(3)收货人或其代理人持“提货单”在海关规定的期限内备妥报关资料，向海关申报。海关验放后在“提货单”的规定栏目内盖放行章。收货人或其代理人还要办理其他有关手续的，也应办妥手续，取得有关单位盖章放行。

(4)收货人及其代理人凭已盖章放行的“提货单”及“费用账单”和“交货记录”联向场站或港区的营业所办理申请提货作业计划，港区或场站营业所核对船代“提货单”是否有效及有关放行章后，将“提货单”“费用账单”联留下，作放货、结算费用及收费依据。在第五联“交货记录”联上盖章，以示确认手续完备，受理作业申请，安排提货作业计划，并同意放货。

(5)收货人及其代理人凭港区或场站已盖章的“交货记录”联到港区仓库，或场站仓库、堆场提取货物。提货完毕后，提货人应在规定的栏目内签名，以示确认提取的货物无误。“交货记录”上所列货物数量全部提完后，场站或港区应收回“交货记录”联。

(6)场站或港区凭收回的“交货记录”联核算有关费用。填制“费用账单”一式两联，结算费用。将第三联(蓝色)“费用账单”联留存场站、港区制单部门，第四联(红色)“费用账单”联作向收货人收取费用的凭证。

(7)港区或场站将第二联“提货单”联及第四联“费用账单”联、第五联“交货记录”联留存归档备查。

3. 集装箱发放/设备交接单

集装箱进口货运过程中也需要使用“设备交接单”。

# 任务三 海运提单操作

## 一、提单的概念

海运提单(Marine Bill of Lading or Ocean Bill of Lading),或简称为提单(Bill of Lading,B/L),是国际结算中一种最重要的单据。《海牙规则》和《海牙—维斯比规则》都没有给提单下定义。《汉堡规则》鉴于提单在国际贸易和运输中所起的作用概括成提单的定义:Bill of lading, means a document which evidences a contract of carriage by sea and the taking over or loading of the goods by the carrier, and by which the carrier undertakes to deliver the goods against surrender of the document. A provision in the document that the goods are to be delivered to the order of the document. A provision in the document that the goods are to be delivered to the order of a named person, or to order, or to bearer, constitutes such an undertaking。《海商法》第 71 条规定:“提单,是指用以证明海上货物运输合同和货物已经由承运人接收或者装船,以及承运人保证据以交付货物的单证。提单中载明的向记名人交付货物,或者按照指示人的指示交付货物,或者向提单持有人交付货物的条款,构成承运人据以交付货物的保证。”

## 二、提单的功能

### (一)承运人接收货物或货物装船的收据(货物收据)

通常,货物装船后才由承运人或其代理人签发提单,表明货物已由承运人接收或者装船。但是在实际业务中,提单内容是根据大副收据或场站收据而来,对于将货物交给承运人运输的托运人,提单具有货物收据的功能。虽然大副收据或场站收据是承运人收到货物的原始收据,但它们仅作为船务单证(或称为运输单证);而托运人最终所要取得的不是船务单证,而是能够用于结汇、收货人凭以提取货物和商业流通的提单。因此,提单既属运输单证,又属商务单证。不仅对于已装船货物,承运人负有签发提单的义务,而且根据托运人的要求,即使货物尚未装船,只要货物已在承运人掌管之下,承运人也有签发一种被称为“收货待运提单”的义务。所以,提单一经承运人签发,即表明承运人已将货物装上船舶或已确认接管。提单作为货物收据,不仅证明收到货物的名称、种类、数量、标志、外表状况,而且证明收到货物的时间。由于国际贸易中习惯地认为货物装船象征卖方将货物交付给买方,因此签发已装船提单的时间就意味着卖方的交货时间。实际操作中,托运人取得已装船提单即可到银行结汇而获得货款,因此提单上的装船日期就显得格外重要。

《海商法》第 75 条规定:承运人或者代其签发提单的人,知道或者有合理的根据怀疑提单记载的货物的品名、标志、包数或者件数、重量或者体积与实际接收的货物不符,在签发已装船提单的情况下怀疑与已装船的货物不符,或者没有适当的方法核对提单记载的,可以在提单上批注,说明不符之处、怀疑的根据或者说明无法核对。第 77 条规定:除依照本法第 75 条的规定做出保留外,承运人或者代其签发提单的人签发的提单,是承运人已经按照提单所载状况收到货物或者货物已装船的初步证据；承运人向善意受让提单的包括收货人在内的第三人提出的与提单所载状况不同的证据，不予承认。

也就是说，对托运人而言，提单只是承运人已按提单所记载的内容收到货物的初步证据，例如承运人收到的货物与提单所记载的状况不符时，承运人有权举证说明，以保障自身权益；但对善意受让提单的包括收货人在内的第三方而言，提单就不仅是初步证据，而且是终结性证据，承运人不得否认提单上有关货物资料记载内容的正确性，例如清洁提单的情况下，当第三方实际收到货物与提单记载的品名、标志、数量、重量等不符时，善意受让提单的包括收货人在内的第三方可以向承运人索赔，承运人不能以托运人申报不实或装货港漏装、错装货物等为由拒绝赔偿。

（二）海上货物运输合同成立的证明（合同证明）

班轮货物运输中，是先由托运人根据班轮公司事先公布的船期、费率及运输条件，持托运单或订舱委托书（单）到船公司或其代理人处订舱，称为"要约"。如果承运人可以满足托运人的要求，接受订舱，确定船名、航次、提单号，并在单证上签章确认，称为"承诺"，即可认为海上货物运输合同成立。而提单则是在托运人订妥舱位之后，在承运人收到货物或把货物装上船舶之后签发给托运人的。因此，提单对于承运人与托运人来说并不是运输合同，而是早已订立的运输合同的一种书面证据。此外，提单上往往只有承运人一方代表签字，而不是由双方当事人共同签字，在形式上也不具备合同的要求。

实际业务中，托运人收到提单之后，通常将其转让给收货人（即提单的受让人，通常是货物的买方）。在这种情况下，对提单的受让人与承运人来说，提单就不仅是运输合同的证据，而且成为受让人与承运人之间的运输合同，收货人或提单持有人与承运人之间的权利、义务应按提单条款办理。《海商法》第 78 条中明确规定："承运人与收货人、提单持有人之间的权利、义务关系，依据提单规定确定。"因此，他们之间的权利和义务关系应以提单的规定为依据，即使原来的托运人与承运人事先另有协议，但由于提单的受让人对此一无所知，因此提单的受让人可以不受其约束，承运人不得以此为理由要求变更提单内容。

（三）提单是承运人保证凭以交付货物和可以转让的物权凭证

对于合法取得提单的持有人，提单具有物权凭证的功能。提单的合法持有人有权在目的港以提单提取货物，而承运人只要出于善意，凭提单发货，即使持有人不是真正货主，承运人也无责任。而且除非在提单中特别指明，提单可以不经承运人的同意而转让给第三者，提单的转移就意味着物权的转移。所以，除不可转让的提单外，提单经背书就可以买卖转让，提单的合法受让人或提单持有人就是提单上所记载货物的合法所有人。在国际贸易中，它可以作为买卖的标的物向银行押汇的担保品。需要指出的是，提单一般应在承运人在目的港交付货物前才有效，如果承运人凭一份提单正本交付了货物，其余的几份也就失去了效力，提单不能再行转让。

### 三、提单的分类

按不同的分类标准，提单可以划分为许多种类：

（一）按照货物是否已经装船划分

1. 已装船提单（On Board or Shipped B/L）

已装船提单是指整票货物已经全部装进货舱或装在甲板（如集装箱）后，承运人或其授权的代理人签发的提单。已装船提单除满足与其他提单相同的要求外，提单必须载明装货船名和装船日期。由于已装船提单对收货人按时收到货物较有保障，因此在实际业务中，大多数采用已装船提单，且在买卖合同中一般都规定卖方须向买方提供已装船提单，银行结汇一般也要求使用已装船提单。

2. 备运提单(Received for Shipment B/L)

备运提单又称收货待运提单，是承运人在接管托运人送交的货物后在装船之前应托运人的要求签发的提单。集装箱运输中集装箱进入集装箱货场或集装箱货运站后，承运人会签发备运提单。有时船公司在指定仓库预收货物，根据仓库收据签发收妥待运提单，准备交由日后到港船只装运。特别是随着集装箱运输的发展，航运公司需要在内陆收货站收货，而收货站是不能签发已装船提单的，只能签发备运提单，这是集装箱运输的常见做法。通常此种待运提单上记载"received for shipment in apparent good order and condition…"等文句，表示签发提单时，承运人仅将货物收管(take in charge)，准备于不久后装船，而实际还未装船。由于这些货物尚未装船，因此提单上并未载明装运船舶的船名和装运日期。有时提单上虽有船名，也多属拟装船名，该船能否如期到达将货运出，船公司并不负责。因为备运提单只说明承运人接管货物而无法说明货物将何时装船、装哪一条船，能否出运，所以买方对货物能否按时装船无法肯定，更不能据此估计货物到港时间，因此买方一般不愿意接受该种提单，银行结汇一般也不接受备运提单。

如在签发待运提单后，货物已经装载于船只上，托运人可凭备运提单换取已装船提单，或由承运人在备运提单的正面加注"已装船"字样、装船日期和船名并签字盖章使之成为已装船提单。《海商法》第74条明确规定："货物装船前，承运人已经应托运人的要求签发收货待运提单或者其他单证的，货物装船完毕，托运人可以将收货待运提单或者其他单证退还承运人，以换取已装船提单；承运人也可以在收货待运提单上加注承运船舶的船名和装船日期，加注后的收货待运提单视为已装船提单。"

(二)按照提单的不同抬头划分

1. 记名提单(Named B/L)

记名提单是指在提单的收货人一栏内具体填写收货人名称的提单。这种提单只能由提单上写明的特定收货人提取，原则上不能转让。记名提单虽然可以避免提单在流通过程中遗失、被盗或被冒名背书的风险，但却失去了提单的流通性。此外，因为一些国家的惯例是记名提单的收货人可以不凭正本提单而仅凭"到货通知"(Notice of arrival) 上的背书和收货人的身份证明即可提货，这样银行若垫款却不能掌握货权，风险太大。因此，银行一般也不愿接受记名提单作为议付货款的单据。由于提单的流通受到限制，给贸易商带来很多不便，因此在国际贸易当中使用并不多，一般只在运输展览品或贵重物品或特殊航线和特殊目的地时使用。

我国的《海商法》第79条就规定："提单的转让，依照下列规定执行：记名提单：不得转让；指示提单：经过记名背书或者空白背书转让；不记名提单：无须背书，即可转让。"

但在实际业务中，应谨慎使用记名提单。如果信用证要求记名提单，最好要求改证；如果客户坚持使用记名提单，须弄清原委，了解运输业务所涉及国家对记名提单物权凭证属性的法律规定，明确提单首要条款中适用法律的具体约定，如货物装运到美国港口的货物不宜使用记名提单，或在记名提单上加注声明："此提单适用于中国海商法"，以约束承运人必须凭正本提单放货，交付货物的同时应当收回正本提单，这样以保证信用证项下贸易的公平与安全。

2. 不记名提单(Bearer B/L)

不记名提单是指提单上收货人一栏只注明"持有人"(Bearer)字样，即货交提单持有人，或在“收货人”一栏空白。这种提单既不写明收货人的具体名称，也不填写“凭指示”的字样，不记名提单仅凭交付转让，手续简便，流通性极强。承运人交付货物也仅以提单为依据，提单持有人即被视为货主。但如果提单遗失或被窃，然后再转让给善意的第三者手中时，或者在无正本提单凭担保提货时，就很难区分非法获得提单者和提单的善意受让人，极易引起纠纷。因此不记名提单的风险很大，在国际贸易中很少使用。

3. 指示提单(Order B/L)

指示提单是指“收货人”一栏内填写“凭指示”(To order)或“凭××指示”(To order of ××)字样的提单。指示提单是一种可转让的商业票据，提单持有人可以用背书方式将它转让给第三者。对承运人来讲只要提单真实，背书连续，指示提单持有人的身份符合提单上所记载的指示，就可交付货物，完成自己的交付义务。由此可见，指示提单既转让方便，有一定的流通性，又比不记名提单的安全性好，所以它是国际贸易中使用最为广泛的一种提单。

指示提单可以不记名指示(不标明指示人)，也可以记名指示(标明指示人)。指示人可以是托运人、收货人或银行。常见指示提单有四种抬头：

①凭银行指示，即提单“收货人”栏填写为“ to the order of ×× Bank”。

②凭收货人指示，即提单“收货人”栏填写为“to the order of A. B. C. Co. Ltd”。

③凭托运人指示，即提单“收货人”栏填写为“to the order of shipper”，并由托运人在提单背面空白背书(Blank Endorsed)。这种提单也可根据信用证的规定而做成记名背书。托收人也可不做背书，在这种情况下则只有托运人可以提货，即是卖方保留货物所有权。

④不记名指示，即提单收货人栏填写为“To the order”，并由托运人在提单背面做空白背书。也可根据信用证的规定而做成记名背书。

第一种提单称为银行指示提单，当开证银行为了防止进口商无力还款时，就会在信用证中规定提单抬头做成“凭银行指示”。银行指示提单应按银行指示交货。一般在进口商付款后，银行在提单上背书，然后将提单转交给进口商。这种提单可作为向银行还款的抵押。第二种提单称为收货人指示提单，A. B. C. 公司作为收货人，可以收单后自行提货，也可以背书转让。收货人指示提单对银行不利，因为若开证银行遇买方拒绝付款，想自行提货处理，需先请收货人背书转让提单，这对银行来说是一种风险，所以开证行一般不愿意信用证规定提单做成这种收货人指示抬头。

第四种是空白抬头提单，实际业务中视为同第三种托运人指示提单。空白抬头提单在实际业务中是指在托运人(即卖方)未指定收货人或受让人之前，货物所有权仍属于卖方。一般卖方都在空白抬头提单背面做空白背书，将提单转让给银行，银行即取得货物所有权。若信用证规定是 Endorsed in Blank 或 Blank Endorsed，都是空白背书的意思，发货人只需在提单背面签章，不做任何记载。实务中，最常用的就是这种空白抬头和空白背书的提单。空白抬头提单也可以根据信用证要求而做记名背书，如果信用证规定是 Endorsed to… Co.，Ltd. 或 Endorsed on favor of … Co.，Ltd. 即表示背书给某某公司。发货人须在提单背书注明 Please deliver to … Co.，Ltd. 或 Please deliver to …Bank 或类似文字再签章。对于托运人指示提单，托运人还可以不背书，在这种情况下则只有托运人可以提货，也就是卖方保留货物所有权。

(三)按照提单有无批注划分

1. 清洁提单(Clean B/L)

清洁提单是指货物装船时，货物的外表状况良好，对提单上所印就的“外表状况明显良好”(in apparent good order and condition) 没有做相反的批注(Superimposed Clause)或附加条文的提单。在国际货物买卖中，一般都规定卖方必须提供已装船的清洁提单，银行审单时主要审核内容就是看提单是否为清洁提单。

UCP 600 也规定："……清洁运输单据是指未载有明确宣称货物及或包装状况有缺陷的条款或批注的运输单据……"这也就是说，提单上有无"清洁"字样并无实际意义。如果提单上没有打上"Clean"字样或原先印就的"Clean"字样被承运人删除，并不影响提单成为清洁提单。即提单清洁与否，不依提单上是否有"清洁"字样。但清洁提单只说明承运人确认货物在装船时外表状况良好，无破损，并不能保证货物内在品质的完好，更不能排除货物具有无法直接观察到的内在瑕疵。

2. 不清洁提单(Unclean or Foul B/L)

不清洁提单是指承运人明确地对有关货物包装状况不良或存在缺陷等情况加以批注的提单。这种提单表明，货物是在表面状况不良的条件下装上船舶的，其目的是为了对抗收货人可能在卸货时发现货物因批注事项而遭受损坏或灭失而提出的索赔，保障承运人的责任。

因为提单具有货物收据的性质，承运人对托运人、收货人或其他提单持有人承担提单上所载的责任。提单上记载了"received(shipped )from the shipper herein named in apparent good order and condition, unless otherwise noted in this B/L…"，这表示除非另有说明，否则，即表明货物表面状况良好。《海牙规则》规定承运人负有保管货物的责任，承运人应在目的地交付提单上记载的外表状况良好的货物给收货人。由于清洁提单表明货物表面状况良好，承运人对有关货物的说明不存疑议，如果卸货时货物出现表面残损，就可以推定为承运人在运输途中未尽到责任，承运人就可能要赔偿由此给货主造成的损失。如果在装船时发现货物或包装污染、潮湿、破包等表面残损或承运人对有关货物说明存在疑惑，承运人即在提单上批注，以免除自身责任。

因为货物表面状况不良很可能对货方利益造成侵害，买方风险因此加大，所以银行一般不接受不清洁提单。但在实际业务中，有时托运人会向承运人出具保函以将不清洁提单换取清洁提单，方便银行结汇。但各国法律对保函效力的态度不一，有的一概不予承认，有的则认为只有善意的保函有效，而且法律也没有对所谓善意保函给出一个明确的定义，所以承运人在具体事例中的法律地位仍然很难事先确定，其利益也无法得到保证。因此，承运人不应轻易接受保函。

需要特别指出的是，并非有关货物的所有批注都构成不清洁提单。例如，承运人对于提单上列有货物的数量、质量、价值或特性并不负责，即使托运人在提单上声明了内容、价值、重量、尺寸、标记、数量、质量等，承运人也视作不详。这些声明并不构成提单的"不清洁"。承运人对因包装性质(如装入纸袋、塑料袋内的货物)而引起损失或损坏予以保留的条款，即免责权利，也并不作为声明货物有缺陷，不构成"不清洁提单"。提单上常见的批注类型有：

①对货物及包装状况的批注，如：

ONE BAG BROKEN (一包破)；

ALL TIMBER LOADED WET (全部木材装船水湿)；

DAMAGED BY VERMINS (RATS) (有虫或被鼠咬)。

②对附加费用的说明，如：

PORT EXPENSES AT DESTINATION TO BE BORNE BY THE CONSIGNEE (目的港费用由收货人承担)；

③免责批注，如：

STC(SAID TO CONTAIN… )(据托运人说有……/内容据称)；

SLAC(Shipper's Load Count)(货主装载计数);

SLCAS(Shipper's Load Count and Seal)(货主装载计数,加封)。

④对运输方式的说明,如:

SHIP MAY DISCHARGE THE GOODS AT THE NEAREST PORT IF UNABLE TO REACH THE DESTINATION (如不能进入目的港,船方可将货物在就近港口卸下)。

⑤未明确表示货物与包装不良的批注。如:

SECOND-HAND CASES (用过的箱子);

USED DRUMS (旧桶)。

⑥对货物数量的批注,如:

SHORT SHIPPED ONE JAR (少装一坛)。

在上述几类批注中,①类批注无疑是不清洁提单。②类批注是说明费用的,除非信用证有相反规定,否则银行都会接受这种提单。③类和④类批注实际上是承运人认为需要时重申其权利和责任,一般提单条款中已有类似说明,提单上加注这些内容,对收货人权益并无影响,不影响提单结汇。⑤类批注并没有明确表明货物与包装的缺陷。所以,②~⑤类批注的都不属于不清洁提单。⑥类批注说明了货物的短少。提单上有这类批注时,托运人均应按实际出运数来缮制发票收取货款。为审慎起见,在这种情况下出口商还是尽可能更换提单,以防对方以此为由拒付货款。

(四)按照提单运输方式不同划分

1. 直达提单(Direct B/L)

直达提单是指由承运人签发的,货物从起运港装船后,中途不经过换船直接运达卸货港的提单。直达提单中关于运输记载的基本内容里,仅记载有起运港(Port of Loading)和卸货港(Port of Discharge),不能有"转船"或"在××港转船"之类字样的批语。因为各转运港情况不同,货物在装卸中很容易出现货损货差,而且转船会延长货物在途时间,给货方带来更大的风险,所以凡信用证规定不得转船的,结汇时必须使用直达提单。

有的提单背面条款中写有"……如有需要,承运人可任意将货物交由属于承运人自己的船舶或属于他人的船舶或经由铁路或以其他运输工具直接或间接地驶往目的港……"的字样,也称为"自由转船"条款,此类提单上如果没有转船的批注,则仍为直达提单。

2. 转船提单(Trans Shipment B/L)

转船提单是指货物在起运港装船后,船舶不直接驶往货物的目的港,需要在其他中途港口换船转运目的港的情况下承运人所签发的提单。转船提单一般由负责一程船(由起运港至第一个转运港)的承运人签发并且在提单上加转船批注。因为转船往往增加费用、风险,而且货物在中转港停留的时间不易掌握,所以对收货人较为不利,但实际业务中,特别是集装箱运输中,一程船常常会挂靠一些中转港,在中转港换船转运至目的港。因此国际货物运输中,转船运输方式并不少见。

3. 联运提单(Through B/L)

联运提单是指承运人对经由海—海、海—陆、陆—海运输的货物所出具的覆盖全程的并收取全程费用的提单。所以,转船提单只不过是在海—海运输形式下所签发的提单,可以说是联运提单中的一种特例。联运中,各承运人对自己所执行的运程负责。第一承运人虽然签发全程提单,但其也只对第一运程负责。绝大部分提单有这样的规定:"……如有需要,承运人可任意将货物交由属于承运人自己的船舶或属于他人的船舶或经由铁路或以其他运输工具直接或间接地驶往目的港……费用由承运人支付，但风险由货主负担，承运人责任只限于他本身经营的船舶所完成的那部分运输。”

4. 多式联运提单（Multi modal Transportation B/L ）

《联合国国际货物多式联运公约》规定：“……按照多式联运合同以至少两种不同的运输方式，由多式联运经营人将货物从一国境内接管货物的地点运至另一国境内指定交付货物的地点……”的货物运输形式称之为多式联运。多式联运提单即承运人或多式联运经营人对采用多式联运方式的货物出具的提单。多式联运提单主要用于集装箱运输，全程可涉及远洋运输、铁路运输、航空运输、内河运输、公路运输等多种运输形式，以实现所谓“门到门”的服务。业务中，人们常常把联运与多式联运混为一谈，实际上它们各有自己的适用范围。联运提单除适用于包含海运在内的陆－海、空－海联合运输形式外，还可用于海－海联运，也就是转船运输。而多式联运提单则要求货物必须经两种以上的运输形式。

不仅如此，由于近年来集装箱运输的发展，国际多式联运公约的签订，各种法规、惯例对多式联运提单的规定更加具体、更加明确，因此多式联运单证也成为一种重要的结汇单证。

（五）按照提单的格式不同划分

1. 全式提单（Long Form B/L）

全式提单是指详细列有承运人和托运人之间的权利、义务等条款的提单。全式提单既有正面记载的事项，背面又详细列有承运人和托运人权利、义务的条款，所以又称繁式提单。全式提单是国际贸易业务中通常使用的提单。

2. 简式提单（Short Form B/L）

简式提单是指提单上只有正面必要的记载项目而没有背面条款的提单。一般提单背面记载有承运人与托运人的责任、权利和义务的条款，但简式提单背面空白，在一定程度上影响了其流通性，所以有些信用证明确规定不接受简式提单。但只要没有这种明确规定，银行就可以接受简式提单。简式提单多用于租船合同项下所签发的提单，一般注有“所有条款与条件按照××××年××月签订的租船合同”（All terms and conditions as per charter party dated××××）。如果在班轮运输条件下签发简式提单，大多加注“各项条款及例外条款以本公司正规的全式提单内所列的条款为准”（Subject to the terms and conditions，provisions and exceptions as contained in the carriers regular Long Form B/L）。

（六）按签发提单的时间划分

1. 倒签提单（Anti dated B/L）

倒签提单是指货物装船完毕后，承运人签发的以早于货物实际装船日期为签单日期的提单。实际业务中，有时由于种种原因货物未能在合同或信用证规定的装船期内装运，又来不及修改信用证，托运人为了使提单日期与信用证的规定相符以便结汇，便要求承运人按信用证规定日期倒签提单。但从法律上来说，无论出于什么原因，虚假的装船时间一方面是对运输合同的违反，承运人倒签提单的做法掩盖了事实真相，是隐瞒迟期交货的侵权行为，要承担相应的责任；另一方面，由于国际市场中一些货物价格变动较大，交货时间往往对买方至关重要，直接影响货物的再出售，特别是市场上货价下跌或其他原因，因此收货人可以“倒签提单”为由拒收货物，并向法院起诉。

实际业务中，托运人向承运人提出倒签提单请求，承运人便要求其出具保函，并声明倒签提单出于托运人的请求，所造成的一切后果均由托运人承担，与船方无关，更有甚者，要求其出具高出货价一定比例的银行担保。但保函的法律地位在很多情况下是不确定的，况且隐瞒装船时间只能是出于托运人利益的考虑，可以被视为卖方和船方的共同欺诈，很难说是善意行为，所以一流的承运人在实际业务中应尽量避免出具倒签提单。

2. 预借提单(Advanced B/L)

预借提单是指货物在装船前或装船完毕前，托运人要求承运人提前签发的已装船清洁提单。与倒签提单相类似，预借提单的出现也是因为信用证或买卖合同规定的装运期或信用证有效期已到，托运人因故未能及时备妥货物或者因为船期延误，货物未能装船完毕，为及时结汇而采取的一种变通办法。

但承运人签发预借提单，面临着比签发倒签提单更大的风险。因为货物尚未装船或未装船完毕，货物能否安全装船、是否能全部装船、将在什么时间装船、货物装船时的状况等都不得而知，很有可能因种种原因而改变原定的装运船舶，或发生货物灭失、损坏，或退关，收货人可以掌握的预借提单的事实为由拒绝收货，并向承运人提出赔偿要求。但在实际业务中，承运人得到托运人的保函后也有可能签发预借提单。

3. 过期提单(Stale B/L)

过期提单包括两种情形：一种过期提单是指由于航线较短或银行单据流转速度太慢，以至于提单晚于货物到达目的港，收货人提货受阻；另一种过期提单则是由于出口商在取得提单后未能及时到银行议付，形成过期提单。

对前一种情况，有些公司在试着采用非转让的海运单(Seaway Bill)或应用电子提单来替代目前的提单，以加快货物的流转。但由于海运单无法流通，影响了货物的再出售，因此在实际业务中，特别是一些短程货物运输中，往往采用“电放”的特殊做法。对后一种情况，UCP 600 规定：“除规定一个交单到期日外，凡要求提交运输单据的信用证，还须规定一个在装运日后按信用证规定必须交单的特定期限。如未规定该期限，银行将不予接受迟于装运日期后 21 天提交的单据。但无论如何，提交单据不得迟于信用证的到期日……”

**微型案例**

我国某出口公司先后与伦敦 B 公司和瑞士 S 公司签订两份出售农产品合同，共计 3 500 长吨，价值 8.275 万英镑。装运期为当年 12 月至次年 1 月。但由于原定的装货船舶出故障，只能改装另一艘外轮，致使货物到 2 月 11 日才装船完毕。在我公司的请求下，外轮代理公司将提单的日期改为 1 月 31 日，货物到达鹿特丹后，买方对装货日期提出异议，要求我公司提供 1 月份装船证明。我公司坚持提单是正常的，无须提供证明。结果买方聘请律师上货船查阅船长的船行日志，证明提单日期是伪造的，立即凭律师拍摄的证据，向当地法院提起诉讼并由法院发出通知扣留该船，经过 4 个月的协商，最后，我方赔款 2.09 万英镑；买方才肯撤回上诉而结案。

【评析】

倒签提单是一种违法行为，一旦被识破，产生的后果是严重的。但是在国际贸易中，倒签提单的情况还是相当普遍的。尤其是当延期时间不多的情况下，还是有许多出口商会铤而走险。当倒签的日子较长的情况出现，就容易引起买方怀疑，最终可以通过查阅船长的航行日志或者班轮时刻表等途径识破。

(七)按船舶营运方式划分

1. 租船合同项下的提单(Charter Party B/L)

租船合同项下的提单是指在货物装船后,承运人根据租船合同签发的提单。租船提单注明"一切条款、条件和免责事项按照××××年×月的租船合同"(All terms and conditions as per charter party dated××××)。UCP 600 对此规定:"如果信用证要求或允许提交租船合同项下的提单,除非信用证另有规定,银行将接受……含有受租船合同约束的任何批注……"的单据。同时规定,"……即使信用证要求提交与租船合同项下提单有关的租船合同,银行对该租船合同不予审核,但将予以照转而不承担责任"。

2. 班轮提单(Liner B/L)

班轮提单是指采取班轮运输方式,由经营班轮运输的承运人或其代理人签发的提单。国际班轮运输是指固定船舶按照公布的船期表或有规则地在特定的航线和固定港口间从事国际客货运输。班轮运输的特点可以四个"固定"来描述:固定船舶、固定船期、固定航线、固定港口。如无事先约定,班轮运输的承运人与货物托运人、收货人之间的权利和义务以经营班轮运输的承运人签发的班轮提单条款为依据,不再另行签订租船合同,银行接受班轮提单。

班轮运输按公开的费率收取运费(这种运费被称为 Liner 或 Berth term),所有的装卸费、理(平)舱费均已计入班轮费率表中,也即班轮承运人负责装船、理(平)舱和卸货,不再另向托运人收取费用。因此,如果信用证规定运输条款按"班轮条款"办理,即由船方负责装卸费。

(八)其他特殊提单

1. 运输代理行提单(House B/L)

运输代理行提单是指由运输代理人或无船承运人(NVOCC)签发的提单。

2. 甲板货提单(On Deck B/L)

甲板货提单是指承运人签发的货物装在甲板上并在提单上注有"货装甲板"字样的提单。货物装在甲板上,除易受日晒雨淋影响外,还可能因海上风浪过大被冲入海中,因其他原因导致货物灭失或损坏的可能性也更大。因此《海牙规则》规定"运输合同中载明装于甲板上且已照装的货物"不包括在承运人所负责的"货物"范围之内,对其在海上运输中出现的任何灭失或损坏,承运人不承担责任(承运人故意行为除外)。《汉堡规则》和《海商法》则认为只要与托运人有协议或符合航运惯例或符合法律规定,承运人可以将货物装在甲板上,并承担运输责任。即如果签发的是表明承、托双方协商同意的,注有"装于舱面"字样的舱面提单,而且实际上也是将货物积载于舱面,那么,只要货物的灭失或损坏不是承运人的故意行为造成的,承运人仍可免责。否则即使货物装在甲板上而没有批注,承运人对此要像装舱内货一样负责。

针对甲板货提单的结汇,UCP 600 规定:"除非信用证另有规定,银行将接受下列运输单据:海运或包括海运在内的一种以上运输方式,未注明货物已装或将装于舱面。然而,运输单据内有货物可能装于舱面的规定,但未特别注明货物已装舱面或将装舱面,银行对该运输单据予以接受……"除商业习惯允许装于舱面的货物如木材等之外,买方为了减轻风险,一般不愿意把普通货物装在舱面上,有时甚至在合同和信用证中明确规定,不接受甲板货提单。银行为了维护开证人的利益,对这种提单一般也予以拒绝。所以在实际业务中,除集装箱等航运界习惯装于甲板上的货物外,甲板货提单并不常见。

3. 合并提单(Omnibus B/L)

合并提单是指根据托运人的要求,将同一船舶装运的同一装货港、同一卸货港、同一收货人的两批或两批以上相同或不同的货物合并签发一份提单。托运人或收货人为了节省运费,常要求承运人将本应属于最低运费提单的货物与其他另行签发提单的货物合并在一起，只签发一份提单。

4. 并装提单(Combined B/L)

并装提单是将两批或两批以上品种、质量、装货港和卸货港相同，但分属于不同收货人的液体散装货物并装于同一液体货舱内，而分别为每批货物的收货人签发一份提单时，其上加盖有“并装条款”印章的提单。在签发并装提单的情况下，应在几个收货人中确定一个主要收货人(通常是其中批量最大的收货人)，并由这个主要收货人负责分摊各个收货人应分担的货物损耗。

5. 分提单(Separate B/L)

分提单是指承运人依照托运人的要求，将本来属于同一装货单上其标志、货种、等级均相同的同一批货物，托运人为了方便收货人在目的港提货，分开签多份提单，分属于几个收货人。只有标志、货种、等级均相同的同一批货物才能签发分提单，否则，会因在卸货港理货，增加承运人理货、分标志费用的负担。

6. 交换提单(Switch B/L)

交换提单是指在直达运输的条件下，应托运人的要求，承运人承诺，在某一约定的中途港凭在起运港签发的提单另换发一套以该中途港为起运港，但仍以原来的托运人为托运人的提单，并注明“在中途港收回本提单，另换发以该中途港为起运港的提单”或“Switch B/L”字样的提单。

当贸易合同规定以某一特定港口为装货港，而作为托运人的卖方因备货原因，不得不在这一特定港口以外的其他港口装货时，为了符合贸易合同和信用证关于装货港的要求，常采用这种变通的办法，要求承运人签发这种交换提单。签发交换提单的货物，一般由同一艘船直达运输，中途港并不换装，只不过由承运人在中途港的代理人收回原在起运港签发的提单，另签发以中途港为货物起运港的提单而已。交换提单在中间商贸易中使用较多。

7. 集装箱运输提单(Container B/L)

集装箱运输提单是集装箱货物运输下主要的货运单据，负责集装箱运输的经营人或其代理人，在收到集装箱货物后而签发给托运人的提单。由于集装箱货物的交接地点不同，一般情况下，由集装箱堆场或货运站在收到集装箱货物后签发场站收据，托运人以此换取集装箱运输提单结汇。集装箱运输提单上不出现“On Deck”字样，即托运人如事先无特殊要求，承运人可自行将集装箱装于甲板之上。

小链接

**与提单相关的国际运输法规**

1.《海牙规则》

第一次世界大战结束后，国际贸易有了迅速发展，英国意识到合同中的免责条款阻碍了自身运输业的发展。于是，在国际协会的协助下，召集各国航商成立了提单条款的研究小组，于1921年9月在海牙召开了国际法协会会议，起草了有关提单的内容，1924年8月一些国家的代表在布鲁塞尔签署了《统一提单若干法律规定的国际公约》，即《海牙规则》。该规则于1931年6月正式生效，在一定程度上促进了当时国际贸易和航运业的发展。《海牙规则》作为一个国际货运公约，仅适用于参加该规则的国家，但没有加入该规则的一些国家在制定提单和开展实际航运业务中执行的内容与海牙规则并无区别。该规则的主要内容有：承运人的责任和义务；承运人的免责事项；货物托运人的责任和义务；承运人的赔偿责任限制；索赔与诉讼时效；公约的适用范围。

2.《维斯比规则》

自1931年《海牙规则》生效以来，国际贸易和航运业发展很快，《海牙规则》的某些内容逐渐不适应现实需要。1963年，国际海事委员会在斯德哥尔摩会议上订立了一个对《海牙规则》的修改议定书。会议期间，代表们访问了附近的哥德特兰岛的海运古城维斯比，并在那里由会议主席正式签署了该规则的修改建议，因此，习惯上将该规则称《维斯比规则》。该规则于1968年2月在布鲁塞尔的会议上正式通过，并定名"布鲁塞尔1968年议定书修改的海牙规则"，该规则于1977年生效。《维斯比规则》对海牙规则修改的主要内容有：扩大了公约的适用范围；提高了承运人的赔偿责任限制；对侵权行为的请求；提单的最终证据。

3.《汉堡规则》

自《海牙规则》《维斯比规则》实施以来，国际贸易、运输又有新的发展，特别是第三世界国家有了新的发展。第三世界作为货主国家，为发展自己的经济强烈要求修改《海牙规则》，于是，联合国贸易和发展会议在1968年3月设立了国际航运立法工作组。该工作组的任务是讨论国际海商法给发展中国家的经济发展带来的障碍，并对需要修改的意见，向联合国国际贸易法委员会提出建议。联合国国际贸易法委员会第四次会议接受了航运立法工作组的建议，于1971年4月建立了另一个国际航运立法工作组，归国际贸易法委员会领导。该工作组前后召开了六次会议，于1978年3月由联合国主持在汉堡召开了海上货物运输会议，通过了《1978年联合国海上货物运输公约》，简称《汉堡规则》，该规则于1992年生效。

4.《鹿特丹规则》

2008年12月11日，联合国第63届大会第67次会议通过了联合国国际贸易法委员会提交的《联合国全程或部分海上国际货物运输合同公约》(United Nations Convention on Contracts for the International Carriage of Goods Wholly or Partly by Sea)。此次会议授权2009年9月23日在荷兰鹿特丹举行新公约开放签署仪式，因此该公约又被简称为《鹿特丹规则》(The Rotterdam Rules)。从内容上看，《鹿特丹规则》是当前国际海上货物运输规则的集大成者，不仅涉及包括海运在内的多式联运、在船货两方的权利义务之间寻求新的平衡点，而且引入了如电子运输单据、批量合同、控制权等新的内容，此外，公约还特别增设了管辖权和仲裁的内容。从公约条文数量上看，公约共有96条，实质性条文有88条，是《海牙规则》的9倍、《汉堡规则》的3.5倍。因此，该公约被称为一部"教科书"式的国际公约。

## 四、提单操作规范

(一)提单正面内容

提单的正面如图2—7所示，通常有以下一些栏目。

| 1. Shipper Insert Name, Address and Phone | | B/L No. |
|---|---|---|
| 2. Consignee Insert Name, Address and Phone | | 中远集装箱运输有限公司<br>COSCO CONTAINER LINES<br>TLX: 33057 COSCO CN<br>FAX: +86(021) 6545 8984<br>**ORIGINAL**<br>Port-to-Port or Combined Transport<br>**BILL OF LADING** |
| 3. Notify Party Insert Name, Address and Phone<br>(It is agreed that no responsibility shall attsch to the Carrier or his agents for failure to notify) | | RECEIVED in external apparent good order and condition except as other-Wise noted. The total number of packages or unites stuffed in the container, The description of the goods and the weights shown in this Bill of Lading are Furnished by the Merchants, and which the carrier has no reasonable means Of checking and is not a part of this Bill of Lading contract. The carrier has Issued the number of Bills of Lading stated below, all of this tenor and date, One of the original Bills of Lading must be surrendered and endorsed or sig-Ned against the delivery of the shipment and whereupon any other original Bills of Lading shall be void. The Merchants agree to be bound by the terms And conditions of this Bill of Lading as if each had personally signed this Bill of Lading.<br>SEE clause 4 on the back of this Bill of Lading (Terms continued on the back Hereof, please read carefully).<br>*Applicable Only When Document Used as a Combined Transport Bill of Lading. |
| 4. Combined Transport *<br>Pre - carriage by | 5. Combined Transport*<br>Place of Receipt | |
| 6. Ocean Vessel Voy. No. | 7. Port of Loading | |
| 8. Port of Discharge | 9. Combined Transport *<br>Place of Delivery | |

| Marks & Nos.<br>Container / Seal No. | No. of Containers or Packages | Description of Goods (If Dangerous Goods, See Clause 20) | Gross Weight Kgs | Measurement |
|---|---|---|---|---|
| | | | | |
| | | Description of Contents for Shipper's Use Only (Not part of This B/L Contract) | | |

10. Total Number of containers and/or packages (in words)
Subject to Clause 7 Limitation

| 11. Freight & Charges | Revenue Tons | Rate | Per | Prepaid | Collect |
|---|---|---|---|---|---|
| Declared Value Charge | | | | | |

| Ex. Rate: | Prepaid at | Payable at | Place and date of issue |
|---|---|---|---|
| | Total Prepaid | No. of Original B(s)/L | Signed for the Carrier, |

LADEN ON BOARD THE VESSEL
DATE　　BY COSCO CONTAINER LINES

**图 2—7　提单正面**

1. 提单号码(B/L No.)

一般列在提单右上角，便于工作联系和查核。发货人向收货人发送装船通知时，也要列明船名和提单号码。

2. 托运人(SHIPPER)

一般为信用证中的受益人。如果开证人为了贸易上的需要，要求做第三者提单(THIRD-

PARTY B/L)，也可照办。

3. 收货人(CONSIGNEE)

如要求记名提单，则可填上具体的收货公司或收货人名称；如属指示提单，则填为“指示”(ORDER)或“凭指示”(TO ORDER)；如需在提单上列明指示人，则可根据不同要求，填成“凭托运人指示”(TO ORDER OF SHIPPER)、“凭收货人指示”(TO ORDER OF CONSIGNEE)或“凭银行指示”(TO ORDER OF ×× BANK)。

4. 通知方(NOTIFY PARTY)

这是船公司在货物到达目的港时发送到货通知的收件人，有时即为进口方。在信用证项下的提单，如信用证上对提单被通知人有具体规定时，则必须严格按信用证要求填写。如果是记名提单或收货人指示提单，且收货人又有详细地址的，则此栏可以不填。如果是空白指示提单或托运人指示提单，则此栏必须填写被通知人的名称及详细地址，否则船方就无法与收货人联系，收货人也不能及时报关提货，甚至会因超过海关规定的申报时间而被没收。关于托运人对“通知方”一栏的申报应符合卸船港或交货地的习惯要求，否则产生的一切责任由托运人承担。有的国家和地区要求通知方必须是在当地，否则不允许货物进口。

5. 船名、航次(Vessel 、Voyage No.)

此栏填写船舶的具体名称、航次号，但在货物转运、联运或多式联运时应注意：在难以确定二程船船名时请填写“TO BE NAMED ×××(船)”或“×××(船)or Her Substitute”。

如一程船、二程船不属同一家船公司时，更应注意提单签发。

6. 装货港(PORT OF LOADING)

此栏应填写实际装船港口的具体名称，但在支、干线运输下，装船港可以是指干线船的装船港口；异地签单时，货物的实际装船港与提单签发地不在同一港口；装船港的港口名称应与所装载货物的“VESSEL”一栏中的船名相对应。

7. 卸货港(PORT OF DISCHARGING)

此栏填写货物实际卸下的港口名称。如属转船，第一程提单上的“卸货港”填转船港，“收货人”填二程船公司；第二程提单“装货港”填上述转船港，“卸货港”填最后目的港，如由第一程船公司出联运提单(THROUGH B/L)，则“卸货港”即可填最后目的港，提单上列明第一和第二程船名。如经某港转运，要显示“VIA ××”字样。在运用集装箱运输方式时，目前使用“联合运输提单”(COMBINED TRANSPORT B/L)，提单上除列明装货港、卸货港外，还要列明“收货地”(PLACE OF RECEIPT)、“交货地”(PLACE OF DELIVERY)以及“前程承运人”(PRE CARRIAGE BY)、“海运船名和航次”(OCEAN VESSEL，VOY No.)。填写卸货港还要注意同名港口问题，如属选择港提单，就要在这一栏中注明。

8. 接货地(Place of Receipt)

此栏在多式联运时填写，表明承运人接收货物的地点，其运输条款可表现为：门一场、门一门、门一站等。

9. 交货地(Place of Delivery)

此栏在多式联运时填写，表明承运人交付货物的地点，其运输条款可表现为：场一门、门一门、站一门等。“交货地”填写时请注意：如托运人要求在提单上注明最终交货地，而船公司又不接受，则可在“Description of Goods”栏中加注“Final Destination of the Goods Not the Ship：×××，For Merchant’s Reference Only”；如托运人提供了拼写错误的卸船港名称和交货地点，在未与托运人核实下请勿自行更正。因为，提单内容记载应符合信用证的要求，如需要更改则应由托运人提出书面声明;货物的交接地点应与具体的运输条款相一致,如场一场条款则在提单上注明装船港、卸船港即可,如门一场条款,则在提单上注明接货地、装船港、卸船港,否则会在责任费用上产生争执。

10. 前程承运人(PRE CARRIAGE BY)

此栏在货物转运、联运、多式联运时填写,在海运方式下通常是一程船。

11. 货名(DISCRIPTION OF GOODS)

在信用证项下"货名"必须与信用证上规定的一致。如信用证上商品是 Shoes(鞋子),不能擅自详细描述成 Men's Canvas Shoes (男式帆布鞋)或 Ladies' Casual Shoes (女式轻便鞋)等。此栏填写的情况,如内容过多,空间不够,可以添加附件。在这种情况下请注明:"QUANTITY AND DESCRIPTION OF GOODS AS PER ATTACHED SCHEDULE。"

12. 件数和包装种类(NUMBER AND KIND OF PACKAGES)

此栏要按箱子实际包装情况填写。

13. 唛头(SHIPPING MARKS)。

信用证有规定的,必须按规定填写,否则可按发票上的唛头填写。

14. 毛重,尺码(GROSS WEIGHT,MEASUREMENT)。

除信用证另有规定者外,一般以千克为单位列出货物的毛重,以立方米列出货物的体积。

15. 集装箱总数和货物件数总数(Total Number of Containers or Packages or Units)

在整箱货运输下,此栏填写集装箱的总数,如"Five Containers Only"。在拼箱货运输下,此栏填写货物的总件数,如"Twenty Packages Only"。在整箱货运输下,当此栏中填写集装箱总数后,不必再填写具体的货物件数。如同时在此栏中填写集装箱箱数和货物件数时,则以提单签发人加注的集装箱数为准。

16. 运费和费用(FREIGHT AND CHARGES)。

一般为预付(FREIGHT PREPAID)或到付(FREIGHT COLLECT)。如 CIF 或 CFR 出口,一般均填上"运费预付"字样,千万不可漏列,否则收货人会因运费问题提不到货,虽可查清情况,但会拖延提货时间,会造成损失。如果是 FOB 出口,则运费可制作"运费到付"字样,除非收货人委托发货人垫付运费。

17. 运费预付地点、运费到付地点(Prepaid at. Collect at)

此栏表明运费支付方式和地点,在 CIF、CFR 价格条件下,运费支付方式为 Prepaid。在 FOB 价格条件下为 Collect。

18. 提单的签发、日期和份数

提单必须由承运人或船长或其代理签发,并应明确表明签发人身份。一般表示方法有 CARRIER、CAPTAIN 或"AS AGENT FOR THE CARRIER:×××"等。提单份数一般按信用证要求出具,如"FULL SET OF"一般理解成三份正本、若干份副本。等其中一份正本完成提货任务后,其余各份失效。提单还是结汇的必要单据,特别是跟单信用证结汇时,银行要求所提供的单证必须一致,因此提单上所签的日期必须与信用证或合同上所要求的最后装船期一致或先于装船期。如果卖方估计货物无法在信用证的最后装船期之前装上船,应尽早通知买方,要求修改信用证,而不应利用"倒签提单""预借提单"等欺骗行为取得货款。

提醒您

**提单的主要背面条款**

1. 定义条款(DEFINITION CLAUSE):主要对"承运人""托运人"等关系人加以限定,特别是对作为运输合同当事人一方的"货方"(merchant)的含义和范围做出规定,将"货方"定义为"包括托运人、受货人、收货人、提单持有人和货物所有人"。

2. 首要条款(PARAMOUNT CLAUSE):说明提单所适用的法律依据,即如果发生纠纷时,应按哪一国家(地区)的法律和法庭裁决。这一条款一般印刷在提单条款的上方,所以称为首要条款。

3. 承运人责任期限条款(CARRIER'S PERIOD OF RESPONSIBILITY CLAUSE):船公司的提单条款中都列有承运人对货物运输承担责任的开始和终止时间的条款。根据《海牙规则》,承运人从装船开始到卸船为止的期间对货物负责,但这种规定与普通班轮运输现行的"仓库收货、集中装船"和"集中卸货、仓库交付"的货物交接做法不相适应。因此,针对这种情况以及集装箱运输出现之后的实际情况,《汉堡规则》将承运人的责任期间扩大至"包括在装货港、在运输途中以及在卸货港、货物在承运人掌管下的全部时间"。与《海牙规则》相比,无疑是延长了承运人的责任期间,加重了承运人的责任。集装箱运输提单中承运人的责任期限则一般从承运人接受货物至交付指定收货人为止。

4. 承运人责任条款(CARRIER'S RESPONSIBILITY CLAUSE):说明签发本提单的承运人对货物运输应承担的责任和义务。由于提单的首要条款都规定了提单所适用的法规,而不论有关提单的国际公约或各国的海商法是否规定了承运人的责任,凡是列有首要条款或类似首要条款的提单都不再以明示条款将承运人的责任列记于提单条款中。

5. 承运人免责条款(EXCEPTION CLAUSE):由于提单的首要条款都规定了提单所适用的法规,而不论有关提单的国际公约或各国的海商法是否规定了承运人的免责事项,因此不论提单条款中是否列有免责事项条款的规定,承运人都能按照提单适用法规享受免责权利。例如《海牙规则》有 17 项免责事项。

6. 包装和标志条款(PACKAGES AND MARKS):要求托运人对货物提供妥善包装和正确清晰的标志,货物唛头必须明确清晰,并将目的港清楚地标明在货物外表,在交货时仍要保持清楚。如因标志不清或包装不良所产生的一切费用由货方负责。

7. 运费和其他费用(FREIGHT AND OTHER CHARGES):运费规定为预付的,应在装船时一并支付,到付的应在交货时一并支付。如装运易腐货物、低值货物、动植物、甲板货等,其运费和其他费用一般应在起运时全部付清。承运人有权查对货物的数量、重量、体积和内容等,如发现实际情况与提单所列情况不符,而且所付运费低于应付运费,承运人有权收取罚金,由此而引起的一切费用和损失应由托运人负担。当船舶和货物遭受任何灭失或损失时,运费仍应照付,否则,承运人可对货物及单证行使留置权。

8. 自由转船条款(TRANSHIPMENT CLAUSE):承运人虽签发了直达提单,但由于客观需要仍可自由转船,并不需经托运人的同意。转船费由承运人负担,但风险由托运人承担,而承运人的责任也仅限于其本身经营的船舶所完成的那段运输。

9. 承运人责任限额条款(LIMIT OF LIABILITY):规定承运人对货物灭失或损坏所造成的损失所负的赔偿限额,即每一件或每计算单位货物赔偿金额最多不超过若干金额。

10. 共同海损(GENERAL AVERAGE-GA):规定若发生共同海损,按照什么规则理算。国际上一般采用1974年《约克—安特卫普规则》理算。

11. 留置权条款(Lien clause):如果货方未交付运费、空仓费、滞期费、共同海损分摊的费用及其他一切与货物有关的费用,承运人有权扣押或出售货物以抵付欠款,如仍不足以抵付全部欠款,承运人仍有权向货方收回差额。

12. 危险品条款(DANGEROUS CARGO CLAUSE):危险品的装运必须由托运人在装船时声明,如不声明或标明,承运人有权将该货卸下、抛弃或消灭而不予赔偿。

(二)提单的签发

1. 提单的签发人与签署

提单必须经签署才产生效力。有权签发提单的人包括承运人本人、载货船船长或经承运人授权的代理人。

承运人与托运人订立海上货物运输合同,承运人是合同的当事人,当然有权签发提单。各国法律都承认载货船船长是承运人的代理人,因此,签发提单属于船长的一般职权范围之内的事,而不必经过承运人的特别授权。但代理人签发提单必须经承运人特别授权,否则代理人是无权代签提单的。

承运人(ABC)本人签发提单显示:ABC AS CARRIER。

代理人(XYZ)代签提单显示:XYZ AS AGENT FOR ABC AS CARRIER。

载货船船长(OPQ)签发提单显示:CAPTAIN OPQ AS MASTER。

提单签署的方法除了有传统的手签方法外,只要没有特殊的规定,如信用证不规定必须手签提单,就可以采用印模、打孔、盖章、符合或如不违反提单签发地所在国国家的法律,用任何其他机械的或电子的方法。

2. 特殊情况下的提单签发

(1)预借提单签发

由于托运人未能在装运期内交货,或由于船公司未能在装运期内到港装船等情况下均会出现预借提单签发的情况。原则上不接受预借提单的签发,每一位与提单签发的相关人员,务必慎重处理。如托运人提出要求签发预借提单时,应尽量说服修改有关贸易合同和信用证,延展装运期。

注:预借提单签发产生的一切责任均由提单签发人承担。

①预借提单签发条件

a. 预借提单下的货物必须已经海关放行,已送装船港码头堆场或仓库。

b. 预借提单的签发日期不得超过船舶在港的实际装船日期。

c. 预借提单签发后，必须保证将货物按时装船出运。

d. 预借提单签发的任何信息不得对外泄漏。

②预借提单签发保证条件

预借提单签发产生的责任均由提单签发人承担，因而应尽量做到：

a. 通知托运人是否由收货人出具保函。

b. 由托运人出具保函和担保，担保金额为货价的150%。

c. 要求托运人修改信用证装运期。

d. 是否有可能由第三方出具预借提单后再签发自己的提单。

e. 保函必须由出具单位盖章。

(2)倒签提单签发

由于托运人未能在装运期内交货，但仍要求签发装运期限内日期的提单，该提单为倒签。由于倒签提单的日期与货物实际装船日期不符，因此原则上不接受倒签提单的签发。

①倒签提单签发条件

a. 倒签提单下的货物必须已经海关放行。

b. 倒签提单签发日期不得超过船舶在港的实际装船日期。

c. 倒签提单签发后，必须保证按时将货装船出运。

d. 倒签提单签发的任何信息不得对外泄漏。

②倒签提单签发保证条件

a. 通知托运人是否由收货人出具保函。

b. 由托运人出具保函担保，担保金额为货价的150%。

c. 要求托运人修改信用证装运期。

d. 是否有可能由第三方出具倒签提单后再签发自己的提单。

e. 保函必须由出具单位盖章。

注：倒签提单签发产生的一切责任均由提单签发人承担。

(3)转换提单签发

由于国际贸易、运输的需要，在实际业务中会出现转换提单的签发情况，转换提单签发要求：

①转换提单签发条件

a. 货主(申请人)要求签发或办理转换提单时，则应提出书面申请，经公司或部门领导同意后方可办理。

b. 如第一套提单的收货人或通知方提出在航线挂靠的范围内更改卸货港时，必须提供收货人同意的书面确认，并由收货人在提出的书面文件上确认承担的风险、费用和责任。

c. 如第一套提单的收货人或通知方要求在航线挂靠范围外更改卸货港时，还应得到船公司的书面确认。

②转换提单签发要求

a. 货主(申请人)要求办理转换提单时，必须提供第一套提单中发货人的书面确认。

b. 货主(申请人)在办理转换提单时，必须提供保函和担保金额不低于150%CIF的银行担保，并确认由其承担因转换提单而引起的一切责任、费用和风险。

c. 如需办理转换提单，货主(申请人)必须在不迟于船舶抵达第一套提单上的目的港前五天提出申请。

d. 记名提单在办理转换提单时，需有收货人的书面申请。

e. 指示提单在办理转换提单时，需由发货人提出申请，或经发货人背书转让的提单持有人(一般为通知方)提出申请。

f. 签发转换提单前，货主(申请人)必须交换第一套提单的全套正本。

g. 如货主(申请人)无法交换第一套提单的全套正本，则必须提供信誉良好的一流银行担保，并确认无条件承担因转换提单签发而引起的一切风险、费用和责任，而且该银行担保必须是无期限和无金额限制的。

③转换提单更改范围

a. 转换提单签发地

转换提单(即第二套提单)的签发地应是第一套提单的目的港或中转港，也可以是第一套提单的通知方或提单持有人所在地。

b. 转换提单的记载事宜

转换提单的记载事宜必须与第一套提单中的内容相同，更改的内容仅限于将第一套提单上的收货人或通知方转换为转换提单中的发货人。

c. 分票转换提单

如第一套提单的收货人或通知方提出分票转换提单，则分票转换提单的货物名称、总数、重量、体积等应与第一套提单中的有关内容相同。

d. 日期

签发转换提单时，装货日期必须与第一套提单中的装货日期相同。

e. 运费支付

如转换提单运费中运费由预付改为到付的，需及时通知卸货港船公司代理，并应得到第一套提单中的收货人或通知方的书面确认。

如运费由到付改为预付时，需在签发第二套提单以前收回全部运费。

f. 装货港、装货日期或签单日期

如货主要求更改装货港、装货日期或签单地址的，原则上不予办理。特殊情况下，必须经船公司书面确认后方可办理。

注：(1)转换提单签发后，签发港代理须将更改内容书面通知公司业务部门，并附转换提单副本。

(2)办理转换提单及相关费用应向货主及时收取。

(4)异地签单签发

为了满足货主贸易上的需要，为货主提供更快捷、更优质的服务，异地签单已是业务中越来越普遍的一种操作方式。

①在接到货主订舱单后，如发现装货港不是本港但又需在本港签发提单时，可以在本港为货主签发提单。在签发提单前，应做如下工作：

a. 与装货港联系以确认货物是否能在该港装船。

b. 向装货港代理订舱。

c. 与装货港代理落实运费及港杂费的收取。

d. 在得到货物已装船的确认后，签发提单。签单时间应以实际装船时间为准，不得预借或倒签提单。

e. 通知装货港代理提单已在本港签发，以避免装货港重复签发提单。

②在接到货主订舱后，如货主要求在另一港签发提单，应做如下工作：

a. 与另一港代理联系并委托其签单。

b. 将货主订舱单传真给另一港，以便其缮制提单。

c. 与另一港代理落实运费及港杂费的收取。

d. 货物装船后，立即通知另一港代理可以签单。

## 五、提单更改

托运人、订舱人在船舶开航后，需要更改已签发的正本提单上的以下内容时，必须提供正式的书面申请、保函和银行担保，并填写提单更改单，方可办理：

### (一)提单更改内容

提单更改内容包括以下方面：

(1)发货人、收货人和通知方的更改；

(2)卸货港的更改；

(3)唛头的更改；

(4)货名的更改；

(5)货物的件数、重量和尺码的变更；

(6)货物包装形式的变更；

(7)运费支付形式的变更；

(8)运输条款的变更；

(9)涉及船方利益的变更。

### (二)提单更改注意要点

提单更改注意要点包括以下方面：

(1)提单在缮制过程中出现个别字母的差错，可以加盖更正章予以更正，但该字母的差错必须是不影响该词或该语句的含义；

(2)每一份提单的更改不得超过三处，否则必须重新缮制、签发提单；

(3)对于手签提单的更改应从严掌握；

(4)如在正本提单签发后(即船舶开航后)发生的变更，修改后的提单必须及时通知船公司和中转港代理或卸货港代理；

(5)因提单的更改而需要重新签发提单的，必须要求托运人、订舱人交还原来已签发的全套正本提单。

## 六、提单放货

### (一)提单放货原则

提单放货原则包括以下方面：

(1)如收货人不出具正本提单原则上不放货。

(2)在收货人未付清运费或其他相关费用的情况下原则上不放货。

(3)如对收货人出具的正本提单有异议时，则应核对确认无误后放货。

(4)如提单为指示提单，收货人一栏内有“To Order”或“To Order Of A Shipper/A Bank”字样，则提单背面必须有托运人背书或与“收货人”一栏内容相对应的那一方或银行的背书。

(二)特殊的提单放货形式——电报放货

1. 电报放货的概念

电报放货(Telex Release)简称电放,是指正本提单未到收货人手中,或根据托运人要求在装船港收回正本提单,或不签发正本提单,以传真等形式通知卸船港代理将货交给提单收货人或托运人指定的收货人。

2. 电放条件

(1)实行"电放"的双方代理需要事先达成协议或默契,就"电放"业务的经办人、通知方式、电放格式订立备忘录。

(2)"电放"应由托运人提出书面申请,在已签发正本提单情况下则应收回全套正本提单。

(3)如托运人不能交回全套正本提单,则应至少交回一份经正确背书的正本提单,同时应签署保函。

(4)"电放"通知应签署协议。

(三)异地放货

异地放货是指由第三地代理接受申请方的申请,收回正本提单并由该代理通知卸船港代理将货物交给申请方指定的收货人。

异地放货的申请人通常为托运人、中间商或正本提单合法持有人。收货人通常是提单中记载的人或通知方或提单持有人。

异地放货实际上是一种变相的电报放货,其操作方法可参照"电放"。

(四)副本提单放货

原则上不接受副本提单放货,但实际业务中出现副本提单放货情况时应做到:

(1)必须得到有关方面的书面确认。

(2)通知承运该批或该票货的船公司代理。

(3)提货人出具保函,并由出具单位盖章。

(4)由提货人提供150%的货价担保。

(五)无正本提单放货

原则上不接受无正本提单放货,但在实际业务中出现无正本提单放货的情况时应做到:

(1)必须得到由公司或部门领导的书面确认。

(2)通知承运该批或该票货物的船公司代理。

(3)提货人出具保函,并由出具单位盖章。

(4)由提货人提供150%的货价担保。

(六)凭银行保函放货

1. 在指示提单下(TO ORDER B/L)

卸货港代理在接到提货方由于提单晚到或提单丢失而不凭正本提单提货的请求后,应要求提货方出示提单正本/副本影印件、商业发票和装箱单等单据,以审核提货方是否为合法收货人。如果提货方委托代理提货,还须检验其是否有授权委托。

卸货港代理向提货方提供提货保函的标准格式,要求提货方按此格式出具保函并要求一流银行(国内为中国银行及其市级分行、中国人民银行下属各商业银行及其市级分行;国外为当地信誉良好的银行)在此保函上有效签字盖章(法人章、担保专用章和进出口业务专用章)。同时,卸货港代理应请装货港代理联系提单上的发货人,取得发货人同意,在此情况下将货放给提货人。

如提货方不能要求上述银行在标准格式保函上签字盖章，卸货港代理应严格审核提货方提供的银行保函是否包括以下要件：

- 致：×××公司；
- 船名、航次、提单号、件数、品名、唛头；
- 赔偿并承担×××公司；
- 及其雇员和代理因此承担的一切责任和遭受的一切损失；
- 如×××公司及其雇员和代理因此被起诉，保证提供足够的法律费用。

如果担保银行或其保函格式不符合上述要求，卸货港代理应请示，由提单签发人根据货物情况、提货方和担保银行的资信及保函的有效性审核。

卸货港代理审核提货方身份和保函的有效性后，凭提货方提供的经背书的×××公司提单正本/副本影印件和保函正本签发提货单，并将有关文件登记存档。在提单晚到的情况下，在提货方将全套正本提单交回后，可将保函退还给提货人。如在提单丢失的情况下，原则上无限期保留保函。如提货方提出返还要求，各代理应根据所在国法律规定一个最低年限。国内进口至少需要保留一年半。

2. 在记名提单下(STRAIGHT B/L)

在记名提单下，承运人不凭正本提单放货的风险相对较小，尤其是在英美法系国家。

在记名提单下，代理的操作程序与上述基本相同。除非事先得到发货人相反的通知，否则不必要求发货人同意放货的保证。但需要注意，要验明提货人的身份以确认提货人是提单上的记名收货人。

3. 凭协议保函放货

凭银行保函提货的方式在很大程度上解决了收货人在未收到正本提单的情况下及时提货的问题，但一票一做，仍需花费一定的时间、精力和费用。因此，针对那些与×××公司有良好合作关系且实力雄厚、信誉良好的大货主，原则上同意接受×××公司出具的保函并签署相关的协议，其中包括专门的提货保函。协议签署后，提货人只要按票出具提货保函，便可及时提货。

协议必须由公司或部门统一签署，个人不得自行签署。

4. 凭支票或现金担保放货

原则上，可以接受收货人提供的支票或现金担保。但金额至少应是货价的200%。目的港代理在接受支票担保时，应由财务部门严格审查支票的真实性和有效性。在接受现金时，应由财务部门专门做账保管。

**微型案例**

某年5月16日，贵阳某货运代理空运部(下称贵阳货运代理)从A银行贵阳分行接收空运快件一份，于次日以POD045016号发出，经广东某运输公司空运部(下称广东空运部)中转至中国香港代理FRC。事隔两个月后，A银行贵阳分行于7月18日通知贵阳货运代理：A银行香港分行一直未收到POD045016号快件，请查询。贵阳货运代理立即打电话请广东空运部帮助查询。经查询，5月19日广东空运部收到该快件，并于次日转发香港。于是，贵阳货运代理直接发电传给香港代理，得到的答复是：POD045016号快件经查未收到。接着香港代理部主任打来电话说："POD045016号快件可能丢失，因当时接受快件后未核对清单，待输入电脑时才发现POD045016件没有了，责任在我方，我方已于5月底通知广东空运部，请他们转告你部那份快件已无法找回。"至此，该快件经再三查询无下落，被确认为丢失。在迫不得已的情况下，贵阳货运代理于7月20日告知A银行贵阳分行POD045016号快件丢失。此快件是该省B集团的商务文件，内有A银行结汇单证、海运提单正本等单证。

对此，A银行贵阳分行提出：提单是有价单证，受法律保护，提单的关系人，除了承运人和托运人之外，还有收货人、提单持有人等。而提单对不同的人有不同的作用，承运人利用提单保护其自身的利益；托运人将提单视为货物已为承运人收讫的收据；提单持有人可凭提单提取单上所列货物。此外，结汇单证丢失无法办理结汇手续，尚有贷款及利息等问题。

B集团则提出：该批货物为铝土，已在湛江装船海运，预计6月底7月初抵达美国本赛德港，结汇票据32万美元，重量9 325公吨。货到美国后，因收货人无法提货所产生的压港费、滞报金及结汇、利息等，以及如果正本提单落入他人手中，造成更大损失，贵阳货运代理将承担什么责任？

为避免和减少损失，维护货运代理的信誉、贵阳货运代理与A银行、B集团共商解决措施：由贵阳货运代理与承运人上海C轮船有限公司联系，报告提单丢失的情况，了解轮船航程，并要求配合。庆幸的是，船舶因途中出现故障停航修理，预计7月底才能抵达目的港。这一重要信息为挽回损失赢得了宝贵的时间。于是，决定由B集团马上通知收货人，并向其说明情况；A银行贵阳分行重新补单，通知对方结汇银行；贵阳货运代理邀请B集团一起前往上海，与C轮船有限公司商量有关重新补签提单、重发快件事宜。

就这样，从7月19日至23日贵阳货运代理往返穿梭于A行、B集团，多次与广东、中国香港和上海联系，经过5天紧张的补救工作，办好了一切手续，于24日将一套全新的单证快件发往美国。

【评析】

从事运输业务要有一种使命感。这次事件不幸中的万幸是该船舶在行驶途中出现故障，使得抵达目的港的时间比预期晚一个月，幸好没有产生消极后果。试想：如果船舶抵达目的港后，因无收货人提取货物所产生的压港费、滞报金；收货人因未收到正本提单提不到货，以致因延误时机导致退货；发货人结不了汇，带来利息及运费的损失；甚至货物一旦落入他人手中（即被其他提单持有人提走），损失将更大。作为这次事件的直接责任者——货运代理，难道不会受到追究吗？这种事故纯属货运代理的失职，不仅要承担赔偿责任，更重要的是自己的声誉将受到很大的影响。此次事故，虽历尽艰难，得以挽回，但业务人员切不可存在侥幸心理，一定要严格按照有关规定办事，避免业务脱节，发现丢失现象，应果断采取措施力争挽回损失，确保运输质量。

## 七、海运单操作

海运单（Sea Waybill，SWB）是证明海上货物运输合同和货物已经由承运人接管或装船，以及承运人保证将货物交给指定收货人的一种不可转让的单证。

(一)海运单的概念

1. 海运单的发展

随着各国经济的发展以及经济全球化的趋势,国际贸易的内涵与形式也在不断变化。为了适应国际贸易的变化,就要求国际海上运输中的承运人在技术和制度方面,其中也包括在单据方面做出相应的调整。

一般来说,较为简易的贸易程序,会使得更多的客户愿意来做生意,所以简便的运输程序是影响世界贸易发展速度的重要因素之一。另外,世界上的货物运输不但已从传统的单一运输方式发展到了国际多式联运"门到门"的先进运输组织方式,而且融入了现代物流的理念。国际海上货物运输中是否一定要使用提单? 在某些情况下,能否用其他单证来代替提单以满足实际需要? 人们早已熟悉和习惯的航空货物运输、公路货物运输和铁路货物运输中均是在没有"物权凭证"的情况下,凭运单进行的,多年的实践证明这是可行的。因此,在货主不需要转让运输途中货物的情况下,就可以选择使用海运单。

由于采用海运单提货比提单更及时、更安全、更简便,20 世纪 70 年代后期,使用海运单的国家越来越多。目前,在欧洲采用海运单的国家较为普遍,主要有:英国、比利时、丹麦、法国、德国、爱尔兰、意大利、荷兰、西班牙、瑞典等;北美洲的加拿大将海运单主要用于集装箱货物运输,而美国则采用记名提单,也相当于海运单(根据美国提单法规,采用记名提单交付货物时,不必要求收货人提供提单,只需收货人证明自己是提单上所载明的收货人即可);南美洲的巴西也采用了海运单;亚洲的日本已采用海运单;大洋洲的澳大利亚也准备采用;非洲的尼日利亚对海运单十分感兴趣,在考虑如何修改有关的法律条文,以使海运单的采用能得到法律上的认可和保护。我国的船公司也在 20 世纪 90 年代中期开始使用海运单。

2. 海运单的作用

海运单是发货人和承运人之间订立海上货物运输合同的证明,又是承运人接管货物或者货物已经装船的货物收据。但是,海运单不是一张转让流通的单据,不是货物的"物权凭证"。所以,海运单具有以下两个重要作用:

(1)它是承运人收到货物,或者货物已经装船后,签发给托运人的一份货物收据;

(2)它是承运人与托运人之间订立海上货物运输合同的证明。

3. 海运单与提单的区别

海运单与提单的区别主要在于其作用的不同。

(1)海运单不具有提单"物权凭证"的作用

首先,最重要的不同之处在于提单是"物权凭证",而海运单则不是。对于提单持有人而言,拥有提单在法律上就表明拥有提单上所记载的货物,通过转让提单可以达到转让货物的目的。海运单在法律上不具有可转让性,即法律没有赋予海运单"物权凭证"的法律效力。有的海运单上还会有表示其不是"物权凭证"的字样,其英文为:"The waybill should not be construed as Bill of Lading nor any other similar document of title。"

由于海运单不是物权凭证,收货人在卸货港提取货物时并不需要持有和出具正本的海运单,只需要确认自己的收货人身份后就可以取得提货单提货。海运单的这种特征使其能够适应海上货物运输时间缩短后对单证的要求,发货人可以为其客户提供更简易迅速的服务,并使承运人和收货人都能从中获得方便。而使用提单时,如果提单不能及时到达收货人手里,则会使收货人无法及时提货,或者会使承运人冒险接受保函交付货物。

提单具有"物权凭证"的性质,通过提单的转让,能够实现货物的买卖;而海运单却不具"物权凭证”的性质。所以，海运单还无法替代提单。

(2)在作为运输合同证明方面的区别

海运单通常采用简单形式，其正面或者背面如果没有适当的条款或者没有并入有关国际组织(如国际海事委员会)或者民间团体为海运单制定的规则，则它只能作为托运人与承运人之间订立货物运输合同的证明，收货人是不能依据海运单上记载的条款向承运人提出索赔的，承运人也不能依据海运单上记载的条款抗辩。而提单在这方面却与海运单不同，当提单经过转让到了收货人手里时，收货人就享有提单赋予的权利，同时也要承担相应的责任。

为了解决海运单的上述缺陷，就会在海运单的条款中并入有关海运单规则，或者在海运单中列入“对抗合同当事人原则”条款，该条款规定托运人不但自己接受海运单中的条款，同时也代表收货人接受这些条款。托运人还要保证其有权代表收货人接受这些条款(条件)。该条款的英文可以是：“The shipper accepts all said terms and conditions, including but not limited to the prepackage and other limitations of liability contained therein, on behalf of the Consignee and the Owner of the Goods and warrants that he has authority to do so。”

(3)在作为货物收据证据效力方面的区别

提单运输涉及的贸易是单证贸易，为了保护合法受让提单的第三人，即通过购买提单来购买货物的第三人，就有必要强调提单作为货物收据所记载内容是最终证据。但是，海运单运输涉及的贸易不是单证贸易，海运单不涉及转让问题，海运单中记载的收货人也并不仅仅是依赖海运单对货物的描写(说明)来决定是否购买这批货物，所以，没有必要强调海运单作为货物收据所记载内容是最终证据。

为了使海运单的使用得以推广，并在有关当事人之间比较合理地分配权利和义务，就要求海运单在这一方面也与提单的规定一样。国际海事委员会在其《海运单统一规则》中有关“货物说明”一条中规定：“如承运人未做保留，海运单或类似的文件中有关货物数量或状态的任何记载：①在承运人与托运人之间，应是收到如此记载的货物的初步证据；②在承运人与收货人之间，应是收到如此记载的货物的绝对证据，并且，不得提出相反的证据，但以收货人始终善意行事为条件。”因此，如果海运单并入了国际海事委员会的《海运单统一规则》，则海运单在收货人与承运人之间就是绝对证据。

4. 海运单的优点

在一定条件下，海运单具有迅捷、简便、安全的特点。

(1)对发货人而言

对发货人而言，在以下方面比较方便：

①海运单不一定寄给收货人；

②节省邮费；

③免除了业务员对提单的检查，同时也免除了对其他配套的物权单证的检查；

④发货人可向客户(收货人)提供更简易、更迅速的服务；

⑤整个单据程序得到了改进，从而提高了市场的竞争力；

⑥当货物尚未放行时，可视需要将海运单交货改为提单交货，海运单可由发货人改签提单发给新的收货人(例如，原市场丧失，另找到了新买主)，因为此时货物仍在船公司的控制之下。

(2)对承运人而言

对承运人而言，在交货方面可以减少风险。

海运单的交货条件不取决于海运单的呈递，也无须遵守单据手续，承运人只要将货物交给海运单上所列明的收货人或其授权的代理人，就视为已经做到了谨慎处理，相信已将货物交给了合适的有关部门。

(3)对收货人而言

对收货人而言，在以下几个方面比较有利：

①可免除因等海运提单而带来的延迟提货。

②可免除为防止交错货物而向承运人出具银行担保。如果使用提单，收货人必须凭正本提单提货，正本提单晚到或丢失时，则不得不求助于银行提供保证金或担保函，同时还必须承担保费或偿付保证金利息。

③免除业务员对延误的提单及转运中丢失的提单的检查。

④不再产生滞期费、仓租费。

(4)在单证本身的风险方面

由于海运单的不可转让性，使其成为一种安全的凭证，从而减少欺诈，即使第三者得到丢失的运单，也不能提取货物，因此对收货人不存在风险。

而使用提单时，由于提单是物权凭证，如果丢失被第三者得到，他便有权提取货物，故提单的使用具有一定的风险。

(5)在单证的流转程序方面

由于采用海运单不必递交给收货人，因此有关单据如保险单和商业发票，可以在装完货后立即发送给有关当事人。

而使用提单时，则必须向收货人递交正本提单，因此上述有关单据，只有在提单签发后才能发送给有关当事人。

(二)海运单的使用

1. 签发运单的要求

在使用海运单而不使用提单时，海运单仍是根据双方一致同意的条件(如运费预付或到付、待运或已装船等)来签发的。

2. 签发运单份数

通常只签发一份正本海运单。但是，如经请求，也可签发两份或两份以上的正本海运单。如托运人要求更改收货人，承运人应要求托运人交回原来已经签发的海运单，然后再按托运人的要求签发更改了收货人的海运单。

3. 海运单流转程序

海运单流转程序包括以下方面：

(1)承运人签发海运单给托运人。

(2)承运人在船舶抵达卸货港前向海运单上记名的收货人发出到货通知书。到货通知书表明该货物的运输是根据海运单进行的。

(3)收货人在目的地出示有效身份证件证明其确是海运单上记载的收货人，并将其签署完的到货通知书交给承运人的办事机构或当地代理人，同时出示海运单副本。

(4)承运人或其代理人签发提货单给收货人。

(5)一旦这批货物的运费和其他费用结清，同时办好海关等所有按规定应办理的手续，收货人就可以提货。

# 任务四　海运班轮运费计算

## 一、班轮运价的概念

运价是调节航运市场状态的关键因素，是平衡运力与运输需求关系的杠杆。市场经济中，航运资源的分配、调整、发展受制于航运市场和运价机制的作用，价值规律发挥着调节供求关系、资源分配的导向作用。

运价(Freight Rate)是承运单位货物而付出的运输劳动的价格。运价就是运输产品价值的货币表现，表现为运输单位产品的价格。

运费(Freight)是承运人根据运输契约完成货物运输后从托运人处收取的报酬。

运费与运价的关系是：运费等于运价与运量之积。即：

$$F=R\times Q$$

式中：$F$ 为运费；$R$ 为运价；$Q$ 为运量。这是运费与运价基本关系的数学表达式。

## 二、班轮运费的结构

班轮运费包括基本运费和附加运费两部分。基本运费是对任何一种托运货物计收的运费；附加运费则是根据货物种类或不同的服务内容，视不同情况而加收的运费，可以说是在特殊情况下或者临时发生某些事件的情况下而加收的运费。附加运费可以按每一计费吨加收，也可按基本运费的一定比例计收。

### (一)基本运费(Basic Freight)

基本运费是指对运输每批货物所应收取的最基本的运费，是整个运费的主要构成部分。它根据基本运价(Basic Freight Rate)和计费吨计算得出。基本运价按航线上基本港之间的运价给出，是计算班轮基本运费的基础。基本运价的确定主要反映了成本定价原则，确定费率的主要因素是各种成本支出，主要包括船舶的折旧或租金、燃油、修理费、港口使用费(如装卸费、吨税和靠泊等费用)、管理费、职工工资等。各种突发因素产生的额外费用通过附加费形式收取。集装箱运输的大量各种后期费用，如空箱的调拨、堆存等费用，也应该包括在基本运价中，但如何量化比较困难，所以基本成本较难准确控制。同时，市场供求关系也是影响费率的一大主要因素。

### (二)附加运费(Surcharges)

基本运费是构成全程运费中应收运费的主要部分，是根据航线上的各基本港之间运输的平均费用水平向普通货物收取的费用。而实际上，经常有一些需要特殊处理的货物、需要加靠非基本港或转船接运的货物需要运输；即使是基本港之间的运输，也因为基本港的自然条件、管理规定、经营方式等情况的不同而导致货物运输成本的差异。这些都会使班轮公司在运营中支付相应的费用。为了使这些增加的开支得到一定的补偿，需要在基本运费的基础上，在计算全程运费时计收一定的追加额。这一追加额就是构成班轮运费的另一组成部分——附加运费。

同时，航运市场的兴衰会受到世界经济形势和国际贸易情况的左右；航运市场的竞争会影响承运人的经营状况。为了在特定情况下保持一定水平的收益，应对各种不稳定因素引起的额外成本支出，承运人就需要通过附加费的形式，按照合理分担有关费用的定价原理确定附加运费。

附加运费的种类主要有：

1. 燃油附加费(Bunker Adjustment Factor)

这是由于燃油价格上涨，使船舶的燃油费用支出超过原核定的运输成本中的燃油费用，承运人在不调整原定运价的前提下，为补偿燃油费用的增加而增收的附加费。

当燃油价格回落后，该项附加费也会调整直至取消。燃料油费用在船公司的经营成本中占有较大比重，燃油价格上涨直接增加了承运人的经营成本。燃油价格的长期上涨所带来的运输成本增加会在一定时期内的基本运价调整中得到反映。所以，燃油附加费一般是用来应对短期的燃油价格变动的。

实践中，有的承运人在燃油附加费以外还可能增收应急燃油附加费(Emergency Bunker Surcharge)。这是在已经增收燃油附加费时，燃油价格又突然上涨，承运人不调整原燃油附加费而增收的附加费。

2. 货币贬值附加费(Currency Adjustment Factor)

这是由于国际金融市场汇率发生变动，计收运费的货币贬值，使承运人的实际收入减少，为了弥补货币兑换过程中的汇兑损失而加收的附加费。由于国际运输往往涉及多个国家和多种货币，而货币之间的兑换会带来一定的时间上的、手续上的损失，因此承运人会通过增收货币贬值附加费来弥补这一收入损失。

3. 港口附加费(Port Additional)

由于港口装卸效率低，或港口使用费过高，或存在特殊的使用费(如进出港要通过闸门等)都会增加承运人的运输经营成本，承运人为了弥补这方面的损失而加收的附加费称为港口附加费。

4. 港口拥挤附加费(Port Congestion Surcharge)

由于港口拥挤，船舶抵港后需要长时间等泊而产生额外的费用，为补偿船期延误损失而增收的附加费称为港口拥挤附加费。港口拥挤附加费是一种临时性的附加费，其变动性较大，一旦港口拥挤情况得到改善，该项附加费即调整或取消。

5. 转船附加费(Transshipment Additional)

运输过程中货物需要在某个港口换装另一船舶运输时，承运人增收的附加费称为转船附加费。运往一些偏僻或较小的非基本港的货物，必须通过转船才能运达；而有时由于转运干线船，也需要换装船舶。转运一次就会产生相应的费用，如换装费、仓储费以及二程船(接运船舶)的运费等费用，一般这些费用均由负责第一程船运输的承运人承担，并包括在所增收的转船附加费内。不过，转船附加费不一定能全部抵偿上述各项费用的支出，其盈亏由收取转船附加费的第一程船运输的承运人自理。现在的运输服务范围已从海洋跨上陆地，由此产生的额外转运费用有时也称转船附加费。

6. 超长附加费(Long Length Additional)

由于单件货物的外部尺寸超过规定的标准，运输时需要特别操作，从而产生额外费用，承运人为补偿这一费用所计收的附加费称为超长附加费。货物的长度超过规定后，会增加装卸和运输的难度，如需特别的捆绑、铺垫、增加亏舱等，影响船期，增加支出。货主需支付超长附加费。在运价本中，一般长度超过 9 米的件杂货就可能要有这一附加费。

超长附加费是按长度计收的，而且长度越长，其附加费率越高。如果超长货物需要转船时，则每转船一次，加收一次。

7. 超重附加费(Heavy Lift Additional)

超重附加费是指每件商品的毛重超过规定重量时所增收的附加运费。这种商品称为超重货。由于单件货物的重量超过规定标准时,在运输中同样需要特别的捆绑、铺垫以及影响装卸工作等,因此承运人对单件货物重量超过一定标准的货物要加收该附加费。通常承运人规定货物重量超过 5 吨时就要增收超重附加费。

超重附加费是按重量计收的,而且超重重量越大,其附加费率越高。如果超重商品需要转船时,则每转船一次,加收一次。

如果单件货物既超长又超重,则两者应分别计算附加费,然后按其中收费高的一项收取附加费。

8. 直航附加费(Direct Additional)

这是托运人要求承运人将其托运的货物从装货港,不经过转船而直接运抵航线上某一非基本港时所增收的附加费。

通常,承运人在运价本中会做出规定,当托运人交运的一批货物达到某一数量以上时,就可以同意托运人提出的直航要求,并按规定增收直航附加费。船舶直接加挂某一非基本港口后,会增加港口费用支出,并延长船期。选择直航一般以直航后产生的额外费用小于原来的转运费用为原则。

9. 选港附加费(Optional Surcharge)

它又称选卸附加费,即选择卸货港所增加的附加费。由于买卖双方贸易需要,有些货物直到装船时仍不能确定最后卸货港,要求在预先指定的两个或两个以上的卸货港中,待船舶开航后再选定。这样,就会使整船货物的积载变得困难,甚至会造成舱容的浪费。另外,选择的卸货港所选定的港口必须是该航次挂靠的港口。在集装箱班轮运输中,选择卸货港已很少被船公司接受。

10. 变更卸货港附加费(Alteration of Discharging Port Additional)

由于收货人变更、交货地变更或清关问题等需要,有些货物在装船后需变更卸货港,而货物不在提单上原定的卸货港卸货而增收的附加费称为变更卸货港附加费。

变更卸货港的运费超过原卸货港的运费时,提出变更要求方应补交运费差额;反之,不予退还。同时由于因需要翻舱所引起的额外费用和损失,也由提出变更要求的一方负担。

11. 绕航附加费(Deviation Surcharge)

这是指因某一段正常航线受战争影响、运河关闭或航道阻塞等意外情况的发生迫使船舶绕道航行,延长运输距离而增收的附加运费。

绕航附加费是一种临时性的附加费,一旦意外情况消除,船舶恢复正常航线航行,该项附加费即行取消。

12. 旺季附加费(Peak Season Surcharge)

它也称高峰附加费,这是目前在集装箱班轮运输中出现的一种附加费,在每年运输旺季时,承运人根据运输供求关系状况而加收的附加费。

13. 超额责任附加费(Additional for Excess of Liability)

这是托运人要求承运人承担超过提单上规定的赔偿责任限额时承运人增收的附加费。超额责任附加费按商品的 FOB 价格的一定百分比计收,因此托运人托运时应同时提供货物的 FOB 价格。

另外,还有一些其他的附加费,如冰冻附加费、苏伊士运河附加费、熏蒸费等。在集装箱班轮运输中，还有一些关于运输费用的概念，如“整体费率上调”(General Rate Increase)，是指通常在每年的5月开始，承运人将所有的费率上调一定幅度；“目的地交货费”(Destination Delivery Charge)是在北美地区的港口对到港的货物收取的费用；“空箱调运费”(Equipment Reposition Charge)，也称设备调运费，是收货人没有按约定还空箱时，承运人为调运空箱而收取的费用。还有一些不尽合理的费用，如码头作业(操作)费(Terminal Handling Charge)、原产地接货费(Original Receiving Charge)等。

## 三、计费标准

班轮运费的计费标准(Freight Basis)也称计算标准，是指计算运费时使用的计算单位。

在班轮运费的计收中，涉及的基本概念有运费吨、起码运费等。

运费吨是计算运费的一种特定的计费单位。通常，取重量和体积中相对值较大的为计费标准，以便对船舶载重量和舱容的利用给予合理的费用支付。在运价表中，运费吨一般表示为FT(Freight Ton)。

班轮运输中，主要使用的计费标准是按容积和重量计算运费；但对于贵重商品，则按货物价格的某一百分比计算运费；而对于某些特定的商品，也可能按其某种包装状态的件数计算运费。某些商品则按实体个数或件数计算运费，如活牲畜按“每头(Per Head)”计收；车辆按“每辆(per unit)”计收，以及按承运人与托运人双方临时议定的费率(Open Rate)计收运费等。按临时议定的费率计收运费多用于低价商品的运输。

在集装箱运输中有按每一个集装箱计算收取运费的规定。此时，根据集装箱的箱型、尺寸规定不同的费率(Box Rate)。包箱费率以每个集装箱为计费单位，常用于集装箱交货的情况，即CFS-CY或CY-CY条款，常见的包箱费率有以下三种表现形式：

(1)FAK包箱费率(FREIGHT FOR ALL KINDS)。对每一集装箱不细分箱内货类，不计货量(在重要限额之内)统一收取的运价。

(2)FCS包箱费率(FREIGHT FOR CLASS)。按不同货物等级制定的包箱费率，集装箱普通货物的等级划分与杂货运输分法一样，一般仍是1～20级，但是集装箱货物的费率级差大大小于杂货费率级差，一般低级的集装箱收费高于传统运输，高价货集装箱低于传统运输；同一等级的货物，重货集装箱运价高于轻泡货运价。可见，船公司鼓励人们把高价货和轻泡货做集装箱运输。在这种费率下，拼箱货运费计算与传统运输一样，根据货物名称查出等级，计算标准，然后按照相应的费率，乘以运费吨，即得运费。

(3)FCB包箱费率(FREIGHT FOR CLASS或BASIS)。这是按不同货物等级或货类以及计算标准制订的费率。

承运人制定的运价表中都具体规定了各种不同商品的计算运费标准。船公司的运价本上出现的符号有：

(1)“W(Weight)”表示该种货物应按其毛重计算运费。

(2)“M(Measurement)”表示该种货物应按其尺码或体积计算运费。某些国家对运输木材按“板尺(Board Foot)”和“霍普斯尺(Hoppus Foot)”计算运费(12板尺=0.785霍普斯尺=1立方英尺)。

(3)“W/M”表示该货物应分别按其毛重和体积计算运费，并选择其中运费较高者。

(4)“Ad. Val. (Ad Valorem)”表示该种货物应按其FOB价格的某一百分比计算运费。由于运价是根据货物的价格确定的，因此它又称为从价运费。

(5)“Ad. Val. or W/M”表示该种货物应分别按其 FOB 价格的某一百分比或按毛重、体积计算运费，并选择其中运费高者。

(6)“W/M plus Ad. Val”表示这种货物除应分别按其毛重和体积计算运费，并选择其中运费较高者外，还要加收按货物 FOB 价格的某一百分比计算的运费。

在运价表中，计算单位为运费吨，既有重量吨也有尺码吨。不同国家或地区采用不同的单位制。目前各国都趋向采用国际单位制，以 t(即公吨，简称吨)和 $m^3$(即立方米)为计费单位。但英国和某些欧洲国家的航运界仍用长吨(英吨)和立方英尺为计费单位。

1 长吨＝2 240.15(磅)＝1 016.6(千克)＝1.016 6(吨)

1t(公吨)＝2 204.62(磅)＝1 000(千克)＝0.984 2 长吨

$1m^3$(立方米)＝35.714 7(立方英尺)

1 容积吨＝40(立方英尺)

根据我国的基本计量制度规定，我国的法定计量单位采用“米制”。在运费计算中，重量单位用“吨(Metric Ton)”；体积单位用“立方米(Cubic Meter)”。以 1 公吨或 1 立方米为一计费吨。

因此，在计算运费时，如果有关商品的体积或重量所使用的计量单位不符时，还要换算计量单位。

## 四、运费计算方法

### (一)杂货班轮运费的计算

1. 运费计算公式

杂货班轮运费是由基本运费和各项附加运费组成的，其计算公式为：

$$F = F_b + \sum S$$

式中：$F$ 表示运费总额；$F_b$ 表示基本运费额；$S$ 表示某一项附加费。

基本运费是所运商品的计费吨(重量吨或容积吨)与基本运价(费率)的乘积，即：

$$F_b = f \cdot Q$$

式中：$f$ 表示基本运价；$Q$ 表示计费吨。

附加运费是各项附加费的总和。各项附加费均按基本运费的一定百分比计算时，附加费的总额应为：

$$\sum S = (s_1 + s_2 + \cdots + s_n) \cdot F_b = (s_1 + s_2 + \cdots + s_n) \cdot f \cdot Q$$

式中：$s_1, s_2, \cdots, s_n$ 分别为某一项附加费率。

因此，运费总额的计算公式为：

$$F = F_b + \sum S = f \cdot Q + (s_1 + s_2 + \cdots + s_n) \cdot f \cdot Q$$
$$= (1 + s_1 + s_2 + \cdots + s_n) \cdot f \cdot Q$$

当附加费率均按每计费吨加收若干的形式规定时，则附加费的总额应为：

$$\sum S = (s_1 + s_2 + \cdots + s_n) \cdot Q$$

此时的运费总额计算公式为：

$$F = F_b + \sum S = f \cdot Q + (s_1 + s_2 + \cdots + s_n) \cdot Q$$
$$= (f + s_1 + s_2 + \cdots\cdots + s_n) \cdot Q$$

2. 从价运费计算中的货物价格换算

从价运费是按货物的FOB价格的某一百分比计算的。如果贸易合同以CIF价格成交，则要将CIF价格换算为FOB价格，再算出从价运费。

小技巧

按照一般的习惯，通常按CFR价格是CIF价格99%的比例关系，通过以下关系式求得FOB价格。

$P_{CFR}=0.99\cdot P_{CIF}$

$FR=(Ad.\ Val.)\cdot P_{FOB}$

$P_{CFR}=P_{FOB}+FR=P_{FOB}+(Ad.Val.)\cdot P_{FOB}=(1+Ad.Val.)\cdot P_{FOB}$

$$P_{FOB}=\frac{P_{CFR}}{1+Ad.Val.}=\frac{0.99P_{CFR}}{1+Ad.Val.}$$

式中：$P_{FOB}$ 表示FOB价格；$P_{CFR}$ 表示CFR价格；$P_{CIF}$ 表示CIF价格。

3. 运费计算的基本步骤

运费的计算在航运实务中是一项重要的工作。准确无误的计算将会避免不必要的商务纠纷、赔偿，同时也会树立良好的企业形象。计算运费的基本步骤是：

(1)根据装货单留底联或托运单查明所运货物的装货港和目的港所属的航线。需要注意的项目有：目的港或卸货港是不是航线的基本港；是否需要转船，是否要求直达；如果有选卸港，则选卸港的个数和港名。

(2)了解货物名称、特性、包装状态，是否为超重或超长货件、冷藏货物。

(3)从货物分级表中查出货物所属等级，确定应采用的计算标准。如属未列名货物，则参照性质相近货物的等级及计算标准计算，并做出记录，以便日后进一步验证是否需要更正所属等级。

(4)查找所属航线等级费率表，找出该等级货物的基本费率。

(5)查出各项应收附加费的计费办法及费率。

(6)列式具体计算。

(二)集装箱班轮运费的计算

1. 集装箱运输中运费的结构

集装箱班轮运输中运费的计算原则与杂货班轮运输中运费的计算原则相似，但也有其自身的特点。随着集装箱班轮运输发展的需求，有些租船运输中的装卸费用条款也被引入集装箱班轮运输。如航次租船中的FI或FO的装卸条件被引入集装箱班轮运输。在这里，FI的含义与航次租船中的FI相同，即承运人不负责装船费用；FO的含义与航次租船中的FO相同，即承运人不负责卸船费用。例如，CY to FO即意味着承运人在装货港集装箱堆场接收货物，并在卸货港船舶舱内交货，这种货物交接形式和费用分担往往适用于大批量货物的货主。这些货主在与集装箱码头装卸公司有着合作或契约关系的条件下，可以获得比较低的卸货费率；或者承运人对当地港口的情况无法把握时，就会使用这些不常用的条款。当然，CY to FO方式只适用于整箱货，通常用于伊斯坦布尔、拉塔基亚、贝鲁特等地中海东部航线的港口。

2. 计费方法

一般班轮运费的计收方法也适用于计算集装箱货物的运费和其他费用。即在费率表中规定了基本运费和附加运费，并给出了费率和计费方法。不过，在整个运输过程中，货物要装箱、拆箱，而这些作业既可以由承运人负责，也可以由托运人自行负责。随之，费用的负担责任也就确定。所以，不同的情况下运费计算办法也就有所不同。

集装箱班轮运输中的基本运费的计算方法有两种：

(1)采用与计算普通杂货班轮运输基本运费相同的方法，对具体的航线按货物的等级和不同的计费标准来计算基本运费；

(2)对具体航线按货物等级及箱型、尺寸的包箱费率(Box Rate)，或仅按箱型、尺寸的包箱费率而不考虑货物种类和级别计算基本运费。包箱费率是指对单位集装箱计收的运费率。包箱费率也称为"均一费率(Freight All Kinds，FAK)"。采用包箱费率计算集装箱基本运费时，只需要根据具体航线、货物等级以及箱型、尺寸所规定的费率乘以箱数即可。

### 小链接

某轮从广州港装载杂货——人造纤维，体积为 20 立方米、毛重为 17.8 公吨，运往欧洲某港口，托运人要求选择卸货港鹿特丹或汉堡。鹿特丹和汉堡都是基本港口，基本运费率为 USD80.0/FT，三个以内选卸港的附加费率为每运费吨加收 USD3.0，"W/M"。请问：

(1)该托运人应支付多少运费(以美元计)?

(2)如果改用集装箱运输，海运费的基本费率为 USD1 100.0/TEU，货币附加费为 10%，燃油附加费为 10%。改用集装箱运输时，该托运人应支付多少运费(以美元计)?

(3)若不计杂货运输和集装箱运输两种方式的其他费用，托运人从节省海运费考虑，是否应选择改用集装箱运输?

【答】因为 M 大于 W，所以：

(1) Freight Ton 为 20.0

Freight＝(80.0＋3.0)×20.0＝USD1 660.0

(2)可选用 1 个 TEU，

Freight＝(1＋10%＋10%)×1 100＝USD1 320.0

(3)因为 (1) 大于(2)，所以应选择改用集装箱运输。

在使用第一种计算方法时，由于集装箱货物的交接方式较多，因此就有不同的具体计算方法，包括拼箱货运费计算和整箱货运费计算。拼箱货的海运运费计算与普通杂货班轮运输货物的运费计算方法相似。整箱货的运费计算虽然有"最低运费"和"最高运费"的原则，但实践中并不使用。

最低运费是在货物由托运人自行整箱装箱，CY 交货的情况下，且又采用拼箱货运费的计算方法时，一箱货物的运费应按集装箱的最低运费吨(计费吨)计算运费。如果箱内所装货物没有达到规定的最低装箱标准，也即箱内所装货物没有达到规定的最低运费吨时，其亏损部分，托运人应支付"亏箱运费"。

最高运费是在集装箱运输中，为鼓励托运人采用整箱装运货物，并能最大限度地利用集装箱内部容积，而使用的一种运费计算方法。运费计算时为各种规格和类型的集装箱规定一个按集装箱的内部容积折算的最高运费吨。例如，规定 20ft 的干货箱的最高运费吨为 $31m^3$，40ft 的干货箱的最高运费吨为 $67m^3$。实际装入箱内的尺码吨超过规定的最高运费吨时，仍然按最高运费吨为限计收运费。由于整箱货中所装的商品可能是分属不同运费等级的商品，则免收运费的商品应从运价等级最低的商品起始上推。在托运人没有提供整箱货的正确度量单位或者计算运费的基础数据时，按最高运费吨和箱内运价等级最高的货物的运价计收运费。在只提供了部分货物的资料时，已有资料的货物的运费按实际计费吨和此类货物的等级费率计算；缺乏必要资料的货物的运费吨，则为最高运费吨和已提供资料的货物的计费吨之差。这一计费吨差与未提供或提供资料不足的货物中运价等级最高的费率之积，即为这类货物的运费。最高运费仅适用于以容积吨作为计费单位的货物，而不适用于按重量吨计算运费的货物。

集装箱班轮运输中的附加费也与杂货班轮运输中的情况相似。但是，实践中有时会将基本运费和附加费合并在一起，以包干费(All in Freight)的形式计收运费。此时的运价称为包干费率，又称“全包价”(All in Rate，AIR)。

(3)滞箱费

集装箱班轮运输中的滞箱费是指在集装箱货物运输中，货主未在规定的免费堆存时间内前往指定的集装箱堆场或集装箱货运站提取货物及交还集装箱，而由承运人向货主收取的费用，滞箱费按天和滞箱数量计算。

## 小 结

1. 杂货班轮运输的船舶是按照船期表营运，通常挂靠港口较多，货物装卸作业频繁，所承运货物的种类多，票数也多，船舶在港停泊时间较长。

2. 杂货班轮货运程序包括订舱、装船、卸船、交付货物等步骤。在货运程序中需要编制各种单证，这些单证是在货方(包括托运人和收货人)与船方之间办理货物交接的证明，也是货方、港方、船方等有关单位之间从事业务工作的凭证，又是划分货方、港方、船方各自责任的必要依据。

3. 国际标准集装箱是指根据国际标准化组织(ISO)104 技术委员会制订的国际标准来建造和使用的国际通用的标准集装箱。现行的国际标准为第 1 系列共 13 种。

4. 集装箱货物运输单证与传统杂货班轮货运单证相比，既有相同之处，也有一定的差异。在集装箱货物进出口业务中，在业务单证中根据集装箱运输的特点，采用了设备交接单、集装箱装箱单、场站收据、到货通知书、交货记录等。

5. 海运提单(Marine Bill of Lading or Ocean Bill of Lading)，或简称为提单(Bill of Lading, B/L)，是国际结算中的一种最重要的单据。《海商法》第 71 条规定：“提单，是指用以证明海上货物运输合同和货物已经由承运人接收或者装船，以及承运人保证据以交付货物的单证。提单中载明的向记名人交付货物，或者按照指示人的指示交付货物，或者向提单持有人交付货物的条款，构成承运人据以交付货物的保证。”

6. 海运单(Sea Waybill，SWB)，是证明海上货物运输合同和货物已经由承运人接管或装船，以及承运人保证将货物交给指定收货人的一种不可转让的单证。

7. 班轮运费包括基本运费和附加运费两部分。基本运费是对任何一种托运货物计收的运费；附加运费则是根据货物种类或不同的服务内容，视不同情况而加收的运费，可以说是由于在特殊情况下或者临时发生某些事件的情况下而加收的运费。附加运费可以按每一计费吨加收，也可按基本运费的一定比例计收。

## 职场体验

### 案例分析

某货主委托承运人的货运站装载1 000箱小五金，货运站在收到1 000箱货物后出具仓库收据给货主。在装箱时，装箱单上记载980箱，货运抵进口国货运站，拆箱单上记载980箱，由于提单上记载1 000箱，同时提单上又加注“由货主装箱、计数”，收货人便向承运人提出索赔，但承运人拒赔。根据案例分析回答下列问题：

（1）提单上类似“由货主装载、计数”的批注是否适用拼箱货，为什么？

（2）承运人是否要赔偿收货人的损失，为什么？

（3）承运人如果承担赔偿责任，应当赔偿多少箱？

### 业务操作

A货主委托B货代公司办理一个20英尺集装箱货物（500箱服装）的出口事宜。装货港为青岛港，卸货港为日本神户港。B货代公司到C船公司订舱完毕，货物顺利装箱、重箱入场、装船。船名：STAR轮。航次：009。C船公司签发B/L（号码×××）给B货代公司。由于D收货人的需要，A货主向C船公司申请对此票货物放弃提单，实行“电放”，C船公司要求A货主出具海运电放保函。请你以A货主的名义书写一份“电放”保函。

## 学习评价

**一、单项选择题**

1. B/L中同时记载货物件数、重量、尺码、价值，其赔偿标准是依据（　　）。

A. 件数　　B. 重量　　C. 尺码　　D. 价值

2. MEMO提单在契约承运人与实际承运人之间是（　　）。

A. 解决责任纠纷的初步证据　　B. 运输合同证明

C. 货物收据　　D. 解决责任纠纷的最终证明

3. 提单是（　　）。

A. 运输合同　　B. 运输合同证明　　C. 仓库收据　　D. 仓库凭证

4. 提货单的签发表明（　　）。

A. 已交货完毕　　B. 发货人责任终止

C. 收货人有权提货　　D. 承运人责任已终止

5. 到付运费支付时间在（　　）。

A. B/L签发前　　B. B/L签发后

C. D/O签发前或当时　　D. 交货后

6. 集装箱进出港区时确定箱体交接责任的单证是（　　）。

A. 提单　　B. 大副收据　　C. 提货单　　D. 设备交接单

7. SOC是（　　）的集装箱的英文缩写。

A. 船公司　　B. 租船公司　　C. 货主　　D. 租船人

8. CY-CY集装箱运输条款是指（　　）。

A. 一个发货人、一个收货人　　B. 多个发货人、多个收货人

C. 一个发货人、多个收货人　　D. 多个发货人、一个收货人

9. 卫检对集装箱查验，要求其做到（ ）。

A. 清洁、干燥　B. 无味、无尘

C. 清洁、无味　D. 清洁、干燥、无味、无尘

10. 设备交接单的当事人是（ ）。

A. 发货人与承运人　B. 收货人与承运人

C. 用箱人与箱主　D. 租箱人与租箱公司

11. 已知运输条款 CY-CY，提单内容记载装船港、卸船港、经过××港，该提单是（ ）。

A. 直达海运提单　B. 海海转运提单

C. 海海联运提单　D. 多式联运提单

12. FCL 进场如发现箱体外表有损坏，堆场应在（ ）单证上批注。

A. D/O　B. CIP　C. S/O　D. EIR

## 二、多项选择题

1. FCL-FCL 交接，其运输条款有（ ）。

A. CY-CY　B. CY-D　C. D-CY　D. CFS-CY

E. CFS-D

2. FCL-LCL 交接，其运输条款有（ ）。

A. CY-CY　B. CY-D　C. D-CY　D. CY-CFS

E. D-CFS

3. B/L 是（ ）。

A. 运输合同证明　B. 货物收据　C. 交货凭证　D. 物权凭证

E. 运输合同

4. NVOCC 是（ ）。

A. 订合同的人　B. 收运费的人

C. 收差价的人　D. 对运输承担责任的人

E. 签 HBL 的人

5. 集装箱运输单证有（ ）。

A. CLP　B. EIR　C. D/R　D. B/L

E. L/C

## 三、判断题

1. D/R 签收表明承运人已收到货物。（ ）

2. M/R 签收表明货物已装船。（ ）

3. ORDER-B/L 应背书方可转让。（ ）

4. 倒签 B/L 签发日期早于货物实际装船日期。（ ）

5. THC 是码头作业附加费。（ ）

6. 顺签 B/L 签发日期早于货物实际装船日期。（ ）

7. FOB 价格条件下，收货人以保函形式作为到付运费的支付保证，船公司在目的港交货前，收货人还没有支付到付运费，船公司对货物行使留置权，收货人说，船公司无权对货物行使留置权。（ ）

8. 托运人订舱提出："货物必须在圣诞节前 30 天到达目的港。"船公司同意承运并在提单上注明，但由于途中产生不合理绕航而无法按时到港，托运人提出船公司违约，应承担赔偿责任。（ ）

9. 电放责任由电放通知方承担。（ ）

10. 提单记载 CY-CY 运输条款，但在提单交货地一栏内未记载具体交货地点，收货人提出由承运人支付卸货港至内陆交货地的拖箱费，但船公司认为 CY-CY 运输条款由收货人自行承担内陆拖箱费。（ ）

## 四、简答题

1. 集装箱按用途分有哪几种？
2. 什么是拼箱货？
3. 简述集装箱的交接方式。
4. 简述提单的性质和作用。
5. 什么是清洁提单？
6. 什么是发货人装箱、计数或不知条款？
7. 阐述国际集装箱运输出口货运程序。
8. 什么是订舱单？订舱单有哪些内容？
9. 什么是集装箱设备交接单？设备交接单有哪些内容？
10. 什么是场站收据？场站收据共有几联？请阐述各联的作用。
11. 什么是集装箱装箱单？填制装箱单应注意哪些问题？
12. 阐述集装箱进口货运程序。
13. 什么是集装箱运费的附加费？常见的附加费有哪些？

## 五、计算题

我国某出口商委托国际货运代理人出运一票货物，共装 10 个 20 英尺集装箱(TEU)。假设从国内某港口到国外某港口的基本费率是 USD1 600/20′(TEU)，附加费 BAF 是 USD200/TEU，EBS 是 USD80/TEU，PSS 是 150/TEU，CAF 是 USD100/TEU。请问：

(1)托运人应支付多少运费？

(2)如果该出口商要求货运代理人报“ALL IN RATE”，那么“ALL IN RATE”是多少？

(3)如果该出口商要求货运代理人报“ALL IN FREIGHT”，那么托运人应支付多少运费？

# 项目三　空运操作

**知识目标**

- ◆ 了解航空货运的代理流程
- ◆ 理解航空货运的经营方式
- ◆ 熟悉常见的航空操作代码

**能力目标**

- ◆ 能够缮制主要空运单证
- ◆ 能够计算空运运费
- ◆ 能够完成空运货物进口或出口的操作

**思政目标**

- ◆ 理解空运在运输方式中的战略意义
- ◆ 培育空运代理行业的职业责任感和敬业精神

**重点难点**

- ◆ 熟悉航空货运进出口操作流程
- ◆ 理解空运单的内容及相关条款

**任务引入**

上海某货运代理公司接到一批出口欧洲的智能手机运输业务，还有一批发往美国的动物展览运输业务，负责操作的业务员小王应该如何完成这项工作呢？通过本项目的学习，你应当能够了解通过何种途径将该批货物按委托方要求平安送达。

## 任务一　了解航空运输方式

### 一、航空运输经营方式

（一）班机运输

所谓班机运输，是指在固定航线上定期航行的航班。班机运输一般有固定的始发站、到达站和经停站。

按照业务的对象不同，班机运输可分为客运航班和货运航班。后者只承揽货物运输，大多使用全货机。目前为止，国际贸易中经由航空运输所承运的货量有限，所以货运航班只是由某些规模较大的专门的航空货运公司或一些业务范围较广的综合性航空公司在货运量较为集中的航线开辟。对于前者，一般航空公司通常采用客货混合型飞机，在搭乘旅客的同时也承揽小批量货物的运输。

由于班机运输有固定的航线、挂靠港、固定的航期，并在一定时间内有相对固定的收费标准，进出口商可以在贸易合同签署之前预期货物的起运和到达时间，核算运费成本，合同的履行也较有保障，因此成为多数贸易商的首选航空货运形式。特别是近年来货运业竞争加剧，航空公司为体现航空货运的快速、准确的特点，不断加强航班的准班率（航班按时到达的比率），强调快捷的地面服务，在吸引传统的鲜活、易腐货物、贵重货物、急需货物的基础上，又提出为企业特别是跨国企业提供后勤服务的观点，正努力成为跨国公司分拨产品、半成品的得力助手。

同时，班机运输由于多采用客货混合机型，航班以客运服务为主，货物舱位有限，不能满足大批量货物及时出运的要求，往往只能分批运输。另外，不同季节同一航线客运量的变化也会直接影响货物装载的数量，使得班机运输在货物运输方面存在很大的局限性。

## 思政链接

**我国已完成援助中西非18国抗疫物资包机运输**

2020年4月6日16:50，一架搭载抗疫物资的国航CA1007包机顺利降落在加纳首都阿克拉科托卡国际机场，标志着我国援助中西非18国抗疫物资包机运输任务圆满完成。

该架包机于北京时间4月5日19:59从上海浦东机场起飞，共载运国合署、外交部和卫健委援助中西非18国的抗疫物资37.6吨（其中国合署物资28.7吨、卫健委物资8.1吨、外交部物资0.8吨）。

据统计，截至2020年4月5日，民航局共计组织执行了抗疫紧急人道主义援助和医疗物资商业出口包机运输任务302架次，运送112名援外医疗专家组和工作组人员，以及抗疫物资4 715吨，涉及美国、英国、伊朗、伊拉克、巴基斯坦、意大利、日本、韩国等48个国家。

（二）包机运输

由于班机运输形式下货物舱位常常有限，因此当货物批量较大时，包机运输就成为重要方式。分段包机运输通常可分为整机包机和部分包机。

整机包机是指航空公司或包机代理公司按照合同中双方事先约定的条件和运价将整架飞机租给租机人，从一个或几个航空港装运货物至指定目的地的运输方式。部分包机则是指由几家航空货运代理公司或发货人联合包租一架飞机，或者是由包机公司把一架飞机的舱位分别卖给几家航空货运代理公司的货物运输形式。相对而言，部分包机适合于运送一吨以上但货量不足整机的货物，在这种形式下货物运费较班机运输低，但由于需要等待其他货主备妥货物，因此运送时间要长。包机运输满足了大批量货物进出口运输的需要，同时包机运输的运费比班机运输形式下低，且随国际市场供需情况的变化而变化，给包机人带来了潜在的利益。但包机运输是按往返路程计收费用，存在着回程空放的风险。

与班机运输相比，包机运输可以由承租飞机的双方议定航程的起止点和中途停靠的空港，因此更具灵活性，但由于各国政府出于安全的需要，也为了维护本国航空公司的利益，对他国航空公司的飞机通过本国领空或降落本国领土往往大加限制，复杂烦琐的审批手续大大增加了包机运输的营运成本，因此目前使用包机业务的地区并不多。

（三）集中托运

集中托运是指集中托运人（Consolidator）将若干批单独发运的货物组成一整批，向航空公司办理托运，采用一份航空总运单集中发运到同一目的站，由集中托运人在目的地指定的代理收货，再根据集中托运人签发的航空分运单分拨给各实际收货人的运输方式。这也是航空货物运输中开展最为普遍的一种运输方式，是航空货运代理的主要业务之一。

与货运代理人不同，集中托运人的地位类似多式联运中的多式联运经营人。其承担的责任不仅仅是在始发地将货物交给航空公司，在目的地提取货物并转交给不同的收货人，更是承担货物的全程运输责任，在运输中具有双重角色。其对各个发货人负货物运输责任，地位相当于承运人；而在与航空公司的关系中，其又视为集中托运的一整批货物的托运人。

集中托运作为最主要的一种航空货运方式有着鲜明的特征，同时也给托运人带来了极大的便利，主要表现在：

（1）由于航空运费的费率随托运货物数量增加而降低，因此当集中托运人将若干个小批量货物组成一大批出运时，能够争取到较为低廉的费率。

（2）因为航空公司的主运单与集中托运人的分运单效力相同，集中托运形式下托运人结汇的时间提前，资金的周转加快。

但是，集中托运也有其局限性，主要是指：

（1）对于等级运价的货物如贵重物品等不得采用集中托运的形式。

（2）由于集中托运的情况下，货物的出运时间不能确定，因此不适合易腐烂变质的货物、紧急货物或其他对时间要求高的货物的运输。

（3）对书籍等可以享受航空公司优惠运价的货物来讲，使用集中托运的形式可能不仅不能享受到运费的节约，反而使托运人运费负担加重。

（四）航空快递

航空快递业务是由快递公司与航空公司合作向货主提供的快递服务，其业务包括：由快递公司派专人从发货人处提取货物后以最快航班将货物出运，飞抵目的地后，由专人接机提货，办妥进关手续后直接送达收货人。这是一种最为快捷的运输方式，特别适合于各种急需物品和文件资料。外贸企业办理航空运输，需要委托航空运输公司作为代理人，负责办理出口货物的提货、制单、报关和托运工作。委托人应填妥国际货物托运单，并将有关报关文件交付航空货运代理，空运代理向航空公司办理托运后，取得航空公司签发的航空运单，即为承运开始。航空公司需对货物在运输途中的完好负责。货到目的地后，收货人凭航空公司发出的到货通知书提货。

## 二、航空运输区域划分

与其他各种运输方式不同的是，国际航空货物运输中与运费的有关各项规章制度、运费水平都是由国际航协统一协调、制定的。在充分考虑了世界上各个不同国家、地区的社会经济、贸易发展水平后，国际航协将全球分成三个区域，简称为航协区，每个航协区内又分成几个亚区。由于航协区的划分主要从航空运输业务的角度考虑，依据的是不同地区不同的经济、社会以及商业条件，因此与我们熟悉的世界行政区划有所不同。其中：

一区(TC1)：包括北美、中美、南美、格陵兰、百慕大和夏威夷群岛。

二区(TC2)：由整个欧洲大陆(包括俄罗斯的欧洲部分)及毗邻岛屿，冰岛、亚速尔群岛，非洲大陆和毗邻岛屿，亚洲的伊朗及伊朗以西地区组成。本区也是与我们所熟知的政治地理区划差异最多的一个区，它主要有以下三个亚区：

(1)非洲区：含非洲大多数国家及地区，但非洲北部的摩洛哥、阿尔及利亚、突尼斯、埃及和苏丹不包括在内。

(2)欧洲区：包括欧洲国家和摩洛哥、阿尔及利亚、突尼斯三个非洲国家和土耳其(既包括欧洲部分，也包括亚洲部分)。俄罗斯仅包括其欧洲部分。

(3)中东区：包括巴林、塞浦路斯、埃及、伊朗、伊拉克、以色列、约旦、科威特、黎巴嫩、阿曼、卡塔尔、沙特阿拉伯、苏丹、叙利亚、阿联酋、也门等。

三区(TC3)：由整个亚洲大陆及毗邻岛屿(已包括在二区的部分除外)，澳大利亚、新西兰及毗邻岛屿，太平洋岛屿(已包括在一区的部分除外)组成。其中：

(1)南亚次大陆区：阿富汗、印度、巴基斯坦、斯里兰卡等南亚国家。

(2)东南亚区：中国(含港、澳、台)、东南亚诸国、蒙古、俄罗斯亚洲部分及土库曼斯坦等独联体国家、密克罗尼西亚等群岛地区。

(3)西南太平洋洲区：澳大利亚、新西兰、所罗门群岛等。

(4)日本、朝鲜区：仅含日本、韩国和朝鲜。

## 三、航空集装器

航空运输中，飞机舱内应有固定集装器的设备，把集装器固定于飞机上，这时集装器成为飞机的一部分。航空运输中使用的集装器有着严格的规定。

(一)集装器的划分

1. 集装器按是否注册划分

集装器按是否注册，可划分为注册的飞机集装器和非注册的飞机集装器。

(1)注册的飞机集装器(见图 3－1)是国家政府有关部门授权集装器生产厂家生产的，适宜于飞机安全载运的，在其使用过程中不会对飞机的内部结构造成损害的集装器。

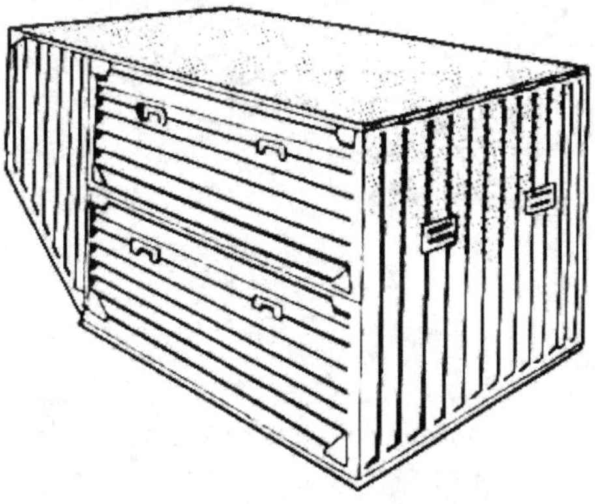

**图 3－1　注册的飞机集装器**

(2)非注册的集装器(见图 3－2)是指未经有关部门授权生产的，未取得适航证书的集装器。非注册的集装器不能作为飞机的一部分，因为它与飞机不匹配，一般不允许装入飞机的主货舱。但这种集装器的确适于地面的操作环境，它仅适合于某些特定机型的特定货舱，如DPE类的集装器仅适宜于B767。

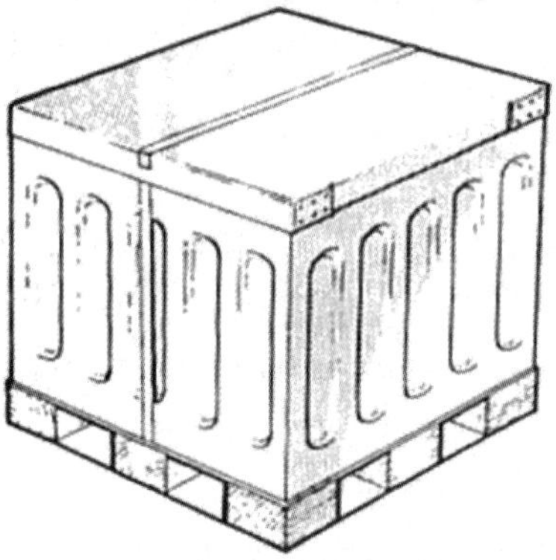

图3—2 非注册的飞机集装器

2. 集装器按种类划分

集装器按种类可划分为集装板和网套、结构与非结构集装棚、集装箱。

(1)集装板和网套

集装板(见图3—3)是具有标准尺寸的，四边带有卡锁轨或网带卡锁眼，中间带有夹层的硬铝合金制成的平板，以便货物在其上码放；网套是用来把货物固定在集装板上，网套的固定是靠专门的卡锁装置来限定。集装板的识别代号以字母“P”打头。

图3—3 集装板

(2)结构与非结构集装棚

为了充分地利用飞机内的空间、保护飞机的内壁，除了板和网之外，还可增加一个非结构的棚罩(可用轻金属制成)，罩在货物和网套之间，这就是非结构的集装棚。结构集装棚是指带有固定在底板上的外壳的集装设备，它形成了一个完整的箱，不需要网套固定，分为拱形和长方形两种(见图3—4)。

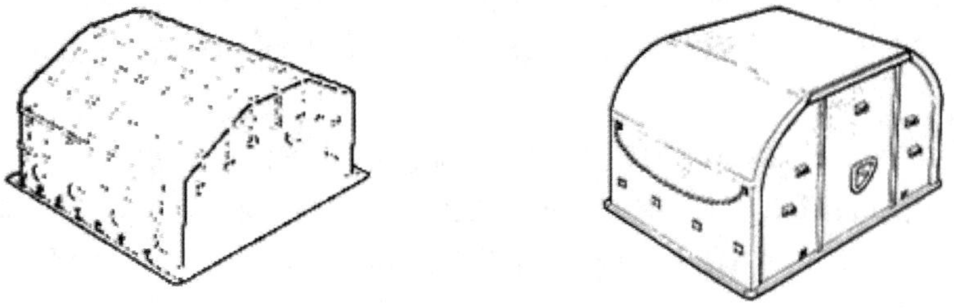

图 3—4　集装棚

(3)集装箱

集装箱类似于结构集装棚,它又可分为:

①空陆联运集装箱

空陆联运集装箱分为 20ft 或 40ft,高和宽为 8ft。

这种集装箱只能装于全货机或客机的主货舱,主要用于陆空、海空联运。

②主货舱集装箱

主货舱集装箱只能装于全货机或客机的主货舱,这种集装箱的高度是 163 厘米以上。

③下货舱集装箱

下货舱集装箱只能装于宽体飞机的下货舱。

还有一些特殊用途的集装箱,例如:保温箱,它是利用绝缘材料制成的箱体,通过封闭等方法控制箱内的温度,以便装载特种货物。它分为密封保温主箱和动力控制保温箱两种。除此之外,还有用于运载活体动物和特种货物的专用集装器,如马厩(Horse Stall)、牛栏(Cattle Stall)、汽车运输设备(Automobile Transport Equipment)。

(二)集装器代号的组成

在集装器的面板和集装器的四周,常会看到诸如:AKE1100、PAP2233CA 等代号。这些代号是考虑到集装器的类型、尺寸、外形、与飞机是否匹配、是否注册等因素形成的。它由以下几部分组成,如表 3—1 所示。

表 3—1　集装器代号的组成

| 位　置 | 字母或数字 | 含　义 |
|---|---|---|
| 1 | 字母 | 集装器的类型 |
| 2 | 字母 | 底板尺寸 |
| 3 | 字母 | 外形或适配性 |
| 4,5,6,7 | 数字 | 序号 |
| 8,9 | 字母 | 所有人、注册人 |

首位字母是集装器的种类:

A:CERTIFIED AIRCRAFT CONTAINER 注册的飞机集装器。

B:NON-CERTIFIED AIRCRAFT CONTAINER 非注册的飞机集装器。

F:NON-CERTIFIED AIRCRAFT PALLET 非注册的飞机集装板。

G:NON-CERTIFIED AIRCRAFT PALLET NET 非注册的集装板网套。

J:THEMAL NON-STRUCTURED IGLOO 保温的非结构集装棚。

M:THERMAL NON-CERTIFIED AIRCRAFT CONTAIHEE 保温的非注册的飞机集装箱。

N:CERTIFIFD AIRCRAFT PALLET NET 注册的飞机集装板网套。

P: CERTIFIED AIRCRAFT PALLET 注册的飞机集装板。

R:THERMAL CERTIFIED AIRCRAFT COTAINER 注册的飞机保温箱。

U:NON STRUCTURAL IGLOO 非结构集装棚。

H:HORSE STALL 马厩。

V:AUTOMOBIL TRANSPORT EQUIPMENT 汽车运输设备。

X、Y、Z:RESERVED FOR AIRLINE USE ONLY 供航空公司内部使用。

集装器的第二位字母表示集装器的底板尺寸:

A:224X318CM　　K:153X156CM

B:224X274CM　　L:153X318CM

E:224X135CM　　M:244X318CM

G:224X606CM

第三位表示集装器的外形以及与飞机的适配性:

E:适用于 B747、TC310、DC10、L1011 下货舱无叉眼装置的半型集装箱。

N:适用于 B747、TC310、DC10、L1011 下货舱有叉眼装置的半型集装箱。

P:适用于 B747COMB 上舱及 B747、DC10、L1011、TC310 下舱的集装板。

A:适用于 B747F 上舱集装箱。

## 四、航空代码

在航空运输中,一些名词的代码往往比全称更重要。由于单证的大小限制、操作的方便程度等缘故,因此货运的整个流程中代码的作用非常显著。它有简洁、节省空间、容易识别等优点。

(一)国家代码

在航空运输中,国家的代码用两字代码表示。表 3—2 为常见的国家两字代码。

**表 3—2　　常见国家代码**

| 英文全称 | 中文全称 | 两字代码 |
|---|---|---|
| China | 中国 | CN |
| United States of America | 美国 | US |
| United Kingdom | 英国 | GB |
| Germany | 德国 | DE |
| France | 法国 | FR |
| Japan | 日本 | JP |
| Korea | 韩国 | KR |
| Singapore | 新加坡 | SG |

续表

| 英文全称 | 中文全称 | 两字代码 |
| --- | --- | --- |
| Canada | 加拿大 | CA |
| Australia | 澳大利亚 | AU |

（二）城市代码

城市的三字代码在航空运输中占据着重要的位置，运输本身是在空间上点与点的位移，因此每运一票货物都需要涉及城市的三字代码。

**表 3—3　　常见城市代码**

| 英文全称 | 中文全称 | 三字代码 |
| --- | --- | --- |
| BEIJING | 北京 | BJS |
| GUANGZHOU | 广州 | CAN |
| SHANGHAI | 上海 | SHA |
| CHONGQING | 重庆 | CKG |
| TIANJIN | 天津 | TSN |
| SHENZHEN | 深圳 | SZX |
| HANGZHOU | 杭州 | HGH |
| KUNMING | 昆明 | KMG |
| QINGDAO | 青岛 | TAO |
| XIAMEN | 厦门 | XMN |
| DALIAN | 大连 | DLC |
| LONDON | 伦敦 | LON |
| NAGOYA | 名古屋 | NGO |
| SEOUL | 首尔 | SEL |
| PARIS | 巴黎 | PAR |
| CHICAGO | 芝加哥 | CHI |
| NEWYORK | 纽约 | NYC |
| TOKOYO | 东京 | TYO |
| OSAKA | 大阪 | OSA |

（三）机场代码

机场通常也用三字代码表示，在一些城市机场的三字代码与城市三字代码一样，在中国很多城市如此，例如天津等。但是，世界大多数机场三字代码与城市的三字代码不一样，例如北京，城市是 BJS，首都机场是 PEK。表 3—4 为常见的机场三字代码。

表 3—4 **常见机场代码**

| 机场的英文全称 | 中文全称 | 三字代码 | 所在国家 |
|---|---|---|---|
| Capital International Airport | 首都国际机场 | PEK | 中国 |
| Charles de Gaulle | 戴高乐机场 | CDG | 法国 |
| Narita | 成田机场 | NRT | 日本 |
| Kansai International | 大阪关西国际机场 | KIX | 日本 |
| Dulles International | 杜勒斯国际机场 | IAD | 美国 |
| Heathrow | 希斯罗国际机场 | LHR | 英国 |
| O'Hare International | 奥黑尔国际机场 | ORD | 美国 |

(四)航空公司代码

航空公司一般既有两字代码,也有三字代码,但通常使用的是两字代码,有的航空公司使用三字代码,例如斯堪的纳维亚航空公司的代码是 SAS。常见的航空公司的两字代码如表 3—5 所示。

表 3—5 **常见航空公司代码**

| 航空公司的英文全称 | 中文全称 | 两字代码 | 所在国家/地区 |
|---|---|---|---|
| Air China International Corp. | 中国国际航空公司 | CA | 中国 |
| China Southern Airlines | 中国南方航空公司 | CZ | 中国 |
| China Eastern Airlines | 中国东方航空公司 | MU | 中国 |
| America Airlines | 美洲航空公司 | AA | 美国 |
| Air Canada | 加拿大航空公司 | AC | 加拿大 |
| China Airlines Ltd. | 中华航空公司 | CI | 中国台湾 |
| Cathay Pacific Airways Ltd. | 国泰航空公司 | CX | 中国香港 |
| Korean Air | 大韩航空公司 | KE | 韩国 |
| Dragon Air | 港龙航空公司 | KA | 中国香港 |
| Japan Airlines Co. ,Ltd. | 日本航空公司 | JL | 日本 |
| All Nippon Airlines Co. ,Ltd. | 全日本航空公司 | NH | 日本 |
| Japan Air System Co. ,Ltd. | 佳速航空公司 | JD | 日本 |
| Lufthansa Germany Airline | 汉莎航空公司 | LH | 德国 |
| Northwest Airlines Inc. | 美国西北航空公司 | NW | 美国 |
| Asiana Airlines | 韩亚航空公司 | OZ | 韩国 |
| Singapore Airlines Ltd. | 新加坡航空公司 | SQ | 新加坡 |
| Air France | 法国航空公司 | AF | 法国 |
| British Airways | 英国航空公司 | BA | 英国 |
| Royal Dutch Airlines | 荷兰皇家航空公司 | KLM | 荷兰 |
| Air Macao Airlines | 澳门航空公司 | NX | 中国澳门 |

（五）航空货运操作代码

在航空货物运输中，经常可以看到一些常见的特殊操作代码。这些代码主要供操作人员在运输的各个环节中注意运输货物的性质，采取相应的操作策略。表3—6为常见的操作代码。

**表 3—6　　常见操作代码**

| 操作代码 | 英文全称 | 中文全称 |
| --- | --- | --- |
| AOG | AIRCRAFT ON GROUND | 航材 |
| AVI | LIVE ANIMAL | 活动物 |
| BIG | OUTSIZED | 超大货物 |
| CAO | GARGOAIRCRAFT ONLY | 仅限货机 |
| DIP | DIPLOMATIC MAIL | 外交邮袋 |
| EAT | FOODSTUFFS | 食品 |
| FIL | UNDEVELOPED/UNEXPOSED FILM | 未冲洗/未曝光的胶卷 |
| FRO | FROZEN GOODS | 冷冻货物 |
| HUM | HUMAN REMAINS IN COFFINS | 尸体 |
| ICE | DRY ICE | 干冰 |
| LHO | LIVING HUMAN ORGANS/BLOOD | 人体器官/鲜血 |
| NWP | NEWSPAPERS，MAGAZINES | 报纸、杂志 |
| OBX | OBNOXIOUS CARGO | 有强烈异味的货物 |
| OHG | OVERHANG ITEM | 拴挂货物 |
| PEF | FLOWERS | 鲜花 |
| PEM | MEAT | 肉 |
| PER | PERISHABLE CARGO | 易腐货物 |
| PES | FISE/SEAFOOD | 鱼/海鲜 |
| VAL | VALUABLE CARGO | 贵重物品 |
| WET | SHIPMNTS OF WET MATERIAL NOT PACKED IN WATERTIGHT CONTAINERS | 湿潮货 |
| HEA | HEAVY CARGO，150kgs AND OVER PER PIECE | 单件150千克以上的货物 |

提醒您

**常见危险品代码**

| 危险品代码 | 英文全称 | 中文全称 |
| --- | --- | --- |
| RCL | Cryogenic Liquids | 低温液体 |
| RCM | Corrosive | 易腐蚀的货物 |
| RCX | Explosives 1.3C | 爆炸物的1.3C类 |
| RFL | Flammable Liquid | 易燃液体 |
| ROP | Organic Peroxide | 有机过氧化物 |
| RPG | Toxic Gas | 有毒气体 |
| RRW | Radioactive material，Category I-white | 放射性包装，1类白色包装 |

# 任务二　空运运价及计算

## 一、航空运价概述

(一)运价(Rate)

运价,又称费率,是指承运人对所运输的每一重量单位货物(千克或磅)所收取的自始发地机场至目的地机场的航空费用。

1. 航空货物运价所使用的货币

用以公布航空货物运价的货币称为运输始发地货币。货物的航空运价一般以运输始发地的本国货币公布,有的国家以美元代替其本国货币公布。以美元公布货物运价的国家视美元为当地货币。

2. 货物运价的有效期

销售航空货运单所使用的运价应为填制货运单之日的有效运价,即在航空货物运价有效期内适用的运价。

(二)航空运费(Weight Charge)

货物的航空运费是指航空公司将一票货物自始发地机场运至目的地机场所应收取的航空运输费用。该费用根据每票货物所适用的运价和货物的计费重量计算而得。

每票货物是指使用同一份航空货运单的货物。

由于货物的运价是指货物运输起讫地点间的航空运价,因此航空运费就是指运输始发地机场至目的地机场间的运输货物的航空费用,不包括其他费用。

(三)其他费用(Other Charges)

其他费用是指由承运人、代理人或其他部门收取的与航空货物运输有关的费用。

在组织一票货物自始发地至目的地运输的全过程中,除了航空运输外,还包括地面运输、仓储、制单、国际货物的清关等环节,提供这些服务的部门所收取的费用即为其他费用。

(四)计费重量(Chargeable Weight)

计费重量是指用以计算货物航空运费的重量。货物的计费重量或者是货物的实际毛重,或者是货物的体积重量,或者是较高重量分界点的重量。

1. 实际毛重(Actual Gross Weight)

包括货物包装在内的货物重量,称为货物的实际毛重。

由于飞机最大起飞全重及货舱可用业载的限制,一般情况下,对于高密度货物(High Density Cargo),应考虑其货物实际毛重可能会成为计费重量。

2. 体积重量(Volume Weight)

按照国际航协规则,将货物的体积按一定的比例折合成的重量,称为体积重量。

由于货舱空间体积的限制,一般对于低密度的货物(Low Density Cargo),即轻泡货物,考虑其体积重量可能会成为计费重量。

不论货物的形状是否为规则的长方体或正方体,计算货物体积时,均应以最长、最宽、最高的三边的厘米长度计算。长、宽、高的小数部分按四舍五入取整,体积重量的折算,换算标准为每 6 000 立方厘米折合 1 千克。

$$体积重量(千克,kgs)=\frac{货物体积}{6\,000cm^3/kg}$$

3. 计费重量的计算及分类

一般来说,采用货物的实际毛重与货物的体积重量两者比较取高者;但当货物按较高重量分界点的较低运价计算的航空运费较低时,则以较高重量分界点的货物起始重量作为货物的计费重量。

国际航协规定,国际货物的计费重量以0.5千克为最小单位,重量尾数不足0.5千克的,按0.5千克计算;0.5千克以上不足1千克的,按1千克计算。例如,

107.001kg → 107.5kgs

107.501kg → 108.0kgs

当使用同一份运单,收运两件或两件以上可以采用同样种类运价计算运费的货物时,其计费重量规定如下:

计费重量为货物总的实际毛重与总的体积重量两者较高者。同上所述,较高重量分界点重量也可能成为货物的计费重量。

在空运实务中,根据以上规则可以把货物分为以下几类。

(1)重货

重货是指那些每6 000立方厘米或每366立方英寸重量超过1千克或者每166立方英寸重量超过1磅的货物。重货的计费重量就是它的毛重。如果货物的毛重以千克表示,计费重量的最小单位是0.5千克。当重量不足0.5千克时,按0.5千克计算;超过0.5千克不足1千克时按1千克计算。如果货物的毛重以磅表示,当货物不足1磅时,按1磅计算。

(2)轻泡货/轻货

轻货或轻泡货物是指那些每6 000立方厘米或每366立方英寸重量不足1千克或者每166立方英寸重量不足1磅的货物。

轻泡货物以它的体积重量(Volume Weight)作为计费重量。计算方法是:

①不考虑货物的几何形状分别量出货物的最长、最宽、最高的部分,单位为厘米或英寸,测量数值的尾数四舍五入。

②将货物的长、宽、高相乘得出货物的体积。

③将体积折合成千克或磅,即根据所使用不同的度量单位分别用体积值除以6 000立方厘米或366立方英寸或166立方英寸。体积重量尾数的处理方法与毛重尾数的处理方法相同。

(3)多件货物

在集中托运的情况下,同一运单项下会有多件货物,其中有重货也有轻货,此时货物的计费重量就按照该批货物的总毛重或总体积重量中较高的一个计算。也就是,首先计算这一整批货物总的实际毛重;其次,计算该批货物的总体积,并求出体积重量;最后,比较两个数值,并以高的作为该批货物的计费重量。

(五)起码运费(Minimum Charges)

起码运费是航空公司办理一批货物所能接受的最低运费,如果承运人收取的运费低于起码运费,就不能弥补运送成本。因此,航空公司规定无论所运送的货物适用哪一种航空运价,所计算出来的运费总额都不得低于起码运费。若计算出的运费数值低于起码运费,则以起码运费计收,另有规定的除外。不同地区有不同的起码运费。

(六)货物航空运价、运费的货币进整

货物航空运价及运费的货币进整,因货币的币种不同而不同。TACT 将各国货币的进整单位的规则公布在 TACT Rules 中。详细规则可参考 TACT Rules 5.7.1 中"CURRENCY TABLE"。

运费进整时,需将航空运价或运费计算到进整单位的下一位,然后按半数进位法进位,计算所得的航空运价或运费,达到进位单位一半则入,否则舍去。

对于以"0.1""0.01""1""10"等为进位单位的货币,其货币进位就是我们常说的四舍五入。

我国货币人民币(CNY)的进位规定为:最低航空运费进位单位为"5",除此之外的运价及航空运费等的进位单位均为"0.01"。

对于以"0.05""0.5""5"等为进整单位的货币,计算中应特别注意其进整问题。由于世界很多国家和地区采用此类进位单位,在实际运输工作中,在处理境外运至我国的到付货物时,对航空货运单的审核及费用的收取,需注意此项规则。

采用进整单位的规定,主要用于填制航空货运单(AWB)。销售 AWB 时,所使用的运输始发地货币,按照进整单位的规定计算航空运价及运费。

## 二、普通货物运价

普通货物运价(General Cargo Rate,GCR)是使用最为广泛的一种运价。当一批货物不能适用特种货物运价,也不属于等级货物时,就应该适用普通货物运价。通常,各航空公司公布的普通货物运价针对所承运货物数量的不同,规定几个计费重量分界点(Break Points)。最常见的是 45 千克分界点,将货物分为 45 千克以下的货物(该种运价又被称为标准普通货物运价,即 Normal General Cargo Rates,简称 N)和 45 千克以上(含 45 千克)的货物。同时,普通货物运价还公布有"Q45""Q100""Q300"等不同重量等级分界点的运价。这里"Q45"表示 45 千克以上(包括 45 千克)普通货物的运价,依此类推。对于 45 千克以上的不同重量分界点的普通货物运价均用"Q"表示。

用货物的计费重量和其适用的普通货物运价计算而得的航空运费不得低于运价资料上公布的航空运费的最低收费标准(M)。这里,代号"N""Q""M"在 AWB 的销售工作中,主要用于填制货运单运费计算栏中"RATE CLASS"一栏。

(一)计算术语的解释

Volume:体积。

Volume Weight:体积重量。

Chargeable Weight:计费重量。

Applicable Rate:适用运价。

Weight Charge:航空运费。

(二)计算

**【例 3-1】** 由北京运往东京一箱服装,毛重 28.4 千克,体积尺寸为 82cm×48cm×32cm,计算该票货物的航空运费。

公布运价如表 3-7 所示。

表 3—7 运价

| | | | |
|---|---|---|---|
| BEIJING | CN | | BJS |
| Y. RENMINBI | CNY | | KGS |
| TOKYO | JP | M | 200.00 |
| | | N | 38.67 |
| | | 45 | 29.04 |

解：

Volume： 82cm×48cm×32cm=125 952cm$^3$

Volume Weight： 125 952cm$^3$ ÷6 000cm$^3$/kg=20.99kgs=21.0kgs

Gross Weight： 28.4kgs

Chargeable Weight：28.5 kgs

Applicable Rate： GCR N 38.67 CNY/KG

Weight Charge： 28.5×38.67=CNY1 102.10

航空货运单运费计算栏填制如表 3—8 所示。

表 3—8 运费计算

| No. of Pieces RCP | Gross Weight | Kg Lb | Rate Class | Commodity Item No. | Chargeable Weight | Rate/ Charge | Total | Nature and Quantity of Goods (Incl dimensions or Volume) |
|---|---|---|---|---|---|---|---|---|
| 1 | 28.4 | K | N | | 28.5 | 38.67 | 1 102.10 | CLOTHES DIMS：82×48×32 CM |

**【例 3—2】** 北京运往新加坡一箱水龙头接管，毛重 35.6 千克，计算其航空运费。

公布运价如表 3—9 所示。

表 3—9 运价

| | | | |
|---|---|---|---|
| BEIJING | CN | | BJS |
| Y. RENMINBI | CNY | | KGS |
| SINGAPORE | SN | M | 200.00 |
| | | N | 30.50 |
| | | 45 | 22.49 |

解：(1)按实际重量计算，

Gross Weight： 35.6kgs

Chargeable Weight： 36.0kgs

Applicable Rate： GCR N 30.50CNY/kg

Weight charge： 36.0×30.50=CNY1 098.00

(2)采用较高重量分界点的较低运价计算，

Chargeable Weight: 45.0kgs

Applicable Rate: GCR Q 22.49CNY/kg

Weight charge: 22.94×45.0=CNY1 032.30

(1)与(2)比较,取运费较低者。

航空货运单运费计算栏填制如表 3—10 所示。

**表 3—10** **运费计算**

| No. of Pieces RCP | Gross Weight | Kg Lb | Rate Class | Commodity Item No. | Chargeable Weight | Rate/ Charge | Total | Nature and Quantity of Goods (Incl dimensions or Volume) |
|---|---|---|---|---|---|---|---|---|
| 1 | 35.6 | K | Q | | 45.0 | 22.94 | 1 032.30 | PIPE FILLING |

**【例 3—3】** 由上海运往日本大阪一件洗发香波样品 5.3 千克,计算其航空运费。

公布运价如表 3—11 所示。

**表 3—11** **运价**

| | | | |
|---|---|---|---|
| SHANGHAI | CN | | SHA |
| Y. RENMINBI | CNY | | KGS |
| OSAKA | JP | M | 200.00 |
| | | N | 30.22 |
| | | 45 | 22.71 |

解:

Gross Weight: 5.3 kgs

Chargeable Weight: 5.5 kgs

Applicable Rate: GCR N30.22 CNY/KG

Weight charge: 5.5×30.22=CNY166.21

Minimum charge: 200.00 CNY

此票货物的航空运费应为 200.00 CNY。

航空货运单运费计算栏填制如表 3—12 所示。

**表 3—12** **运费计算**

| No. of Pieces RCP | Gross Weight | Kg Lb | Rate Class | Commodity Item No. | Chargeable Weight | Rate/ Charge | Total | Nature and Quantity of Goods (Incl dimensions or Volume) |
|---|---|---|---|---|---|---|---|---|
| 1 | 5.3 | K | M | | 5.5 | 200.00 | 200.00 | SHAMPOO SAMPLE |

## 三、指定商品运价

（一）指定商品运价的概念和形成原因

指定商品运价(Specific Commodity Rate,SCR)通常是承运人根据在某一航线上经常运输某一种类货物的托运人的请求或为促进某地区间某一种类货物的运输，经国际航空运输协会同意所提供的优惠运价。通常情况下，指定商品运价低于相应的普通货物运价。就其性质而言，该运价是一种优惠性质的运价。鉴于此，指定商品运价在使用时，对于货物的起讫地点、运价使用期限、货物运价的最低重量起点等均有特定的条件。

指定商品运价的原因可归纳为以下两点：其一，在某特定航线上，一些较为稳定的货主经常或者定期地托运特定品名的货物，托运人要求承运人提供一个较低的优惠运价；其二，航空公司为了有效地利用其运力，争取货源并保证飞机有较高的载运率，向市场推出有竞争力的优惠运价。有些指定商品运价也公布了不同的重量等级分界点，旨在鼓励货主托运大宗货物，并使其意识到选择空运的经济性及可行性。

（二）指定商品运价传统的分组和编号

国际航空运输协会公布特种货物运价时，根据货物的性质、属性和特点等对货物分类，共分为十大组，每一组又分为十个小组。同时，对其分组形式用四位阿拉伯数字编号。该编号即为指定商品货物的品名编号。

指定商品货物的分组及品名编号如下：

0001-0999　Edible animal and vegetable products
可食用的动物和植物产品

1000-1999　Live animals and inedible animal and vegetable products
活动物和非食用动物及植物产品

2000-2999　Textiles,fibres and manufactures
纺织品、纤维及其制品

3000-3999　Metals and manufactures, excluding machinery, vehicles and electrical equipment
金属及其制品，但不包括机械、车辆和电器设备

4000-4999　Machinery,vehicles and electrical equipment
机械、车辆和电器设备

5000-5999　Non-metallic minerals and manufactures
非金属矿物质及其制品

6000-6999　Chemicals and related products
化工材料及其相关产品

7000-7999　Paper,reed,rubber and wood manufactures
纸张、芦苇、橡胶和木材制品

8000-8999　Scientific、professional and precision instrument、apparatus and supplies
科学仪器、专业仪器、精密仪器、器械及配件

9000-9999　Miscellaneous
其他货物

其中，每一组又细分为10个小组，每个小组再细分，这样几乎所有的商品都有一个对应的

组号，公布特种货物运价时只要指出本运价适用于哪一组货物就可以了。

（三）指定商品运价的使用规则

在使用指定商品运价时，只要所运输的货物满足下述三个条件，则运输始发地和运输目的地就可以直接使用指定商品运价：

（1）运输始发地至目的地之间有公布的指定商品运价；

（2）托运人所交运的货物，其品名与有关指定商品运价的货物品名相吻合；

（3）货物的计费重量满足指定商品运价使用时的最低重量要求。

使用指定商品运价计算航空运费的货物，其航空货运单的“Rate Class”一栏，用字母“C”表示。

（四）运费计算

1. 计算步骤

（1）先查询运价表，如有指定商品代号，则考虑使用指定商品运价。

（2）查找 TACT Rates Books 的品名表，找出与运输货物品名相对应的指定商品代号。

（3）如果货物的计费重量超过指定商品运价的最低重量，则优先使用指定商品运价。

（4）如果货物的计费重量没有达到指定商品运价的最低重量，则需要比较计算。

2. 计算

**【例 3—4】** 北京运往大阪三箱蘑菇共 150.0 千克，每件体积长、宽、高分别为 102cm×44cm×25cm，计算航空运费。

公布运价如表 3—13 所示。

**表 3—13　　运价**

| | | | | |
|---|---|---|---|---|
| BEIJING | CN | | | BJS |
| Y. RENMINBI | CNY | | | KGS |
| OSAKA | JP | | M | 200 |
| | | | N | 25.61 |
| | | | 45 | 19.23 |
| | | 0300 | 100 | 12.41 |
| | | 0300 | 500 | 11.53 |
| | | 0850 | 100 | 14.89 |
| | | 1093 | 100 | 11.09 |
| | | 2195 | 100 | 11.32 |

解：查找 TACT Rates Books 的品名表，品名编号“0850”所对应的货物名称为“MUSHROOM”（蘑菇）。由于货主交运的货物重量符合“0850”指定商品运价使用时的最低重量要求，运费计算如下：

Volume：　$102cm \times 44cm \times 25cm \times 3 = 336\ 600cm^3$

Volume Weight：　$336\ 600cm^3 \div 6\ 000cm^3/kgs = 56.1kgs = 56.5kgs$

Chargeable Weight：150.0kgs

Applicable Rate：　SCR 0850/Q100 14.89CNY/kg

Weight charge:　　150.0×14.89=CNY2 233.50

航空货运单运费计算栏填制如表 3－14 所示：

**表 3－14　运费计算**

| No. of Pieces RCP | Gross Weight | Kg Lb | Rate Class | | Chargeable Weight | Rate/Charge | Total | Nature and Quantity of Goods (Incl dimensions or Volume) |
|---|---|---|---|---|---|---|---|---|
| | | | | Commodity Item No. | | | | |
| 3 | 150.0 | K | C | 0850 | 150.00 | 14.89 | 2 233.50 | MUSHROOM DIMS:102×44×25CM×3 |

注：在使用指定商品运价计算运费时，如果其指定商品运价直接使用的条件不能完全满足（例如，货物的计费重量没有达到指定商品运价使用的最低重量要求），使得按指定商品运价计得的运费高于按普通货物运价计得的运费时，则按低者收取航空运费。

### 四、等级货物运价

等级货物运价（Class Cargo Rate，CCR）适用于指定地区内部或地区之间的少数货物运输。通常表示为在普通货物运价的基础上增加或减少一定的百分比。

适用等级货物运价的货物通常有：

①活动物、活动物的集装箱和笼子；

②贵重物品；

③尸体或骨灰；

④报纸、期刊、书籍、商品目录、盲人和聋哑人专用设备和书籍等出版物；

⑤作为货物托运的行李。

其中，①、②、③项通常在普通货物运价基础上增加一定百分比，④、⑤项在普通货物运价的基础上减少一定百分比。

等级货物运价是在普通货物运价基础上附加或附减一定百分比的形式，附加或附减规则公布在 TACT Rules 中，运价的使用须结合 TACT Rates Books 一同使用。

通常附加或不附加也不附减的等级货物用代号 S 表示（Surcharged Class Rate）。

附减的等级货物用代号 R 表示（Reduced Class Rate）。

国际航空运输协会（International Air Transport Association，IATA）规定，对于等级货物运输，如果属于国际联运，并且参加联运的某一承运人对其承运的航段有特殊的等级货物百分比，即使运输起讫地点间有公布的直达运价，也不可以直接使用。此时，应采用分段相加的办法计算运输始发地至运输目的地的航空运费。此项规则在此不详细说明。

以下所述的各种等级货物运价均为运输始发地至运输目的地之间有公布的直达运价，并且可以直接使用具体情况下的运价计算。

（一）活动物运价（Live Animals）

运价表中有关内容说明如下：

1. 名称解释

——Baby Poultry，幼禽类，指出生不足 72 小时的幼禽。

——All Live Animal，指除幼禽以外的所有活动物。

在运价表中，常常有“Except”字样，这是与表中规则例外的情况，使用时，应严格按照TACT Rules Book 的规则要求，计算正确的航空运费。

2. 运价规则的运用说明

——“Normal GCR”，使用45千克以下的普通货物运价，如无45千克以下的普通货物运价，可使用100千克以下普通货物运价。不考虑较高重量点较低运价。

——“Normal GCR or Over 45kg”，使用45千克以下普通货物运价，或者45千克以上普通货物运价。即使有较高重量分界点的较低运价，也不可以使用。

——“Appl. GCR”，使用相适应的普通货物运价。

——“as a percentage of Appl. GCR”，按相应的普通货物运价附加某个百分比使用。

注：运输动物所用的笼子等容器、饲料、饮用水等重量包括在货物的计费重量内。

3. 活动物运输的最低收费标准

—— IATA 三区内：相应 M 的200%。

—— IATA 二区与三区之间：相应 M 的200%。

—— IATA 一区与三区之间(除到/从美国、加拿大以外)：相应 M 的200%。

—— 从 IATA 三区到美国：相应 M 的110%。

—— 从美国到 IATA 二区：相应 M 的150%。

—— IATA 三区与加拿大之间，相应 M 的150%。

**【例3—5】** 从北京运往纽约一只东北虎，重270.0千克，体积长、宽、高分别为240cm×120cm×60cm，计算航空运费。

公布运价如表3—15所示：

**表3—15　　运价**

| | | | |
|---|---|---|---|
| BEIJING | CN | | BJS |
| Y. RENMINBI | CNY | | KGS |
| NEW YORK | US | M | 630.00 |
| | | N | 64.46 |
| | | 45 | 48.34 |
| | | 100 | 45.19 |
| | | 300 | 41.80 |

解：查找活动物运价表，从北京运往纽约，属于自三区运往一区，运价的构成形式是“110% of Appl. GCR”。

运费计算如下：

(1)按查找的运价构成形式来计算：

Volume: 240cm×120cm×60cm=1 728 000cm$^3$

Volume Weight: 1 728 000cm$^3$÷6 000cm$^3$/kgs=288.0kgs

Chargeable Weight: 288.0kgs

Applicable Rate: S 110% of Applicable GCR

110%×45.19CNY/kg=49.71CNY/kg

Weight charge: 288.0×49.71=CNY14 316.48

(2)由于计费重量已经接近下一个较高重量点 300kg,故用较高重量点的较低运价计算:

Chargeable Weight:300.0kgs

Applicable Rate:S 110% of Applicable GCR

110%×41.86CNY/kg=46.05CNY/kg

Weight charge: 300.0×46.05=CNY13 815.00

对比(1)与(2),取运费较低者.因此,运费为 CNY13 815.00.

航空货运单运费计算栏填制如表 3—16 所示。

表 3—16 运费计算

| No. of Pieces RCP | Gross Weight | Kg Lb | Rate Class | | Chargeable Weight | Rate/ Charge | Total | Nature and Quantity of Goods (Incl dimensions or Volume) |
|---|---|---|---|---|---|---|---|---|
| | | | | Commodity Item No. | | | | |
| 2 | 270.0 | K | S | Q110 | 300.00 | 46.05 | 13 815.0 | NORTHEAST TIGER DIMS: 240×120×60cm |

(二)混运货物运价(Mixed Consignments)

1. 混运货物的定义

混运货物是指使用同一份货运单运输的货物中包含有不同运价、不同运输条件的货物。

2. 混运货物中不得装运的物品

具体来说,包括以下方面:

—— TACT Rules 3.7.6 中规定的任何贵重货物;

—— 活动物;

—— 尸体、骨灰;

—— 外交信袋;

—— 作为货物运送的行李;

—— 机动车辆(电力自动车辆除外)。

3. 申报方式与计算规则

(1)申报整批货物的总重量(或体积)

计算规则:混运的货物被视为一种货物,将其总重量确定为一个计费重量。运价采用适用的普通货物运价。

(2)分别申报每一种类货物的件数、重量、体积及货物品名

计算规则:按不同种类货物适用的运价与其相应的计费重量分别计算运费。

注:如果混运货物使用一个外包装将所有货物合并运输,则该包装物的运费按混运货物中运价最高的货物的运价计收。

4. 声明价值

混运货物只能按整票(整批)货物办理声明价值,不得办理部分货物的声明价值,或办理两种以上的声明价值。所以,混运货物声明价值费的计算应按整票货物总的毛重。

5. 最低运费

混运货物的最低运费,按整票货物计收。即无论是分别申报或不分别申报的混运货物,按其运费计算方法计得的运费与起止地点间的最低收费标准比较,取高者。

6. 运费计算

**【例 3—6】** Routing：Beijing，CHINA(BJS)

to Osaka，JAPAN(OSA)

Commodity： Books and Handicraft and Mushroom

Gross Weight：100.0 Kgs and 42.0 Kgs and 80.0 Kgs

Dimensions： 4 Pieces 70cm×47cm×35cm And 1 Pieces 100cm×60cm×42cm And 2 Pieces 90cm×70cm×32cm

解：这是一票混运货物，先把这票货物视为一个整体，计算运费；再按分别申报计算运费，两者比较，取低者。

运费计算如下：

(1)总体申报：

公布运价如表 3—17 所示。

**表 3—17** **运价**

| | | | | |
|---|---|---|---|---|
| BEIJING | CN | | | BJS |
| Y. RENMINBI | CNY | | | KGS |
| OSAKA | JP | | M | 200.00 |
| | | | N | 25.61 |
| | | | 45 | 19.23 |
| | | 0300 | 100 | 12.41 |
| | | 0300 | 500 | 11.53 |
| | | 0850 | 100 | 14.89 |
| | | 1093 | 100 | 11.09 |
| | | 2195 | 100 | 11.32 |

Total Gross Weight：100.0 Kgs+42.0 Kgs+80.0 Kgs=222 Kgs

Volume： $70cm \times 47cm \times 35cm \times 4 = 460\ 600cm^3$；$100cm \times 60cm \times 42cm = 252\ 000cm^3$

$90cm \times 70cm \times 32cm \times 2 = 403\ 200cm^3$

$460\ 600cm^3 + 252\ 000cm^3 + 403\ 200cm^3 = 1\ 115\ 800cm^3$

Volume Weight： $1\ 115\ 800cm^3 \div 6\ 000cm^3/kgs = 185.96kgs = 186.0kgs$

Chargeable Weight：222.0kgs

Applicable Rate： GCR Q 19.23CNY/kg

Weight charge： 222.0×19.23=CNY4 269.06

(2)分别申报

①Books

Volume： $70cm \times 47cm \times 35cm \times 4 = 460\ 600cm^3$

Volume Weight： $460\ 600cm^3 \div 6\ 000cm^3/kgs = 76.77kgs = 77.0kgs$

Chargeable Weight：100.0kgs

Applicable Rate：R 50% of Normal GCR

50%×CNY 25.61/kg=CNY12.805/kg=CNY12.81/kg

Weight charge:　100.0×12.81=CNY1 281.00

②Handicraft

Volume:　100cm×60cm×42cm=252 000cm$^3$

Volume Weight:　252 000cm$^3$÷6 000cm$^3$/kgs=42.0kgs

Chargeable Weight: 42.0kgs

Applicable Rate:　GCR N　25.61CNY/kg

Weight charge:　42.0×25.61=CNY1 281.00

较高重量点的较低运价:45.0×19.23=CNY865.35

③Mushroom

Volume:　90cm×70cm×32cm×2=403 200cm$^3$

Volume Weight:　403 200cm$^3$÷6 000cm$^3$/kgs=67.2kgs=67.5kgs

Chargeable Weight: 80.0kgs

Applicable Rate: GCR Q　19.23CNY/kg

Weight charge:　80.0×19.23=CNY1 538.40

指定商品运价:　100.0×14.89=CNY1 489.00

三种运费相加:CNY1 281.00+CNY865.35+CNY1 489.00=CNY3 635.35

总体申报计算的运费为CNY4 269.06,分别申报的运费为CNY3 635.35,取低者。因此,运费为CNY3 635.35。

航空货运单运费计算栏填制如表3—18所示。

表3—18　运费计算

| No. of Pieces RCP | Gross Weight | Kg Lb | Rate Class | | Chargeable Weight | Rate/Charge | Total | Nature and Quantity of Goods (Incl dimensions or Volume) |
|---|---|---|---|---|---|---|---|---|
| | | | | Commodity Item No. | | | | |
| 4 | 100.0 | K | R | N50 | 100.00 | 12.81 | 1 281.00 | BOOKS |
| 1 | 42 | | Q | | 45.0 | 19.23 | 865.35 | HANDICARAFT |
| 2 | 80 | | C | 0850 | 100.0 | 14.89 | 1 489.00 | MUSHROOM |
| 7 | 222 | | | | | | 3 635.35 | |

## 五、航空货物运输的其他费用

国际航空货物运输中,航空运费是指自运输始发地至运输目的地之间的航空运输费用。在实际工作中,对于航空公司或其代理人将收运的货物自始发地(或从托运人手中)运至目的地(或提取货物后交给提货人)整个运输组织过程,除发生航空运费外,在运输始发站、中转站、目的站经常发生与航空运输有关的其他费用。

### (一)货运单费

货运单费(Documentation Charges)又称为航空货运单工本费,此项费用为填制航空货运单的费用。航空公司或其代理人销售或填制货运单时,该费用包括逐项逐笔填制货运单的成本。对于航空货运单工本费,各国的收费水平不尽相同。依TACT Rules 4.4及各航空公司的具体规定来操作。货运单费应填制在货运单的“其他费用”一栏中,用两字代码“AW”(Air

Waybill Fee)表示。按国际航协规定：

——航空货运单若由航空公司来销售或填制，则表示为 AWC，表示此项费用归出票航空公司(Issuing Carrier)所有。

——如果货运单由航空公司的代理人销售或填制，则表示为 AWA，表示此项费用归销售代理人所有。

中国民航各航空公司一般规定：无论货运单是航空公司销售还是由代理人销售，填制 AWB 时，货运单中"OTHER CHARGES "一栏中用 AWC 表示，意为此项费用归出票航空公司所有。

例如，某航空公司销售货运单，如果货运单收费标准为 CNY50.00，则货运单其他费用栏填制如下：

| |
|---|
| OTRER CHARGES<br>AWC 50.00 |

(二)垫付款和垫付费

1. 垫付款(Disbursements)

(1)垫付款是指在始发地机场运输一票货物时发生的部分其他费用。这部分费用仅限于货物地面运输费、清关处理费和货运单工本费。

此项费用需按不同其他费用的种类代号、费用归属代号(A 或 C)及费用金额一并填入货运单的"其他费用"一栏。例如：

——"AWA"表示代理人填制的货运单；

——"CHA"表示代理人代替办理始发地清关业务；

——"SUA"表示代理人将货物运输到始发地机场的地面运输费。

(2)限制条件

——垫付款仅适用于货物费用及其他费用到付"Charges Collect"，且按 TACT Rules 7.2 规定，目的地国家可接收的货物。

——垫付款业务在有些国家不办理，操作时应严格按照 TACT Rules 4.2 规定。

——垫付款由最后一个承运人(Last Carrier)向提货人收取。按国际货物运费到付结算规则，通过出票航空公司开账结算，付给垫付款的代理人或出票航空公司。

2. 垫付款数额(Disbursement Amounts)

—— 在任何情况下，垫付款数额不能超过货运单上全部航空运费总额。

—— 但当货运单的航空运费总额低于 100 美元时，垫付款金额可允许达到 100 美元标准。

3. 垫付费(Disbursements Fees)

垫付费是对于垫付款的数额而确定的费用。垫付费的费用代码为"DB"，按 TACT Rules 规定，该费用归出票航空公司所有。在货运单的其他费用栏中，此项费用应表示为"DBC"。

垫付费的计算公式：垫付费＝垫付款×10%，但每一票货物的垫付费不得低于 20 美元或等值货币。

TACT 规则中规定，对于一些固定美元值的货币换算，某些国家公布有固定的货币换算值。如在瑞士，20USD＝CHF45.00，对于 TACT Rules 中没有公布货币固定换算值的国家，其货币换算采用“Construction Exchange Rate”。

（三）危险品处理费

国际航空货物运输中，对于收运的危险品货物，除按危险品规则收运并收取航空运费外，还应收取危险货物收运手续费，该费用必须填制在货运单“其他费用”栏内，用“RA”表示费用种类，TACT RULES规定，危险品处理费归出票航空公司所有。在货运单中，危险品处理费表示为“RAC”。

——自中国至IATA业务一区、二区、三区，每票货物的最低收费标准均为400元人民币。

（四）运费到付货物手续费

国际货物运输中，当货物的航空运费及其他费用到付时，在目的地的收货人，除支付货物的航空运费和其他费用外，还应支付到付货物手续费（Charges Collect Fee，简称CC Fee）。

此项费用由最后一个承运航空公司收取，并归其所有。一般的CC Fee收取，采用目的站开具专门发票，但也可以使用货运单（此种情况在交付航空公司无专门发票，并将AWB作为发票使用时使用）。

对于运至中国的运费到付货物，到付运费手续费的计算公式及标准如下：

到付运费手续费＝（货物的航空运费＋声明价值附加费）×2%

各个国家CC Fee的收费标准不同。在中国，CC Fee最低收费标准为100元人民币。

# 任务三　航空货运进出口业务流程

## 一、航空出口货运业务流程

（一）接受委托

航空出口货物的发货人，一般都是委托航空货运代理办理货物托运。委托时，发货人应填制“国际货物托运书”，连同贸易合同副本、出口货物明细发票、装箱单以及检验、检疫和通关所需要的单证和资料交航空货运代理，由航空货运代理办理订舱、提货、报关、制单等托运手续。

航空货运代理公司为争取更多的出口货源而到各进出口公司和有进出口经营权的企业主动承揽货物。揽货时，一般需要向出口单位介绍本公司的代理业务范围、服务项目、各项收费标准，特别需要向出口单位介绍优惠价和本公司的服务优势。

不论航空货运代理公司主动承揽，还是出口货物发货人上门委托，只要双方就航空出口货物运输事宜达成意向后，航空货运代理就可以向发货人提供航空公司的“国际货物托运书”，托运书由发货人填写并加盖公章，作为委托的依据。对于长期出口或出口货量较大的单位，航空货运代理公司一般都与之签订长期的代理合同（或协议）。对于一次批量较大的，要采用包机或包舱运输时，需提前填写“包机委托书”。

一个业务开展比较好的货运代理公司，一般都有相当数量的揽货人员和揽货网点从事专门的揽货业务。承揽货物并接受出运预报，是航空货运代理的一项至关重要的业务活动。这里需要指出的是，在接受委托、签订委托合同时要明确合同的性质和航空货运代理承担的责任。如果就这批货物接受发货人的委托，航空货运代理可能签发航空分运单，那么这个委托不应签订委托代理合同，因为这时的航空货运代理人是作为承运人接受托运。若航空货运代理人仅作为发货人的代理人，代发货人向航空公司办理航空货物运输，由航空公司出具并签发航空货运单,这时的航空货运代理人完全处于代理人的法律地位,货运单这一运输合同的法律后果完全由发货人享有和承担。这时发货人与货运代理人签订的是委托代理合同。有时航空公司出售部分舱位给航空货运代理,也就是说,航空货运代理人以自己的名义与航空运输承运人签订订购飞机运输舱位的合同,同时航空货运代理人接受发货人的委托,洽订舱位开展航空货物运输。这时航空货运代理人并不签发分运单,就可能处于行纪人的地位,与发货人签订的可能是行纪合同,这时的代理人就要承担行纪人的责任。

(二)审单和订舱

1. 审单

航空货运代理在接受发货人的委托后,要指定人员审核托运书。审核的主要内容是航空公司的收运条件、价格和航班日期。目前,航空公司对起降的航班大部分采用自由销售的方式,每家航空公司、每条航线、每个航班甚至每个目的港均有优惠运价,这种运价会因货源、淡旺季原因而经常调整,各航空公司的优惠价也不尽相同。所以,有时更换航班,运价也会随之变动。需要指出的是,航空货运单上显示的运价虽然与托运书上的运价有联系,但相互之间往往有很大差别。货运单上显示的是 TACT 上公布的适用运价和费率,而托运书上显示的是航空公司优惠运价加上各项杂费和服务费或使用协议价格。托运书的审核,就是判断发货人托运的货物在符合收运条件的前提下,其价格是否能被接受,预订航班是否可行。审核人员必须在托运书上签名并注明日期,以示确认。

2. 订舱

订舱,就是向航空公司申请运输并预订舱位的行为。货物订舱需根据发货人的要求和货物标识的特点,以及批量的大小而定。一般来说,大宗货物、紧急物品、鲜货易腐商品、危险品、贵重物品等,必须预订舱位。非紧急的零星货物,可以不预先订舱。通常对下列货物应当预订航班舱位,否则承运人可以不予受理。

(1)货物在中转时需要特殊对待。

(2)不规则形状或者尺寸超限的货物。

(3)批量较大的货物。

(4)特种货物,如危险品、活动物等。

(5)需要两家及其以上承运人运输的联运货物。

(6)货物的声明价值超过 10 万美元或者其等价货币。

订舱的具体做法和基本步骤,是航空货运代理人在接到发货人的发货预报后,向航空公司吨控部门领取并填写订舱单,写明货物的名称、体积、重量、件数、目的港及要求出运的时间等。航空公司根据实际情况安排航班和舱位。

航空货运代理公司订舱时,可依照发货人的要求选择最佳航线和最佳承运人,同时为发货人争取最低或最合理的运价。

舱位订妥后,航空公司签发舱位确认书(舱单),同时给予装货集装器领取证以示舱位订妥。航空货运代理公司应及时通知发货人备单备货。

(三)接单、接货

1. 接单

接单就是航空货运代理公司在订妥舱位后,从发货人手中接过货物出口所需的一切单证。在不同情况下,发货人应提供的单证前面已做了介绍,主要是有关报关所需的单证,以便出口货物通关。托运特殊货物时,如危险品、动物证明;在国际航协三区和一区之间托运指定商品时，必须提供商业发票。

2. 接货

接货是指航空货运代理公司把即将发运的货物从发货人手中接过来并运送到自己的仓库或机场。

接货一般与接单同时进行。对于通过空运或铁路从内地运往出境地的出口货物，货运代理可按照发货人提供的运单号、航班号和接货地点、接货日期，代其提取货物。如果货物已在起运地办理了出口海关手续，发货人应同时提供起运地海关的关封。

接货时应根据发票和装箱单清点货物，核对货物的数量、品名、合同号及标志等是否与托运单上所列一致。重点应检查、核对货物包装、货物标志、货物的重量、体积和件数。

(四)制单、报关

1. 制单

制单就是缮制航空货运单，包括总运单和分运单。缮制航空货运单是空运出口业务中最重要的环节，运单填写的正确与否直接关系到货物能否及时、准确地运达目的地。同时航空货运单又是发货人结汇的主要单证之一。因此，运单的填写必须详细、准确、严格，符合单货一致、单单一致的要求。

填写航空货运单的主要依据是发货人提供的货物托运书。托运书上的各项内容都应准确地体现在航空货运单上，如发货人和收货人的全称、详细地址、电话、电传、传真和银行开户账号；出口货物的名称、件数、重量、体积、包装方式；承运人和代理人的名称和城市名称；始发港和目的港等。

除了托运书的内容之外，运单上还要注明已订妥的航班号和起航日期、运单号、货物的实际重量、运价类别、运费等内容。

货物的实际重量以航空公司计量处过磅所取得的重量为准。重量单位通常以千克(kg)表示。

运价类别，一般用“M”“N”“Q”“C”“R”“S”等代号表示。运费和代理费，一般写在运单左下侧的运费栏目内，预付运费填在“Prepaid”一栏内，到付运费填在“Collect”一栏内。代理费，即属于代理人需要而产生的费用，填在“Agent Charge”栏内，运费和代理费前面都冠以货币名称。

如果是直接发给国外收货人的单票托运货物，缮制航空公司货运单即可。如果以国外代理为第一收货人的集中托运货物，必须先为每票货物缮制航空货运代理公司的分运单，然后再缮制航空公司的总运单，以便国外代理分拨总运单下的各票货物。

总运单上的运费填写按所适用的公布运价，并注意是否可以靠级；分运单上的运费和其他费用按托运书的要求，相对应的几份分运单件数之和应与总运单的件数相符。当一份总运单下有几份分运单时需制作航空货物清单。

2. 出口报关

出口报关是指发货人或其代理人在发运出口货物之前，向出境地海关办理货物出口通关手续的过程。出口报关的基本程序如下：

(1)申报。首先将发货人提供的出口货物报关单的各项内容输入计算机，即计算机预录入。在由计算机缮制的报关单上加盖报关单位的报关专用章。然后将报关单与有关商业发票、装箱单、商检证、出口收汇核销单，有的商品还需要动植检证书或产地证和航空货运单一起，并根据贸易方式和货物类别所需要随附的其他有关证明文件，如出口许可证、配额许可证等。上述报关所需单证备齐后，由报关员正式向海关申报。

(2)查验。查验是海关实际核算出口货物，确定单货是否相符，有无瞒报、伪报和申报不实等走私违规行为，并为征税、统计和后续管理提供可靠的监管依据。

(3)税费计征。税费计征是海关根据《海关法》和《进出口关税条例》及国家有关规定，对出口货物除国家另有规定的外征收关税。

(4)放行。海关在接受出口货物的申报后，经审核报关单据，查验实际货物，依法办理出口税费计征手续并缴纳税款后，由海关官员在航空货运单正本、出口收汇核销单和出口货物报关单上加盖放行章，在发货人用于出口产品退税的单据上加盖验讫章。海关的监管行为结束，放行即为结关。

(五)交接发运

1. 装机前的货物作业

航空货运代理接货后，把从发货人手中接过来的货物运送到机场，装机前的货物作业应由机场负责。但由于航空货运代理往往有自己的仓库，或出具航空分运单将货物集中托运，因此越来越多的货运代理人像海运的拼箱人一样，由自己来操作，具体操作如下：

(1)贴挂标签。航空货运代理缮制航空货运单以后，制作“空运出口业务日报表”，供制作标签用。标签分为航空公司的主标签和航空货运代理的分标签两种。航空公司标签是对其所承运货物的标识，各航空公司的标签虽然在格式、颜色上有所区别，但其内容却基本相同。标签上3位阿拉伯数字代表所承运航空公司的代号，后8位数字是总运单号码，还填有货物的目的地。分标签是货运代理公司对出具分运单货物的标识。凡出具分运单的货物都要制作分标签，上面填制分运单号码和货物到达城市或机场的三字代码。每一件货物都贴一张航空公司标签，有分运单的每件货物再贴一张分标签。

(2)配载。需要出运的货物全部入库以后，就要核对货物的实际件数、重量、体积与托运书上填报的是否相同。然后，按照各航班机型，集装板或集装箱型号、高度、数量配载。对于未到货物、晚到货物，以及未能顺利通关放行的货物做出调整，为出仓单做准备。实际操作中，这一过程一直延续到单、货交接给航空公司后才终止。

(3)出仓单。配舱方案确定后，就可着手编制出仓单。出仓单的主要内容包括：出仓日期、承运航班日期、装载板箱的形式及数量、货物进仓顺序编号、总运单号、件数、重量、体积、目的港三字代码和备注。

出仓单交给出口仓库用于安排出库计划，并在货物出库时点数；出仓单在装板、装箱环节中作为向出口仓库提货的依据；出仓单交给货物的交接环节作为重装板、装箱环节收货的凭证，并作为制作“国际货物交接清单”的依据；出仓单还可用于外拼箱。

(4)货物装板、装箱。根据货物订舱后航空公司给予的装货集装器领取凭证，向航空公司领取与订舱货量相应的集装板和/或集装箱以及相应的塑料薄膜和绳网，并办理相应的登记、销号等有关手续。航空货运代理公司将 $2M^3$ 以上的大宗货物或集中托运的拼装货物安排由自己装板、装箱，不能装板、装箱的 $2M^3$ 以下货物作为小件货物交给航空公司拼装或单件运输。

2. 签单

航空货运单在盖好海关放行章后，还需到航空公司签单。航空公司主要审核运价使用是否正确，货物的性质是否适合空运，危险品是否已办妥了相应的证明和手续，每批货物(每份货运单)的价值(声明货物价值的，按声明价值；未声明货物价值的，按毛重每千克38元人民币计算价值)不得超过 20 万元人民币。如果超过,则须经航空公司同意才可收运。航空公司代理规定,只有签单确认后,才允许将单、货交给航空公司。

3. 交单、交货

交单就是将随机单据和应由承运人留存的单据交给航空公司。随机单据包括航空货运单正本两联、发票、装箱单、产地证明、品质鉴定书等。

交货就是把与单据相符的货物交给航空公司。交货之前必须缮制"国际货物交接清单",按交接清单,根据黏贴或拴挂的货物标签清点和核对货物。大宗货物、集中托运货物,以整板、整箱称重交接;零散小件货物按票称重,计件交接。航空公司审单验货后,在交接清单上签收,至此即算办完单货交接手续。

4. 货物收运

货物收运是指航空公司接收托运人所交运空运货物的行为。货物收运必须符合有关规定,并进行安全检查。

5. 货物发运

发运是指向航空公司交单交货后,由航空公司安排运输,具体安排如下。

(1)运送时间。承运人应当根据货运单上约定的合同条件,在合理的时间内将货物运至货物目的地,对托运人预先订妥吨位的货物,应当按托运人指定的航班将货物运至目的地。

(2)运输路线。承运人应当按照合理、经济的原则选择运输路线。承运人为尽早地将货物运抵目的地,有权改变托运人在货运单上列明的运输路线。

(3)缮制舱单。承运人收到货物后,根据配舱情况,对本航班所运输的货物应当缮制舱单,以便装机运输。对联运的货物应当缮制联运舱单。

(4)货物装机。承运人应按装机单准确装卸货物,按照货物包装上的储运指示标志作业,轻拿、轻放,防止货物损坏。在货物运输中,发现货物包装破损无法续运时,应当做好运输记录,及时通知托运人或收货人,征求托运人或收货人对货物的处理意见。

航空货物的"交接发运"就是航空货运代理将从发货人手里接到的货物经过对货物的整理、单据处理后交付给航空公司承运,直至航空公司装机出运,这是航空货物运输出口代理最关键、最重要的环节。

6. 运输变更

托运人在交运货物后,随着情况的改变,有权对货物运输提出变更,包括改变运输路线、改变运输航班和变更费用。

7. 跟踪管理

航空货运代理公司从接受委托后,经过审单订舱、接单接货、制单报关、交接发运,甚至运输变更,一直到将货物交收货人的整个过程,始终与委托人和有关人员保持信息往来,对货物进行跟踪服务。

货运代理人接受委托后,在审单时对每家航空公司、每条航线、每个航班甚至每个目的港的运价和航班日期的信息掌握后,订舱,对发货人可接受运价的航班、订舱情况要及时通知委托人,以便及时备单、备货;审核委托人送来的各种单证,如有遗漏或失误要告知委托人及时补充或修正,保证货物顺利通关;检查、整理交接的货物,对包装、标志不符合运输要求,缺件,重量、体积不符,运输中的货损,都要及时通告货主,求得确认;货物出运一程航班号、日期,以及二程航班,甚至三程航班的信息都应及时通知货主;对集中托运货物,还应将发运信息预报给收货人所在地的国外代理,以便对方查询、接货、分拨处理;货物发运后,将发货人存留的单据,包括有放行章和验讫章的出口货物报关单、出口收汇核销单、航空货运单正本三联、手册、关封、许可证，以及用于出口产品退税的单据等交付或寄送发货人。

单、货交给航空公司以后，由于种种原因，如航班取消、延误、溢载、故障、改换机型、错运以及装板不符规定等未能按预定时间出运而变更运输；货物出运后，对联程货物的中转，二三程航班日期等，航空货运代理必须予以掌握。因此，货交航空公司以后，航空货运代理就需要通过传真、电话等通信工具跟踪航班、货物，及时获得信息，并反馈给委托人或国外的代理，遇有不正常情况及时处理。

所以，航空货运代理应当及时传递订舱信息、审单信息、报关信息、仓库收货信息、交运称重信息、航班信息、单证信息、集中托运信息等，跟踪航班、货物，为委托人提供全程运输服务。

8. 费用结算

费用结算主要涉及同发货人、承运人和国外代理人方面的结算。与发货人结算费用，包括在运费预付的情况下，向发货人收取航空运费，收取地面运费，以及各种服务费和手续费。与承运人结算费用，就是向承运人支付航空运费，同时收取代理佣金。与国外代理结算主要涉及到付运费和收益分成。到付运费实际上是发货方的航空货运代理人为收货人垫付的费用，因此收货方的航空货运代理人在将货物移交收货人时，应收回到付运费并退还发货方的货运代理人。同时，发货方的货运代理人应将代理佣金的一部分给其收货地的货运代理人。由于航空货运代理公司之间存在长期的互为代理协议，因此与国外代理结算一般不采取一票一结的办法，而采取抵消账单、一月一结的办法。按照惯例，每月初由发货方的代理人缮制并出示账单交收货方代理确认。

## 二、航空进口货运业务流程

### （一）接受委托

航空货运代理的任务是在始发站把从发货人手中接收的货物交给航空公司，在目的站把从航空公司手中接过货物交付或送到收货人指定地点。所以，航空进口货运代理业务是在目的地办理货运进口手续，并交付收货人的过程。

为了实现航空货运代理这一基本职能，必须接受收货人的委托。各进口公司为了履行贸易合同基本的义务，并实现其权利，交付费用，接收货物。根据卖方的预报，将贸易合同副本、商业发票、装箱单、进口许可证、减免税证明等进口所必需的单证和法定文件交给航空货运代理人，并与其签订委托代理合同或协议，委托航空货运代理办理航空货物进口时在目的站的接货、制单、报关、分拨、转运或转关等项业务。收货人委托代理人可以签订长期的委托代理协议，如1年；也可以签订一次性的委托代理合同，其关键是委托项目、授权权限要明确，双方的权利、义务要平等合法，费用的结算方式要约定好。

航空货运代理接受委托的另一种方式，是直接接受国外集中托运人的委托，甚至相互代理，并建立了长期的代理关系。国外集中托运人从航空公司签发的主运单的收货人就是目的站的航空货运代理人，这时航空货运代理人根据国外的预报，接到到货通知后，可直接从航空公司接单提货。然后，根据国外委托人签发的分运单将进口货物分类后，分别交付给收货人。航空货运代理与国外集中托运人的这种委托代理关系往往是签订长期的互为代理协议。这时目的站的国际货运代理人是国外集中托运人的代理人，即是签发分运单的承运人的代理人，而不是收货人的代理人。

（二）接单、接货

国际航空运输货物入境时，与货物相关的单据如航空货运单、商业发票、装箱单等也随机到达，运输工具和货物处于海关监管之下。航空公司将货物卸机后，存入航空公司或机场的海关监管仓库内，同时根据货运单上的收货人及地址发出取单提货通知。若货运单上的收货人为某航空货运代理公司，则把运输单据及与之相关的货物交给该航空货运代理公司；或该航空货运代理公司受收货人委托，并取得运输单据，则可凭运输单据办理提货手续提取货物。

航空货运代理公司在与航空公司办理交接手续时，应根据货运单和仓单进行单、单核对，单、货核对。若存在有单无货或有货无单的情况，应在货物交接清单或仓单上注明，以便航空公司及时查询并通知入境地海关。若发现货物短缺、破损或其他异常情况，应向航空公司索要商务事故记录，交收货人，作为收货人索赔的依据；也可以接受收货人的委托，由航空货运代理公司代表收货人向航空公司办理索赔。

如果货物包装完好，发现货物质量有疑问或货损责任难以确定的货物，或数量与贸易合同不符，可暂将货物留存机场，邀请货主共同处理，或由收货人委托，由航空货运代理公司向国家出入境检验检疫部门申请检验。根据检验结果，通知订货公司联系对外索赔。

（三）理货编号

1. 理货与保管

航空货运代理公司从航空公司接单接货后，即可将货物运到自己仓库或利用机场仓库，组织理货分类，具体工作如下：

（1）逐一核对每票件数，再次检查货物破损情况，遇有异常，确属交接时未发现的问题，尚可向航空公司提出索赔事宜。

根据《华沙公约》第 26 条第 1 款的规定："收件人在收受行李或货物时未提出异议，为行李或者货物已经完好交付并与运输凭证相符的初步证据。"《海牙议定书》第 15 条规定："发生损失的，收件人应当在发现损失后立即向承运人提出异议。如果是行李，至迟应当在行李收到后 7 日提出；如果是货物，至迟应当在货物到后 14 日内提出。"

（2）按货物体积大小，重量轻重，单票或混载，特殊货物分别堆存。堆存时要按总运单、分运单标志朝向，货物包装标志方向，货物轻重的规定堆放。

（3）危险品要存入专门危险品仓库。易燃品、易爆品、毒品、腐蚀品、放射性物品均应分库安全放置。

（4）为防止贵重货物被盗，应设专库由两人制约保管。

（5）一般货物保管根据不同货种要注意防雨淋、防受潮、防污染、防重压、防升温、防变质，特别是冷藏、冷冻品要由专门的冷藏、冷冻库保管。

2. 理单与分类

（1）集中托运货物，在总运单下拆单。对集中托运的进口货物每票总运单项下应按分运单分理出来，审核与到货情况是否一致，并抄成清单，输入计算机，以便按分运单分别报关、报验、提货。

（2）对制成清单并核对无误的货物进行分类编号。分类的标准和方法很多，可根据进口货物的类别或贸易方式划分，也可根据发货人或发货人代理的国别和地区划分，还可以按照收货人的企业性质或经营范围划分，究竟如何划分，各代理公司可根据自己的具体情况，如服务性质、工作要求或传统做法而定。但一般来说，集中托运货物和单票货物，运费预付货物和运费到付货物应区分开来。

为便于用户查询，满足内部操作和统计的需要，在分类理单的同时，将各票总货运单、分运单都编上航空货运代理公司自己设定的编号。对运单编号后将其输入计算机。

3. 发到货通知或查询单

对货运单编号后，根据货运单或合同上的收货人名称和地址分别寄发到货通知或查询单。到货通知一般发给实际收货人，告知其货物已到空港，催促其速办报关、提货手续。查询单一般发给订货单位，其基本格式与通知单一样，只是还要根据货物的名称及贸易性质，列明需提供的各种批准文件或证明。到货通知或查询单的主要内容如下：

(1)主运单号、分运单号、货运代理公司对货物的编号；

(2)货物名称、件数、重量、体积、发货人、发货地；

(3)货运单、商业发票上已编注的合同号，随机已到达的单证数量及尚缺的报关单证；

(4)运费到付数额，货运代理公司地面服务收费标准；

(5)货运代理公司及仓库的地址(地理位置图)、电话、传真、联系人；

(6)提示货主海关超过 14 天报关收滞报金和超过 3 个月未报关货物上交由海关处理的规定。

必须注意：上述货物的仓储，不论是在航空公司仓库、机场仓库，还是在航空货运代理的仓库，都有海关的监管仓库。

(四)制作报关单

货主可以自己制单报关，也可以委托航空货运代理代办制单或代理报关，或两者都由货运代理办理，这主要根据委托代理合同中的委托项目。若航空货运代理是国外集中托运人的代理，此时若货主委托代理人，则可签订委托合同。

制单就是缮制“进口货物报关单”。制单的依据是航空货运单、商业发票及证明货物合法进口的有关批准文件。因此，一般在收到收货人的回询并获得必备的批文和证明之后制单。不需要批文和证明，并已有委托代理合同的，可直接制单。虽不需要批文和证明，但没有明确委托关系的，必须由收货人与代理人明确委托代理关系。根据我国海关的规定：代理报关企业在接受委托办理报关手续前，应与委托人签订正式的委托协议。委托协议应特别载明代理事项、权限和期限，以及双方应承担的法律责任等。

(五)送货、转运

航空运输的进口货物通关以后，无论是送到当地还是转运到入境以外的地区，都得先将货物从海关监管仓库或场所提出来。提取货物的凭证就是盖有海关放行章的正本航空货运单。未经海关放行的货物处于海关监管之下，任何人不能擅自提离监管仓库或堆放场所。

1. 货主自提

货主凭盖有海关放行章的货运单到仓库提货时，航空货运代理的现场业务人员或保管员须检验提货单据上各类报关、报验章是否齐全，并登记提货人的单位、姓名、身份证号以确保发货安全。

仓库保管员发货时，须与提货人再次检查货物外包装情况、合同号、运单号、唛头、件数和重量等，遇有单货不符或货物破损、短缺，应向货主明确责任做好交接。

(1)分批到达的货物，收回原提货单，出具分批到达提货单，待后续货物到达后，即通知货主再次提取。

(2)由于航空公司责任造成的货物破损、短缺，应将航空公司签发的商务记录交给货主。

(3)如由货运代理公司责任造成的破损事故，应尽可能同货主、商检单位立即在仓库做商品检验，确定货损程度，以避免在后续运输中使货损程度加剧。

(4)当确认由于货运代理公司的责任造成货物的破损、短缺时，应由货运代理公司签发商务记录给货主。

货主提货时，货运代理的现场人员应协助货主装车，尤其遇有超大、超重或件数较多的货物，应合理指导，保证安全装车，确保运输安全。

2. 送货上门

收货人委托货运代理制单、报关、代垫代付税费、提货等业务的同时，对于本地的进口货物，往往直接委托货运代理送货上门。航空货运代理在送货服务中，由于业务熟练、衔接紧密、送货及时、服务到位而受到货主的欢迎。航空货运代理公司还可以在将货物送上门移交货主时与其办理交接手续，并向其收取货物进口过程中所发生的一切费用。

3. 中转运输

对于外地收货人的货物，若货主不能自提，航空货运代理可以接受收货人或内地货运代理的委托，办理中转运输业务。

转运业务是航空货运代理将进口通关后的货物通过国内航空、汽车、火车或水运等各种运输方式转运至内地货运代理或直接发运给货主。

转运业务在可能的情况下多为“空来空转”，无法空运的货物则只好采用其他运输方式。货物也多转至内地的货运代理公司，再发给货主。这样，不但同方向的货物可以拼装运输，而且内地货运代理还可以代为收回相关费用，口岸货运代理公司也应支付一定比例的代理佣金给内地货运代理公司；内地货运代理也会给口岸代理公司揽取一定数量的出口货物。

(六)转关运输

转关运输是指海关为加速口岸进出口货物的运输，方便收、发货人办理海关手续，依法允许海关监管货物由关境内一设关地点转运到另一设关地点办理进出口通关手续的行为。

进口货物转关运输，是指货物入境后不在进境地海关办理进口海关手续，而运往另一设关地点办理进口海关手续。在办理进口报关手续之前，货物一直处于海关监管之下，包括运输过程。

1. 办理转关运输应具备的条件

由于转关运输货物不是由进境地海关实际监管的货物，为加强监管，海关对办理转关运输应具备的条件，在《中华人民共和国海关关于转关运输货物监管办法》中做了明确规定，进口货物办理转关运输必须具备下列条件：

(1)指运地设有海关机构，或虽未设海关机构，但分管海关同意办理转关运输。也就是说，收货人所在地必须设有海关机构，或邻近地区设有分管该地区的海关机构。

(2)在向海关交验的进境运输工具货运单据列明属于转关货物，经进境地海关核准方可办理转关运输。

(3)运输工具和货物符合海关监管要求，并具有加封条件和装置。海关规定，转关货物采用汽车运输时必须使用封闭式的货柜车，由进境地海关加封，指运地海关启封。

(4)承运转关运输的单位必须是经核准的运输企业认可的航空货运代理公司。一般运输企业，尤其是个体运输者，即使拥有货柜车，也不能办理转关运输。

办理转关运输还应遵守海关的其他有关规定，例如：转关货物必须存放在海关同意的仓库、场所，并按海关规定办理收存、交付手续；转关货物未经海关许可，不得开拆、改装、调换、提取、交付；对海关加封的运输工具和货物，应当保持海关封志完整，不得擅自开启或损坏；必须负责将进境地海关签发的关封完整、及时地带交指运地海关，并在海关规定的3个月期限内办理完进口手续。

2. 办理转关运输的手续

(1)申报。办理进口货物转关运输时，进口货物的收货人或其代理人应自运输工具申报进境之日起14日内向进境地海关申报转关运输。申请时应填制“中华人民共和国海关进口转关运输货物申报表”(以下简称“申报表”)，递交数据录入中心，以输入海关计算机报关自动化系统，并打印成正式的“申报表”一式三份。

进口货物收货人或其代理人如实向海关申报，递交“申报表”和指运地海关预先签发的“进口转关运输货物联系单”，并随附有关进口许可证和批准文件及航空货运单、发票、装箱单等货运单据。

(2)进境地海关制作关封。进境地海关接受进口货物收货人或代理人申报递交的有关单证后，开始审核。进境地海关同意转关运输后，将上述有关单证制作关封交进口货物的收货人或其代理人。

(3)指运地海关的通关。进口货物的收货人或其代理人要在海关指定的路线负责将进口货物在规定的时限内运到指运地海关，向指运地海关交验进境地海关签发的关封，并应在货物运至指运地海关之日起14日内向指运地海关办理报关、纳税等手续。

(4)核销。指运地海关在办理了转关运输货物的进口手续后，应向进境地海关退寄回执，终结进口转关运输货物的监管。

转关货物无论后续采用何种运输方式，无论将货物监管运输至指运地航空公司监管仓库，还是货运代理公司的监管仓库或收货人的仓库，等货物转关进入指运地海关监管之下，指运地海关都应将“转关运输货物准单”回执联填妥盖章后，寄还给入境地海关核销。转关运输采用货运代理公司的监管运输车辆运输时，须在海关颁发的“载运海关监管货物车辆登记簿”上登记，进境地海关收到回执后，货运代理公司据以核销自己转关登记簿上的有关项目。

航空转关运输的货物，当指运地与运单的目的地一致时，可免填“申报单”，海关可不签发关封，由海关在运单上加盖“海关监管货物”印章。否则，仍按上述程序办理通关手续。

(七)费用结算。

1. 收费内容

收费内容包括：到付运费及垫付佣金；单证费、报关费；仓储费，包括冷藏、冷冻、危险品、贵重物品等特殊仓储费；装卸费；航空公司到港仓储费；海关预录入、动植检、卫检、报验等代付代垫费用；垫付关税税金及垫付佣金。

2. 结算方式

航空货运代理公司与货主的费用可根据委托代理合同的约定结算。一般有如下三种情况：

(1)货主预先向航空货运代理公司付备用金(或称预付款)，根据双方约定，定期结算。

(2)货主每次自提货物或送货上门时，根据发生的费用一次性结算，逐航班发生，逐笔结清。

(3)根据双方在合同中的约定由航空货运代理人垫付，定期(一般按月)核对，定期结算。

当然根据双方的约定也可以采用其他结算方式，但不能拖欠太多太久，以免影响航空货运代理公司自身的资金周转。

# 任务四　航空货运单制作

## 一、航空运单概述

航空货运单是托运人和承运人之间在承运人的航线上运输货物所订立运输契约的凭证。常见的航空货运单是有出票航空公司标志的航空货运单。航空运单不是物权凭证，故不可转让。

(一)航空货运单的作用

1. 航空运单是承运人签发的已接收货物的证明

航空运单也是货物收据，在发货人将货物发运后，承运人或其代理人就会将其中一份交给发货人(即发货人联)，作为已经接收货物的证明。除非另外注明，它是承运人收到货物并在良好条件下装运的证明。

2. 航空运单是承运人据以核收运费的账单

航空运单分别记载着属于收货人负担的费用，属于应支付给承运人的费用和应支付给代理人的费用，并详细列明费用的种类、金额，因此可作为运费账单和发票。承运人往往也将其中的承运人联作为记账凭证。

3. 航空运单是报关单证之一

出口时，航空运单是报关单证之一。在货物到达目的地机场进口报关时，航空运单也通常是海关查验放行的基本单证。

4. 航空运单同时可作为保险证书

如果承运人承办保险或发货人要求承运人代办保险，则航空运单也可用来作为保险证书。

5. 航空运单是承运人内部业务的依据

航空运单随货同行，证明了货物的身份。运单上载有有关该票货物发送、转运、交付的事项，承运人会据此对货物的运输做出相应安排。

(二)航空运单的分类

航空运单主要分为两大类：

1. 航空主运单(Master Air Waybill，MAWB)

凡由航空运输公司签发的航空运单就称为主运单。它是航空运输公司据以办理货物运输和交付的依据，是航空公司和托运人订立的运输合同，每一批航空运输的货物都有相对应的航空主运单。

2. 航空分运单(House Air Waybill，HAWB)

在集中托运的情况下，除了航空运输公司签发主运单外，集中托运人还要签发航空分运单。航空分运单作为集中托运人与发货人之间的货物运输合同，合同双方分别为发货人和集中托运人；而航空主运单作为航空运输公司与集中托运人之间的货物运输合同，当事人则为集中托运人和航空运输公司。货主(发货人)与航空运输公司没有直接的契约关系。不仅如此，由于在起运地货物由集中托运人将货物交付航空运输公司，在目的地由集中托运人或其代理从航空运输公司处提取货物，再转交给收货人，因而货主与航空运输公司也没有直接的货物交接关系。

## 二、空运单填制

航空运单与海运提单类似，也有正面、背面条款之分，不同的航空公司也会有自己独特的航空运单格式。所不同的是，航运公司的海运提单可能千差万别，但各航空公司所使用的航空运单则大多借鉴 IATA 所推荐的标准格式，差别并不大。下面以图 3—5 航空货运单为例，就有关需要填写的主要栏目说明如下：

1. 始发站机场：需填写 IATA 统一制定的始发站机场或城市的三字代码，这一栏应该与 11 栏相一致。IATA 统一编制的航空公司代码，如我国的国际航空公司的代码就是 999。

2. 运单号。

3. 发货人账号：只在必要时填写。

4. 发货人姓名、住址(Shipper's Name and Address)：填写发货人姓名、地址、所在国家及联络方法。

5. 收货人账号：同 3 栏一样只在必要时填写。

6. 收货人姓名、住址(Consignee's Name and Address)：应填写收货人姓名、地址、所在国家及联络方法。与海运提单不同，因为空运单不可转让，所以“凭指示”之类的字样不得出现。

7. 承运人代理的名称和所在城市(Issuing Carrier's Agent Name and City)。

8. 代理人的 IATA 代号。

9. 代理人账号。

10. 支付信息(Accounting Information)：此栏只有在采用特殊付款方式时才填写。

11. 始发站机场及所要求的航线(Airport of Departure and Requested Routing)：这里的始发站应与 1 栏填写的相一致。

12.14.16. 去往(To)：分别填入第一(二、三)到达机场的 IATA 代码。

13.15.17. 承运人(By)：分别填入第一(二、三)段运输的承运人。

18. 目的地机场(Airport of Destination)：填写最终目的地机场的全称。

19. 航班及日期(Flight/Date)：填入货物所搭乘航班及日期。

20. 托运人内部参考号码(Reference Number)：一般不填。

21. 货币(Currency)：填入 ISO 货币代码。

22. 收费代号：表明支付方式。

23-24. 运费及声明价值费(WT/VAL，Weight Charge/Valuation Charge)：此时可以有两种情况：预付(PPD，Prepaid)或到付(COLL collect)。如预付在 23 中填入“×”。需要注意的是，航空货物运输中运费与声明价值费支付的方式必须一致，不能分别支付。

25-26. 其他费用(Other)：也有预付和到付两种支付方式。

27. 运输声明价值(Declared Value for Carriage)：在此栏填入发货人要求的用于运输的声明价值。如果发货人不要求声明价值，则填入“NVD(No Value Declared)”。

28. 海关声明价值(Declared Value for Customs)：发货人在此填入对海关的声明价值，或者填入“NCV(No Customs Valuation)”，表明没有声明价值。

29. 保险金额(Amount of Insurance)：只有在航空公司提供代保险业务而客户也有此需要时才填写。

30. 操作信息(Handling Information)：一般填入承运人对货物处理的有关注意事项，如“Shipper's Certification for Live Animals(托运人提供活动物证明)”等。

31. 货物件数和运价组成点(No. of Pieces RCP, Rate Combination Point):填入货物包装件数。如 10 包即填"10"。当需要组成比例运价或分段相加运价时,在此栏填入运价组成点机场的 IATA 代码。

32. 毛重(Gross Weight):填入货物总毛重。

33. 重量单位:可选择千克(kg)或磅(lb)。

运价等级(Rate Class):针对不同的航空运价共有 6 种代码,它们是 M(Minimum,起码运费)、C(Specific Commodity Rates,特种运价)、S(Surcharge,高于普通货物运价的等级货物运价)、R(Reduced,低于普通货物运价的等级货物运价)、N(Normal,45 千克以下货物适用的普通货物运价)、Q(Quantity,45 千克以上货物适用的普通货物运价)。

34. 商品代码(Commodity Item No. ):在使用特种运价时需要在此栏填写商品代码。

35. 计费重量(Chargeable Weight):此栏填入航空公司据以计算运费的计费重量,该重量可以与货物毛重相同,也可以不同。

36. 运价(Rate/Charge):填入该货物适用的费率。

37. 运费总额(Total):此栏数值应为起码运费值或者是运价与计费重量两栏数值的乘积。

38. 货物的品名、数量,含尺码或体积(Nature and Quantity of Goods incl. Dimensions or Volume):货物的尺码应以厘米或英寸为单位,尺寸分别以货物最长、最宽、最高边为基础。体积则是上述三边的乘积,单位为立方厘米或立方英寸。

39-44. 分别记录运费、声明价值费和税款金额,有预付与到付两种方式。

45-48. 其他费用(Other Charges):指除运费和声明价值附加费以外的其他费用。根据 IATA 规则各项费用分别用三个英文字母表示。其中,前两个字母是某项费用的代码,如运单费就表示为 AW(Air Waybill Fee);第三个字母是 C 或 A,分别表示费用应支付给承运人(Carrier)或货运代理人(Agent)。

49-50. 需预付或到付的各种费用。

51. 货币兑换比价。

52. 目的站国家货币付费金额。

53. 目的站的费用。

54. 其他费用。

55. 承运人或其代理人的签字。

56. 签单日期、签单地点和签单人。

57. 到付费用总额。

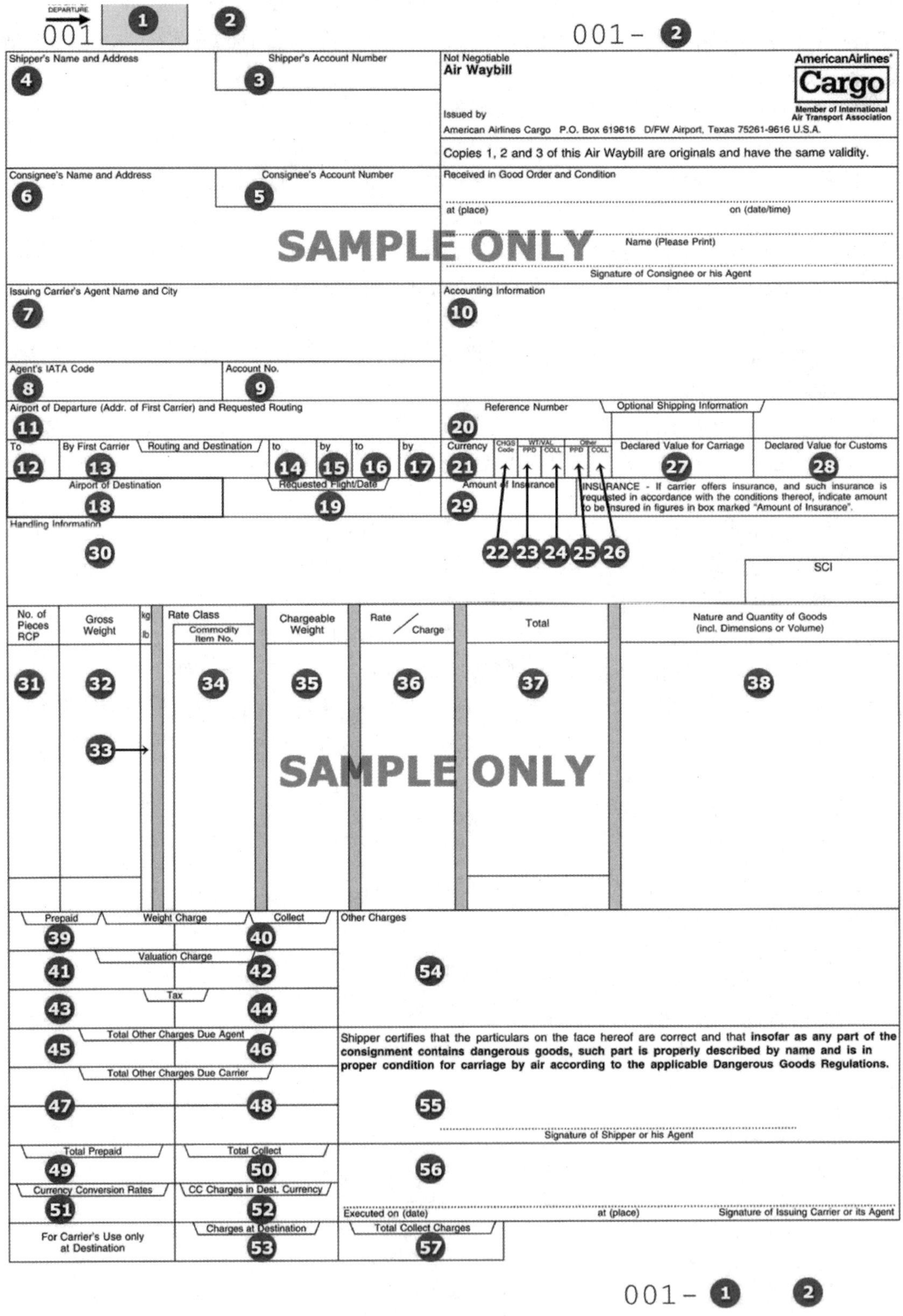
DEPARTURE
001
001-
Shipper's Name and Address
Shipper's Account Number
Not Negotiable
Air Waybill
Issued by
American Airlines Cargo P.O. Box 619616 D/FW Airport, Texas 75261-9616 U.S.A.
AmericanAirlines
Cargo
Member of International Air Transport Association
Copies 1, 2 and 3 of this Air Waybill are originals and have the same validity.
Consignee's Name and Address
Consignee's Account Number
Received in Good Order and Condition
at (place)
on (date/time)
SAMPLE ONLY
Name (Please Print)
Signature of Consignee or his Agent
Issuing Carrier's Agent Name and City
Accounting Information
Agent's IATA Code
Account No.
Airport of Departure (Addr. of First Carrier) and Requested Routing
Reference Number
Optional Shipping Information
To
By First Carrier
Routing and Destination
to
by
to
by
Currency
CHGS Code
WT/VAL
PPD
COLL
Other
PPD
COLL
Declared Value for Carriage
Declared Value for Customs
Airport of Destination
Requested Flight/Date
Amount of Insurance
INSURANCE - If carrier offers insurance, and such insurance is requested in accordance with the conditions thereof, indicate amount to be insured in figures in box marked "Amount of Insurance".
Handling Information
SCI
No. of Pieces RCP
Gross Weight
kg
lb
Rate Class
Commodity Item No.
Chargeable Weight
Rate / Charge
Total
Nature and Quantity of Goods (incl. Dimensions or Volume)
SAMPLE ONLY
Prepaid
Weight Charge
Collect
Other Charges
Valuation Charge
Tax
Total Other Charges Due Agent
Shipper certifies that the particulars on the face hereof are correct and that insofar as any part of the consignment contains dangerous goods, such part is properly described by name and is in proper condition for carriage by air according to the applicable Dangerous Goods Regulations.
Total Other Charges Due Carrier
Signature of Shipper or his Agent
Total Prepaid
Total Collect
Currency Conversion Rates
CC Charges in Dest. Currency
Executed on (date)
at (place)
Signature of Issuing Carrier or its Agent
For Carrier's Use only at Destination
Charges at Destination
Total Collect Charges
001-

图 3—5 航空货运单

小链接

### 与空运相关的国际运输法规

1.《华沙公约》

《华沙公约》全称是《统一有关国际航空运输某些规则的公约》,1929 年 10 月 12 日签订于波兰华沙。1933 年 2 月 13 日生效,后经多次修改,我国于 1957 年 7 月通知加入,1958 年 10 月对我国生效。主要内容包括航空运输的业务范围,运输凭证、承运人的责任、损害赔偿标准等,形成了国际航空运输上的"华沙体系"。

2.《海牙议定书》

1955 年 9 月 28 日在海牙订立的《修改 1929 年 10 月 12 日在华沙签订的有关统一国际航空运输某些规则的公约的议定书》(《海牙议定书》)。我国于 1975 年 8 月加入《海牙议定书》。

3.《瓜达拉哈拉公约》

1961 年 9 月 18 日在墨西哥瓜达拉哈拉签订的《统一非缔约承运人所办国际航空运输某些规则以补充华沙公约的公约》(《瓜达拉哈拉公约》)。

4.《蒙特利尔公约》

《蒙特利尔公约》的正式名称是《统一国际航空运输某些规则的公约》(Convention for the Unification of Certain Rules for International Carriage by Air),目的在于确保国际航空运输消费者的利益,对在国际航空运输中旅客的人身伤亡或行李损失,或者运输货物的损失,在恢复性赔偿原则基础上建立公平赔偿的规范体系。1999 年 5 月在蒙特利尔召开的国际航空法大会上由参加国签署。中国和其他 51 个国家在该大会上签署了该项公约。《蒙特利尔公约》于 2003 年 11 月 4 日生效,2005 年 7 月 31 日,该公约对我国正式生效。

## 小 结

1. 航空运输经营方式包括班机运输、包机运输、集中托运、航空快递四种方式。

2. 航空运输集装器按种类可划分为:集装板和网套、结构与非结构集装棚、集装箱等。集装器代号是由集装器的类型、尺寸、外形、与飞机是否匹配、是否注册等因素构成。

3. 在航空运输中,由于单证的大小限制、操作的方便程度等缘故,因此货运的整个流程中航空代码的使用非常频繁。航空代码具有简洁、节省空间、容易识别等优点,通常有国家代码、城市代码、机场代码、航空公司代码、货运操作代码等。

4. 航空运费是指自运输始发地至运输目的地之间的航空运输费用。航空运价通常包括普通货物运价(General Cargo Rate,GCR)、指定商品运价(Specific Commodity Rate,SCR)、等级货物运价(Class Rate,CCR)、集装器运价等。除发生航空运费外,在运输始发站、中转站、目的站经常发生与航空运输有关的其他附加费用。

5. 航空货运单是托运人和承运人之间在承运人的航线上运输货物所订立运输契约的凭证。航空运单不是物权凭证,故不可转让。航空运单通常分为主运单和分运单两类。航空主运单(Master Air Waybill,MAWB)由航空运输公司签发,航空分运单(House Air Waybill,HAWB)由集中托运人签发。

## 职场体验

### 案例分析

青岛某货主将一批价值 USD10 000,计 10 箱的丝织品通过 A 航空公司办理空运经北京出口至法国巴黎。货物交付后,由 B 航空公司的代理人 A 航空公司于 2019 年 1 月 1 日出具了航空货运单一份。该货运单注明:第一承运人为 B 航空公司,第二承运人是 C 航空公司,货物共 10 箱,重 250 千克。货物未声明价值。B 航空公司将货物由青岛运抵北京,1 月 3 日准备按约将货物转交 C 航空公司时,发现货物灭失。为此,B 航空公司于当日即通过 A 航空公司向货主通知了货物已灭失。为此,货主向 A 航空公司提出书面索赔要求,要求 A 航空公司全额赔偿。根据以上案情,请回答以下问题:

(1)本案中,A、B、C、航空公司的法律地位是什么?

(2)谁应当对货物的灭失承担责任?

(3)本案是否适用于《华沙公约》?

(4)货主要求全额赔偿有无依据?

(5)航空公司应该赔偿的数额是多少?

### 业务操作

从广州运往美国的一票货物,品名是 ZIPPO 打火机专用燃油,货物重量 26 千克,货运单号 999-12345675。请问:

(1)托运人必须填写一式两份的何种单证?

(2)这两份单证分别如何处理?

(3)该票货物需要贴何种操作标签?

(4)在空运单"Handling Information"一栏如何填写?

## 学习评价

**一、单项选择题**

1. 空运时,国际货物托运单应由(　　)填写。

A. 托运人　　B. 货运代理　　C. 承运人　　D. 航空公司

2. 航空货运单是(　　)。

A. 可议付的单据　　B. 物权凭证

C. 货物收据和运输合同　　D. 提货凭证

3. 在航空货物运输中,某集装器代号为 PAP2334CA,其中第三个字母"P"表示(　　)。

A. 集装器的底板尺寸　　B. 集装器的种类

C. 集装器所有人　　D. 集装器的外形以及与飞机的适配性

4. PAP1100CA,其中第一个字母 P 代表(　　)。

A. 注册的飞机集装器　　B. 非注册的飞机集装器

C. 注册的飞机集装板　　D. 非注册的飞机集装板

5. 在航空货物运输中,某集装器代号为 PAP2334CA,其中第二个字母"A"表示(　　)。

A. 集装器的底板尺寸　　B. 集装器的种类

C. 集装器的所有人　　D. 集装器的外形以及与飞机的适配性

6. 某集装箱代号为 AKA1234CZ，该集装箱属于(　　)。

A. 南方航空公司　　B. 东方航空公司

C. 国际航空公司　　D. 海南航空公司

7. 某集装箱代号为 AKG1234MU，该集装箱属于(　　)。

A. 南方航空公司　　B. 东方航空公司

C. 国际航空公司　　D. 中国航空公司

8. 航空货运中的特殊操作代码 PER 的中文含义是(　　)。

A. 活动物　　B. 易腐货物　　C. 食品　　D. 航材

9. 在航空货运单中，危险品处理费代码表示为(　　)。

A. AWA　　B. CHA　　C. RAC　　D. SUA

10. 航空货运中的特殊操作代码 EAT 的中文含义是(　　)。

A. 活动物　　B. 航材　　C. 食品　　D. 干冰

11. 日本大阪关西国际机场的三字代码是(　　)。

A. KIX　　B. ORD　　C. KAN　　D. NRT

12. 航空运输中，如发生货损货差，根据《华沙公约》规定，最高赔偿为每千克货物(　　)。

A. 15 美元　　B. 20 美元　　C. 30 美元　　D. 40 美元

13. 由于航空货运单所填内容不准确、不完全，致使承运人或其他人遭受损失，(　　)负有责任。

A. 托运人　　B. 承运人　　C. 代理人　　D. 机场服务人员

**二、多项选择题**

1. 航空货运代理公司在接收货物时出现下列哪些问题，可以向航空公司申请开具商务事故证明？(　　)

A. 纸箱开裂　　B. 木箱上防震、防倒置标志泛红

C. 无包装货物金属管折弯　　D. 木箱完好，内部机器无法使用

2. 在航空货运中，下面哪些货物可以混运？(　　)

A. 塑料玩具　　B. 活动物　　C. 衣服　　D. 金表

3. 在航空货运中，必须预订舱位的货物有(　　)。

A. 活螃蟹　　B. 活鹦鹉　　C. 皮鞋　　D. 打火机

4. 国际航空货运代理涉及的当事人包括(　　)。

A. 发货人　　B. 收货人　　C. 航空公司　　D. 航空货运公司

5. 在国际航空运输当中，某货运代理人从不同货主处接收了下列货物，其中可以拼装成一票货运输的是(　　)。

A. 工业钻石　　B. 普通电器元件　　C. 运动鞋　　D. 大使馆的邮件

6. 航空集装器包括(　　)。

A. 集装板和网套　　B. 结构集装棚

C. 非结构集装棚　　D. 集装箱

7. 在航空运输中，需要事先订妥全程吨位的货物有(　　)。

A. 蛋白石　　B. 服装　　C. 黑猩猩　　D. 易腐货物

8. 每个活动物容器上至少贴(　　)。

A. 活动物标签　　B. 危险品标签

C. 不可倒置标签　　D. 有毒标签

9. 下面的货物属于航空运输当中的贵重货物有(　　)。

A. 股票　　B. 金表　　C. 人工养殖珍珠　　D. 公司文件

10. 下列货物中(　　)不得以集中托运形式运输。

A. 贵重物品　B. 活动物　C. 尸体、骨灰　D. 外交信袋

11. 下列城市属于 IATA 三个航空运输业务区中的 TC3 区的有(　　)。

A. 伦敦　B. 开罗　C. 大阪　D. 釜山

12. 相对于其他交通运输方式,以下属于航空货运的优势有(　　)。

A. 快速　B. 破损率低　C. 载重少　D. 运价高

**三、判断题**

1. 在空运情况下,通常大货、重货装在集装箱内;体积较小、重量较轻的货物装在集装板上。(　　)
2. 填写空运托运书时,若机场名称不明确,可填城市名称。(　　)
3. 在国际航空货物运输当中,托运人在填写托运书中品名栏目时可填写“样品”“部件”。(　　)
4. 运送航空货物可用带有碎屑、草末等材料做包装,如草袋、粗麻包等。(　　)
5. 活动物在航空运输过程中,由于自然原因而发生的病、伤或死亡,承运人不负责任。(　　)
6. 在航空货物运输中,活动物的运输也可以办理运费到付。(　　)
7. 航空集中托运的每一件货物既要有航空公司标签,还要有分标签。(　　)
8. 集装箱是航空货运中的唯一的集装设备。(　　)
9. 填制航空货运单必须用英文大写字母。(　　)
10. 航空主运单的“发货人”栏和“收货人”栏必须列明真正的托运人和收货人。(　　)

**四、简答题**

1. 简述空运集装设备的种类。
2. 简述空运集装器代号的组成。
3. 简述空运集装货物的基本原则。
4. 何为航空运输体积重量、计费重量。
5. 简述国际航空货物的费用构成。
6. 简述航空货运单的作用。

**五、计算题**

Routing: SHANGHAI, CHINA(SHA)

TO PARIS, FRANCE(PAR)

Commodity: CHILDREN BOOKS

Gross Weight: 485.0KGS

Dimensions: 20 PIECES EACH 73×67×23 CM,

公布运价如下:

| | | | |
|---|---|---|---|
| SHANGHAI | CN | | SHA |
| Y. RENMINBI | CNY | | KGS |
| PARIS | FR | M | 320 |
| | | N | 66.20 |
| | | 45 | 45.22 |
| | | 100 | 41.22 |
| | | 500 | 32.02 |
| | | 1 000 | 30.71 |

# 项目四　陆运操作

**知识目标**

◆ 了解公路货物运输和国际铁路货物运输的业务特点

◆ 理解陆运货物的操作流程

◆ 熟悉常见铁路口岸

**能力目标**

◆ 能够缮制铁路运单

◆ 能够完成内地与港澳地区铁路货物的操作

◆ 能够完成公路、铁路货物进口或出口的操作

**思政目标**

◆ 认识公路、铁路运输跨越式发展，坚定“四个自信”

◆ 培育陆运代理行业的职业责任感和敬业精神

**重点难点**

◆ 熟悉公路、铁路货物进出口操作流程

◆ 理解运单的内容及相关条款

**任务引入**

上海某货运代理公司接到一批出口乌兹别克斯坦的家用电器设备运输业务，负责操作的业务员小王应该如何完成这项工作呢？通过本项目的学习，你应当能够了解通过何种途径将该批货物按外方要求平安送达。

## 任务一　公路普通货物运输

### 一、公路运输

(一)公路运输的概念

公路运输又称道路汽车运输，是发展最快、应用最广、地位日趋重要的一种运输方式。自1855年德国K. 本茨研制成以内燃机作动力的汽车以来，汽车运输迅速发展，逐渐成为铁路运输的强大竞争对手。在某些国家，它已取代铁路运输，在运输中占主导地位。

(二)公路运输的特征

与其他的运输方式相比，公路运输有如下特征：

1. 机动、灵活、可实现门到门运输

汽车不仅是其他运输方式的接运工具,而且可直达运输,减少中转环节及装卸次数,可以深入广大的城镇和农村。汽车运输在运输时间上的机动性也比较大。汽车运输还对运量、批量大小具有很强的适应性。

2. 货损货差小,安全性不断提高

随着人民生活水平的提高,货物结构中高价值的生活用品,如家用电器、日用百货、鲜活易腐货物比重增加,这些货物使用汽车运输能保证质量,及时送达。对于高价值的货物来说,汽车运输运价虽偏高,但在其总成本中所占的比重仍较小,而且可以从减小货损、货差、及时供应市场中得到补偿。随着公路运输网的建设和发展,公路的等级不断提高,混合行驶的车道将会越来越少。科学技术的发展,也使汽车的技术性能不断改善,公路运输的安全性也有较大的改善。

3. 速度快

由于汽车运输灵活、方便,可以实行门到门的直达运输,不需中途倒装换载,因而在中短途运输中其送达速度快,可以加速资金的周转,有利于保持货物的质量和提高运输的时间价值。

4. 投资少,资金周转快,回收期短

与其他运输方式相比,汽车车辆购置费较低,原始投资回收期短。美国有关研究资料表明:公路货运企业每收入 1 美元,仅需投资 0.72 美元,而铁路则需投资 2.7 美元。公路运输的资本每年可周转 3 次,铁路则需 3～4 年周转 1 次。

5. 改造容易

汽车运输在载货吨位、品种、技术性能、专用车种类等方面都有了很大的改进和提高,能够较好地满足社会经济发展对运输的需要。

6. 运输是实现货物门到门运输的重要组成部分

在以集装箱为媒介的海运、陆运(铁路和公路运输)与空运的多种方式的联合运输中,为了保证联运货物运送过程能及时衔接,实现门到门的运输目标,公路运输必不可少。

7. 陆地边境贸易多依靠公路运输

我国陆地广阔,与朝鲜、俄罗斯、蒙古、哈萨克斯坦、印度、尼泊尔、巴基斯坦、吉尔吉斯斯坦、缅甸和越南等国毗邻,同上述国家之间的货物运送有相当部分是通过公路运输来完成的。长期以来,公路运输为发展我国与周边国家和地区的经济贸易联系提供了十分有利的条件,它是我国与周边国家和地区之间重要的运输方式之一。

当然,公路运输与其他运输方式相比也有一定的局限性:如载重量小,运价高,不适宜长途运输。此外,车辆在运行过程中震动较大,易造成货损货差事故。

**思政链接**

**大道如虹天地宽**

截止到 2020 年年底,我国公路通车里程约达 510 万公里,其中高速公路 15.5 万公里,居世界第一位,覆盖了 98.6%的 20 万人口以上的城市和地级行政中心。

> 世界最长跨海大桥、全长55公里的港珠澳大桥2018年10月23日开通，开车从中国香港到珠海的时间由过去的3个多小时缩减为半个多小时。工程创下多项世界之最，体现了一个国家逢山开路、遇水架桥的奋斗精神，体现了我国的综合国力和自主创新能力，也体现了我国勇创世界一流的决心。
>
> 2016年，我国正式加入《1975年国际公路运输公约》(TIR公约)。在我国已开放的77个国际公路口岸中，有73个口岸已开展国际道路运输业务，国际道路运输年过客量、过货量稳定在800万人次和5 000万吨以上水平。

## 二、整车货物运输

根据公路货物运输的规定，一次货物运输在3吨以上者可视为整车运输，如货物重量虽在3吨以下，但不能与其他货物拼装运输，需单独提供车辆办理运输，也可视为整车运输，但以下货物必须按整车运输。

(1)鲜活货物，如冻肉、冻鱼、鲜鱼，活的牛、羊、猪、兔，蜜蜂等；

(2)需用专车运输的货物，如石油、烧碱等危险货物，粮食、粉剂的散装货等；

(3)不能与其他货物拼装运输的危险品；

(4)易于污染其他货物的不洁货物，如炭黑、皮毛、垃圾等；

(5)不易于计数的散装货物，如煤、焦炭、矿石、矿砂等。

整车货物运输托运、受理的主要方法有：

(1)登门受理。运输部门派人员去客户单位办理承托手续。

(2)下产地受理。在农产品上市时节，运输部门下产地联系运输事宜。

(3)现场受理。在省、市、县等召开物资分配、订货、展销、交流会议期间，运输部门在会场设立临时托运或服务点，现场办理托运。

(4)驻点受理。对生产量较大，调拨集中，对口供应，以及货物集散的车站、码头、港口、矿山、油田、基建工地等单位，运输部门可设点或巡回办理托运。

(5)异地受理。企业单位在外地的整车货物，运输部门根据具体情况，可向本地运输部门办理托运、要车等手续。

(6)电话、传真、信函网上托运。经运输部门认可，本地或外地的货主单位可用电话、传真、信函网上托运，由运输部门的业务人员受理登记，代填托运单。

(7)签订运输合同。根据承托双方签订的运输合同或协议，办理货物运输。

(8)站台受理。货物托运单位派人直接到运输部门办理托运。

### (一)整车货物的托运、受理

在公路货物运输中，货物托运人向公路运输部门提出运送货物的要求称为托运；公路运输部门接受货物运输的行为称为受理，也称承运。公路货物的托运与受理一方面能为货主解决生产、销售、进出口运输需要，另一方面也使运输部门有了充足的货源，满足运力的需要。整车货物的托运受理工作程序如下。

#### 1. 货物托运人签填托运单

货物托运单(无论整车、零担、联运)是承托双方订立的运输合同或运输合同证明，明确规定了货物承运期间双方的权利、责任。货物托运单的主要作用有以下4点：

(1)托运单是公路运输部门开具货票的凭证;

(2)托运单是调度部门派车、货物装卸和货物到达交付的依据;

(3)托运单在运输期间发生运输延滞、空驶、运输事故时是判定双方责任的原始记录;

(4)托运单是货物收据、交货凭证。

整车货物的托运单一般由托运人填写,也可委托他人填写,并应在托运单上加盖与托运人名称相符的印章,托运单的填写有严格的要求:

(1)内容准确完整,字迹清楚,不得涂改,如有涂改应由托运人在涂改处盖章证明;

(2)托运人、收货人的姓名、地址应填写全称,起运地、到达地应详细说明所属行政区;

(3)货物名称、包装、件数、体积、重量应填写齐全。

2. 托运单内容的审批和认定

公路运输部门收到由货物托运人填写的托运单后,应审批托运单的内容,审批内容如下:

(1)审核货物的详细情况(名称、体积、重量、运输要求),以及根据具体情况确定是否受理。通常下列情况运输部门不予受理:

①法律禁止流通的物品,或各级政府部门指令不予运输的物品;

②属于国家统管的货物,或经各级政府部门列入管理的货物,必须取得准运证明方可出运。

③不符合《危险货物运输规则》的危险货物;

④托运人未取得卫生检疫合格证明的动、植物;

⑤托运人未取得主管部门准运证明的属规定的超长、超高、超宽货物;

⑥必须由货物托运人押送、随车照料,而托运人未能做到的货物;

⑦由于特殊原因,以致公路无法承担此项运输的货物。

(2)检验有关运输凭证。货物托运应根据有关规定同时向公路运输部门提交准许出口、外运、调拨、分配等证明文件,或随货同行的有关票证单据,一般分为:

①根据各级政府法令规定必须提交的证明文件;

②货物托运人委托承运部门代为提取货物的证明或凭据;

③有关运输该批(车)货物的质量、数量、规格的单据;

④其他有关凭证,如动、植物检疫证,超限运输许可证,禁通路线的特许通行证,关税单证等。

(3)审批有无特殊运输要求,如运输期限、押运人数,或承托双方议定的有关事项。

3. 确定货物运输里程和运杂费

对货物运输的计费里程和货物的运杂费由货物受理人员在审核货物托运单的内容后认定。

4. 托运编号及分送

托运单认定后,应将托运单按编定的托运号码告知调度、运务部门,并将结算通知交货主。

5. 托运、受理的要求

托运、受理工作应做到:

(1)托运人、收货人名称以及联系人、地址、电话要准确;

(2)起讫站名、装卸货物地址要详细;

(3)货物名称、规格、性质、状态、数量、重量应齐全、准确;

(4)应选择合理的运输路线;

(5)有关证明文件、货运资料应齐全;

(6)危险货、特种货应说明运输要求、采取的措施以及预防的方法;

(7)运费结算单的托收银行、户名、账号要准确。

(二)整车货物的核实理货

货物的核实理货工作一般有受理前的核实和起运前的验货。受理前的核实是在货方提出托运计划并填写货物托运单后,运输部门派人会同货方进行,核实的主要内容有:

(1)托运单所列的货物是否已处于待运状态;

(2)装运的货物数量、发运日期有无变更;

(3)连续运输的货源有无保证;

(4)货物包装是否符合运输要求,危险货物的包装是否符合《危险货物运输规则》的规定;

(5)确定货物体积、重量的换算标准及其交接方式;

(6)装卸场地的机械设备、通行能力;

(7)运输道路的桥涵、沟管、电缆、架空电线等的详细情况。

货物起运前的核实工作称为理货或验货,其主要内容有:

(1)承、托双方共同验货;

(2)落实货源、货流;

(3)落实装卸、搬运设备;

(4)查清货物待运条件是否变更;

(5)确定装车时间;

(6)通知发货、收货单位做好过磅、分垛、装卸等准备工作。

(三)整车货物的监装和监卸

1. 货物的监装

车辆到达装货地点,监装人员应根据货票或运单填写的内容、数量与发货单位联系发货,并确定交货办法。散装货物根据体积换算标准确定装载量,件杂货一般采用以件计算。

在货物装车前,监装人员应注意并检查货物包装有无破损、渗漏、污染等情况,一旦发现,应与发货单位商议修补或调换,如发货单位自愿承担因破损、渗漏、污染等引起的货损,则应在随车同行的单证上加盖印章或作批注,以明确其责任。装车完毕后,应清查货位,检查有无错装、漏装,并与发货人员核对实际装车的件数,确认无误后,办理交接签收手续。

2. 货物的监卸

货物监卸人员在接到卸货预报后,应立即了解卸货地点、货位、行车道路、卸车机械等情况。在车辆到达卸货地点后,应同收货人员、驾驶员、卸车人员检查车辆装载有无异常,一旦发现异常,就应做出卸车记录后再开始卸车。

卸货时应根据运单及货票所列的项目与收货人点件或监秤记码交接。如果发现货损货差,则应按有关规定编制记录并申报处理。收货人可在记录或货票上签署意见但无权拒收货物。交货完毕后,应由收货人在收货回单联上签字盖章,公路承运人的责任即告终止。

(四)整车货物的运输变更

整车货物的运输变更通常是货物托运人或收货人对运输中的货物因特殊原因对运输提出的变更要求,主要有:

(1)取消运输要求,即货物已申请托运,但尚未装车;

(2)停止装运,即已开始装车或正在装车,但尚未起运;

(3)中途停运,即货物未运抵目的地前,并能通知停运的;

(4)运回起运站,即货物已运抵到站,在收货人提货之前收回;

(5)变更到达站,即在车辆运输所经过的站别范围内或在原运程内;

(6)变更收货人。

运输变更无论是整车或零担,均以一张货票记载的全部货物为限。

整车货物运输变更的手续,应由货物托运人提出运输变更的申请书和其他有效的证明文件,填写变更申请书,说明货物运输变更原因,加盖与原托运单上相同的盖章,审查只有在货物运输变更内容不违反有关规定的情况下予以办理。

### 三、零担货物运输

公路零担货物运输按其性质和运输要求可分为普通零担货物和特种零担货物。普通零担货物是指《公路价规》中列出的、适于零担汽车运输的普通货物。特种零担货物则分长、大、笨重零担货物,危险、贵重零担货物,以及特种鲜活零担货物等。

(一)零担货物的托运受理

零担货物的办理内容包括:受理托运、检货过磅、验收入库、开票收费、配运装车、卸车保管、提货交付。零担货物托运受理应具备如下条件。

1. 托运受理的方法

(1)站点受理,即由货主送货到站、到站办理托运手续;

(2)上门受理,即由车站指派业务人员到托运单位办理托运手续;

(3)预约受理,即与货主约定日期送货到站或上门提取货物。

2. 托运单的填写与审核

公路零担货物托运单一式两份,一份由起运站存查,另一份则于开票后随货同行。凡货物到站在零担班车运输路线范围内的,则称为直线零担,可填写“零担货物托运单”。如需要通过中转换装的,称联运零担,可填写“联运货物托运单”。填写托运单时应注意:

(1)填写的内容齐全、完整、准确,并注明提货方式;

(2)填写的货物名称应用常见的通俗易懂的名称,不可用代号、字母代替;

(3)如有特殊事项在发货人事栏内记载外,还必须向受理人员做书面说明。

在审核托运单时应注意:

(1)检查并核对托运单内容有无涂改,对涂改不清的则要求重新填写;

(2)审核到站与收货人地址是否相符,以免误运;

(3)鉴别货物的品名、属性,避免造成货运事故;

(4)同一批货物且多种包装的应认真核对,以免错提错交;

(5)对托运人在声明栏内填写的内容应特别注意,如要求的内容无法办理则应予说明。

(二)零担货物的配运装车

零担货物在配运装车时应注意:

(1)整理各种随货同行的单据,其中包括提货联、随货联、托运单、零担货票及其他随送单据。

(2)根据运输车辆核定吨位、容积、货物的理化性质、形状、包装等合理配装,并编制货物交接清单。

(3)货物装车前,货物保管人员将接受的货物按货位、批量向承运车辆的随车人员或驾驶员和装车人员交代货物的品名、件数、性能，以及具体装车要求。

(4)中途装卸零担货物，应先卸后装，无论是卸货进仓或是装货上车均应按起点站装卸作业程序办理。

(5)起运站与承运车辆，应根据“零担货物装车交接清单”办理交接手续，并按交接清单有关栏目逐批点交。交接完毕后，由随车理货人员或驾驶员在交接清单上签收。交接清单以一站一车为原则。

(三)零担货物的卸车交货

零担班车到站后，对普通到货零担及中转联运零担分别理卸。并根据仓库情况，除将普通到货按流向卸入货位后，对需要中转的联运货物，应办理中转手续。零担货物的卸车交货应注意：

(1)班车到站时，车站货运人员应向随车理货员或驾驶员索阅货物交接清单，以及跟随的有关单证，并与实际装载情况核对，如有不符应在交接清单上注明。

(2)卸车时，应向卸车人员说明有关要求和注意事项，然后根据随货同行的托运单、货票等逐批、件验收，卸车完毕后，收货员与驾驶员或随车理货员办理交接手续，并在交接清单上签字。

(3)卸车完毕后，对到达的货物写入“零担货物到达登记表”，并迅速以到货公告或到货通知单催促收货人前来提货。

(4)交货完毕，公路运输的责任即告终止。

另外，交货时还应注意：

(1)不能以白条、信用交付货物；

(2)在凭货票提货交付货物时，应由收货人在提货联上加盖与收货人名称相同的印章并提出有效证明文件；

(3)若凭到货通知单交付货物，收货人在到货通知单上加盖与收货人名称相同的印章，并验看收货人的有效证明，并在货票提取联上由提货经办人签字交付；

(4)凭电话通知交付时，则凭收货人提货证明，并经车站认可后由提货经办人在货票提货联上签字交付；

(5)若委托他人代提货，则应向车站提交有收货人盖有相同印章的委托书，经车站认可后，由代提货的人在货票提货联上签章交付。

小链接

**国际公路运单**

在国际公路运输业务中，国际公路货运单即为国际公路运输的合同的具体表现形式。《国际公路货物运输合同公约》中对“运单”所下的定义是：运单即运输合同，是承运人收到承运货物的初步证据和交货凭证。公路运输合同是以运单的签发来确认，它对发货人、收获人和承运人都具有法律效力。运单正本一般一式三份，第一份发给发货人，第二份随货转移，第三份由承运人留存。

国际公路运单的作用主要有：承运人收到货物的证明；进出口货物的报关单证和交货凭证；记录车辆运行的原始凭证等。同时，国际公路运单还是发生货运事故时，承运人与收发货人解决纠纷的原始依据。公路运单与海运提单的重要区别在于，它不是物权凭证，因此不可转让。

# 任务二 公路特种货物运输

## 一、危险货物运输

由于危险货物具有特殊的理化性质，防护不当极易发生事故，因此为了确保运输安全，公路运输部门在托运、承运、运送、装卸、保管等方面，必须严格按有关法规和操作规程作业。

（一）危险货物运输的条件

按我国《公路危险货物运输管理规定》中的要求，从事公路危险货物运输的单位，必须拥有能保证安全运输危险货物的相应设施设备。从事营业性公路危险货物运输的单位，必须具有十辆以上专用车辆的经营规模，五年以上从事运输经营的管理经验，配有相应的专业技术管理人员，并已建立健全安全操作规程、岗位责任制、车辆设备保养维修和安全质量教育等规章制度。

直接从事公路危险货物运输、装卸、维修作业和业务管理的人员，必须掌握危险货物运输的有关知识，经当地地（市）级以上公路运政管理机关考核合格，发给《公路危险货物运输操作证》，方可上岗作业。

运输危险货物的车辆、容器、装卸机械及工具，必须符合交通部《汽车危险货物运输规则》规定的条件，经公路运政管理机关审验合格。

（二）托运要求

托运要求包括：必须向已取得公路危险货物运输经营资格的运输单位办理托运；必须在托运单上填写危险货物品名、规格、重量、件数、包装方法、起运日期、收发货人详细地址及运输过程中的注意事项；货物性质或灭火方法相抵触的危险货物，必须分别托运；对有特殊要求的危险货物，必须附有相关单证，并在托运单备注栏内注明；托运未列入汽车运输危险货物品名表的危险货物新品种，必须提交危险货物鉴定表。

（三）承运人要求

根据托运人填写的托运单和提供的有关资料，予以查对核实，必要时应组织承托双方到货物现场和运输线路实地勘察，其费用由托运人负担；承运爆炸品、剧毒品、放射性物品及需控温的有机过氧化物、使用受压容器罐（槽）运输烈性危险品，以及危险货物月运量超过 100 吨，均应于起运前 10 天，向当地公路运政管理机关报送危险货物运输计划，包括货物品名、数量、运输线路、运输日期等；在装运危险货物时，要按《汽车危险货物运输规则》规定的包装要求，严格检查。凡不符合规定要求，不得装运。危险货物性质或灭火方法相抵触的货物严禁混装；运输危险货物的车辆严禁搭乘无关人员，运行中司乘人员严禁吸烟，停车时不准靠近明火和高温场所；运输结束后，必须清扫车辆，消除污染，其费用由货主负担。

## 二、大件货物运输

（一）大件货物运输的概念

大件货物运输是指因单件货物的体积、重量的要求，需要大型或专用汽车运输的一种特殊货运业务。按交通运输部《公路大型物件运输管理办法》，符合下列条件之一的货物是指大件货物：一是货物长度 14 米以上或宽度在 3.5 米以上或高度在 3 米以上的货物；二是货物重量在 20 吨以上的单体货物或不可解体的成组（捆）货物。在我国境内公路上运载大型物件的运输称为公路大型物件运输。大件货物虽然在货物总量中所占的比重不大，但由于这类货物在体积、质量上超过普通车辆允许的载重条件，甚至于超过了公路、桥涵的技术要求，因此对运输安全、运输质量和效率等产生突出的影响。为此，组织好大件货物的运输是十分重要的。

我国对大件货物具体分为四级，并根据设备、人员等条件，将大件货运企业也分为四类，不同类别的企业从事不同级别的大件货运，对大件货运的安全起到重要的保障作用。

（二）大件货物运输的组织

大件货物托运人在办理托运时，必须向已取得公路大件物件运输经营资格的运输业户或其代理人办理托运；必须在运单上如实填写大件物件的名称、规格、件数、件重、起运日期、收发货人详细地址及运输过程中的注意事项。

大件物件承运人在受理托运时，要根据托运人填写的运单和提供的有关资料，予以查对核实；承运大件物件的级别必须与批准经营的类别相符，不准受理经营类别范围以外的大件物件；承运人应根据大件物件的外形尺寸和车货重量，在起运前会同托运人勘察作业现场和运行路线，了解沿途公路线形和桥涵通过能力，并确定运输组织方案。涉及其他部门的应事先向有关部门申报并征得同意，方可起运；大件货物运输的装卸作业时，应根据托运人的要求、货物的特点和装卸操作规程进行作业；应按有关部门核定的路线行车。白天行车时，悬挂标志旗；夜间行车和停车休息时装设标志灯。

## 三、鲜活易腐货物运输

（一）鲜活易腐货物运输的特点

鲜活易腐货物一般具有以下特点：一是季节性强，运输量变化大，如水果等，在上市季节运量大增且随着自然条件和气候影响的变化，产量会有波动。二是沿途需要特殊照顾，如牲畜、花木等，如果不针对各自的特殊需要加以照顾，则会出现严重的后果。三是运送时间紧迫，鲜活易腐货物具有及时、迅速运输到目的地，才能在减少路途损失的同时抓住市场销售机会。因此，安全、快速是鲜活易腐货物运输的根本要求。

（二）鲜活易腐货物运输的组织

在鲜活易腐货物运输过程中，要充分掌握这类货物的特性，从运输工具、人力、技术、操作规程等方面严格要求，确保运输的安全和质量。在承运时，应认真检查托运货物的质量、状态，要求质量鲜活，包装合理，对不合规定的货物不予承运。要根据货物的特点，合理安排车辆，科学装卸和保管。由于鲜活易腐货物种类较多，因此，在运输过程中要根据不同货物的特点，采取不同的措施。如在运输食品时，车辆及工作人员的工作行为都应符合卫生要求，防止污染。在运输牲畜时，应由专人沿途照管，车辆应消毒、通风，有利于牲畜的生存。

## 四、集装箱货物运输

（一）公路集装箱货源组织

集装箱公路运输由于其货物的包装形态发生了质的变化，因此其货物的装卸、运输过程（即流程）也将发生变化。就其货物运输的流转程序来说，出口集装箱货物必须是先将分散的小批量货物预先汇集在内陆地的仓库或货运站内，然后组成大批量货物以集装箱形式运到码头堆场，或者由工厂、仓库再将货物整箱拖运到码头堆场。进口集装箱货物如果是整箱运输的，将直接送往工厂或仓库掏箱，如果是拼箱运输的，将箱子送到仓库或货运站拆箱后再分送。

这一种货物的运送方式与传统的运输运送方式相比有着很大的不同。首先，它的运送路线更简单、方便，一般都在固定的几个仓库或货运站、堆场，这对集装箱运输规模化、标准化创造了有利的条件。其次，它的作业方式将更容易实现机械化和程序化，为开展集装箱码头堆场、货运站直至仓库之间的拖挂车运输打下了良好的基础，这对提高集装箱公路运输效率有重要意义。就其货物的装卸流程来说，集装箱货物分整箱货和拼箱货两种，整箱货是由发货人自行装箱，拼箱货是由集装箱货运站负责装箱。这与传统的件杂货装卸有很大的区别。一方面，从装卸业务上来看，明确规定了整箱货由货主自行装箱，拼箱货由货运站负责，这就从根本上解决了以往公路运输单位装卸造成质量差的老大难问题。另一方面，从管理上来看，由货主或货运站装箱。拆箱也更便于实现专业化、熟练化。集装箱货物装卸流程的变化也使各环节中的责任划分更加明确。

1. 货源组织的客观性与主观性

集装箱货源的客观性是指集装箱货源受国家政策的影响很大，涉及国家对外贸易的发展和集装箱化的比例，同时还受到货主、货运代理以及船公司等各种变化的影响，因此从公路集装箱运输货源来说，其平衡性和稳定性只是相对的、暂时的。由于货源的不平衡，对运输的需求也是经常处于不稳定的状态，因此集装箱公路运输在时间上和方向上都存在一定的不均衡性。表现在货物的流量上，月度、季度或各旬间有很大差异，上行和下行也存在很大差异。所以说，集装箱货源运输的客观因素在一定程度上左右了公路集装箱运输的发展。

2. 集装箱货源组织形式

集装箱货源组织的形式第一种是计划调拨运输，就是由公路运输代理公司配载中心统一受理由口岸进出口的集装箱货源，由代理公司或配载中心根据各集卡公司(车队)的车型、运力，以及基本的货源对口情况，统一调拨运输计划。计划运输是保证集装箱公路运输正常发展的前提，也是保证企业效益的主要支柱。同时，计划运输对公路集装箱运输的运力调整和结构调整起着指导作用。

合同运输是集装箱公路运输的第二种货源组织形式。在计划调拨运输以外或有特殊要求的情况下可采用合同运输形式。由船公司、货运代理或货主直接与集卡公司(车队)签订合同，确定某一段时间运箱量的数量。这尽管是计划外的，但是长期的合同运输事实上也列入运输之列，这对稳定货源、保证计划的完成同样具有积极意义。

第三种货源组织形式是临时托运。临时托运可视为小批量的、无特殊要求的运输。这一般不影响计划运输和合同运输的完成。这主要是一些短期的、临时的客户托运的集装箱，但这也是集(车队)组货的一个不可缺少的货源组织形式。

3. 集装箱公路运输货源组织的手段

(1)委托公路运输代理公司或配载中心组货。这应该被看作是主要的货源渠道，这是因为集装箱公路运输代理公司或配载中心一旦成立并发挥职能，其货源组织的能量就不可低估。这不仅在于作为专门的公路集装箱货运代理与集装箱运输有关单位有密切的联系，业务上熟悉，商务上也便于处理，更重要的是，对客户要方便得多。这在事实上将提高其知名度，反过来其业务量也将随之增大。

(2)建立营业受理点。委托集装箱公路运输代理公司或配载中心受理集装箱托运业务，并不排斥各自(车队)的主要货主、码头、货运站设立营业受理点。这有几个好处：

①能及时解决一些客户的急需或特殊需要；

②作为集卡(车队)在现场营业室，办理托运，能更快地了解、掌握集装箱运输市场的信息

动态,从而为其运输经营提供依据;

③允许适度的竞争对搞活集装箱运输市场是必要的,但是各集卡(车队)设立营业点必须行为规范,严格执行运价规定,并负责所产生的一切后果。

(3)及时了解港区、货代、货主的情况。这也是一个组货的好渠道,要与他们保持密切的联系,随时掌握他们手中的货源,并争取直接了解客户产销和对集装箱运输的需求。这种方式主要帮助客户解决运输疑难问题,与其确立稳定的业务关系。

(二)公路集装箱业务程序

由于集装箱公路运输在其多式联运中所具有的特点和作用,因此,有必要予以确定集装箱公路运输的货运形式及其业务范围。在这里,我们所能讨论的也仅限于多式联运(国内段)的公路运输的货运形式和业务范围。货运形式主要有以下几个方面:

(1)整箱的港到门直达运输;

(2)整箱的港到站至堆场运输;

(3)整箱的门到港直达运输;

(4)整箱的门到场或站运输;

(5)空箱的场到门或站到门运输;

(6)空箱的站到场或场到站运输;

(7)空箱的站到站或场到场运输。

公路集装箱进口货运业务主要有以下方面:

(1)编制进口货运量计划。根据港务局提供的船期动态表以及船公司或货运代理提供的进口箱数,结合本公司运力编制运量计划。

(2)接受汽车托运。货主或其代理向集卡公司提出进口集装箱陆上运输申请,集卡公司在了解箱内货物和卸货地点情况后,符合条件的接受托运。

(3)申请整箱放行计划。集卡公司在接受托运之后,应向联合运输营业所申请整箱放行计划,拆箱货应由陆上运输管理处批准。

(4)安排运输作业计划。集卡公司应根据"先重点后一般"原则,合理安排运输计划,如遇超重箱或超标准箱应向有关部门申请超限证,跨省运输则应开具路单等。

(5)向码头申请机构提出理货、卫检等申请。无论整箱还是拆箱应及时向港区提出作业申请,由港区根据需要配备机械和人力。集卡公司还应代收货人提出理货、卫检或一些特殊需要的申请。

(6)从堆场提取重箱。集卡公司在取得放行单和设备交接单后应到指定地点提取重箱,并办理出场集装箱设备交接单。

(7)交箱。集装箱送至收货人处拆箱时,需由理货公司派员理货。货主接收货物后,在交接单上签收、集卡运输责任才告结束。

(8)空箱回运。集装箱空箱应按指定时间、地点送回,在交接空箱时,应凭设备交接单办理集装箱交接。

出口集装箱业务主要有以下方面:

(1)掌握货源。集卡公司应广泛开展货源组织工作,掌握船公司和货运代理近期内待装运的箱源,预先做好运力安排。

(2)接受托运。集卡公司在了解掌握待装货物和装箱地点情况后,符合条件的予以承运并订立运输契约。

(3)安排作业计划。接受托运后，应及时编制作业计划。超重、超限、跨省运输应向有关部门申请。

(4)根据所承运的货物应在前一天向码头申请设备。

(5)领取空箱。集卡公司凭签发的出场集装箱设备交接单和搬运单到指定地点提取空箱。

(6)装箱和送交重箱。空箱在托运人处装箱，经过理货公司理货，由装箱人提供装箱单，集卡公司将重箱连同装箱单、设备交接单到指定港区交付，并办理集装箱设备交接。

**微型案例**

某大型集装箱汽车在转弯处因车速太快，致使集装箱从车上甩出，倒翻下地将正常行驶的骑自行车人撞伤，该车驾驶员负全责。该集装箱车主根据交通巡逻警察大队“公路事故损害赔偿调解书”赔偿骑车行人 107 195.44 元。

该集装箱车主向保险公司投保了机动车辆损失险和第三者责任险，故向保险公司申请理赔，然而保险公司拒绝赔偿，车主作为原告向当地法院提起了诉讼。

【评析】

法院认为：原、被告之间具有订立保险合同的事实，原告所投保的集装箱汽车的确在保险期限内因车上所载集装箱倾翻落地致第三人伤害并做了赔偿的事实，法院予以确认。但法院同时认为，集装箱不属于专用运输车辆的所属部件，集装箱是一种装载货物，具有一定技术标准的专用运输设备，且集装箱的所有权不属于装载该箱的运输车辆业主。集装箱汽车在转弯处因车速过快，集装箱倾翻掉地致人伤害，属于“所载货物从车上掉下”，故保险公司不需赔付投保方，即集装箱车主。为防范该类风险，应在投保第三者责任险的基础上，加投车载货物掉落责任险。

## 任务三 铁路货运业务

### 一、铁路货运流程

(一)铁路货物运输基本条件

铁路货物运输分整车、零担、集装箱三种：如果一批货物的重量、体积或形状需要一辆以上货车运输的，应按整车托运；不够整车托运的，则按零担运输；符合集装箱运输条件的，则可办理集装箱托运。

下列货物不能按零担托运：

(1)需要冷藏、保温或加温运输的货物；

(2)根据规定应按整车办理的危险货物；

(3)易于污染其他货物的污秽品；

(4)蜜蜂；

(5)不易计数的货物；

(6)未装容器的活动物(铁路部门有按零担运输的办法者除外)；

(7)一件重量超过2吨,体积超过3立方米,或长度超过9米的货物(以始发站确认不致影响中转站或到站装卸车作业的除外)。

集装箱货物运输主要是将零担货物中适合集装箱运输的货物组织装箱,其要求:

(1)在铁路集装箱办理站办理运输;

(2)必须是适合集装箱装载运输的货物;

(3)必须符合一批办理的条件;

(4)由发货人、收货人负责装、拆箱;

(5)必须由发货人确定重量。

零担货物或使用集装箱运输的货物,以每张货物运单为一批。使用集装箱运输的货物,每批必须是同一箱型,至少一箱,最多不得超过铁路一辆货车所能装运的箱数。但下列货物不得按一批托运:

(1)易腐货物与非易腐货物;

(2)危险货物与非危险货物;

(3)根据货物性质不能混装运输的货物;

(4)运输条件不同的货物。

发货人、收货人或其代理人在办理货物的托运、领取、变更,或履行其他权利、义务时,应向车站提出委托书或能证明委托的介绍信。

(二)铁路货物的托运、受理、承运

传统的铁路货运业务在受理业务时,发货人必须提前到铁路货运营业点提交货物运单。近年来,随着铁路货运电子商务平台的建立,发货人已经能够在货运电子商务平台上实现线上提报订单,进一步提高了业务申请的效率。客户可登录中国铁路12306网站,点击“中国铁路货运电子商务平台”,进入各铁路公司货运电子商务平台,进入“我要发货”提报页面,直接提出运输需求。客户填写姓名、联系电话、货物信息、发到地点(站)等信息。点击保存后,系统产生查询码,并通过网页和手机短信反馈客户。需求提报成功后,铁路客服人员会尽快与客户联系,确认需求信息,并协助客户办理上货装运事宜。

对同一批托运的货物因货物种类较多,发货人不能在运单内逐一填记,或托运集装箱货物,以及同一包装内有两种以上的货物,发货人应提出货物清单一式三份,其中一份由发运站存查,一份随同运输票据递交到达站,一份退还发货人。对在货物运单和货物清单内所填记事项的真实性,发货人应负完全责任,谎报货物品名,则应按有关规定收取违约罚款。

对托运的货物,发货人应根据货物的性质、重量、运输要求,以及装卸等条件,使用便于运输、装卸,并能保证货物质量的包装。对有国家包装标准或专业包装标准的,应按其规定包装。对没有统一规定包装标准的,车站应会同发货人研究制定货物运输包装暂行标准。

发货人托运零担货物时,应在每件货物上标明清晰明显的标记。在使用拴挂的标记(货签)时,应用坚韧材料制作,在每件货物两端各拴挂、黏贴或钉固一个。不适宜用纸制作货签的货物,应使用油漆在货件上书写标记,或用金属、木质、布、塑料板等材料制成的标记。

零担和集装箱货物由发运站接收完毕,整车货物装车完毕,发运站在货物运单上加盖承运日期戳时即为承运。实行承运前保管的货物,对发货人交由车站的整车货物,铁路从接收时起负有承运前的保管责任。对办理海关、检疫手续及其他特殊情况的证明文件,以及有关货物数量、质量、规格的单据,发货人可委托铁路代递至到站交收货人。

（三）铁路货物的装车、卸车

凡在铁路车站装车的货物，发货人应在铁路指定的日期将货物运至车站，车站在接收货物时，应检查货名、件数、运输包装、标记等。对整车运输的货物如发货人未能在铁路指定的日期内将货物全部运至车站，则自指定运至车站的次日起至再次指定装车之日或将货物全部运出车站之日止。

铁路货物在车站内的装车和卸车工作由铁路负责，其他场所均由发货人或收货人负责。由发货人或收货人负责装卸车的货车，车站应将调车的时间通知发货人或收货人，发货人或收货人在装卸作业完毕后，将装卸完毕时间通知铁路车站。对由发货人或收货人负责组织装卸的货车，超过装卸时间规定或停留时间规定的，铁路应向发货人或收货人核收规定的延期使用费。

（四）铁路货物的到达、交付

凡由铁路负责卸车的货物，到达站应不迟于卸车完毕的次日内，用电话或书面向收货人发出催领通知，并在货票内说明通知的方法和时间。此外，收货人也可与到达站商定其他通知方法。收货人应于铁路发出或寄发催领通知次日起算，在两天内将货物提走，超过这一期限将收取货物暂存费。从铁路发出催领通知次日起（不能实行催领通知时，则从卸车完毕的次日起）满 30 天仍无人领取货物（包括收货人拒收，发货人又不提出处理意见的货物），铁路则按无法交付货物处理。

收货人在领取货物时，应出示提货凭证，并在货票上签字或盖章。在提货凭证未到或遗失的情况下，则应出示单位的证明文件，收货人在到达站办妥提货手续和支付有关费用后，铁路将货物连同运单一起交收货人。

（五）铁路货物运输期限

货物实际运输期限的起算时间从铁路承运货物的次日起算，终止时间由到站铁路负责卸车的货物则从卸车完毕时止。由收货人负责卸车的货物从货车调至卸车地点或货车交接地点时止。如果超过规定期限运输的货物，铁路应按所收运费的百分比向收货人支付延误运输罚款。

凡下列原因的发生造成铁路滞留的货运时间，应从实际运输日期中扣除：

（1）自然灾害、不可抗力；

（2）由于发货人的责任致使货物在运输途中换装、整理所致；

（3）因发货人、收货人要求运输变更所致；

（4）运输活的动物、运输途中的道路上所致；

（5）其他非铁路责任发生的。

（六）货物运输变更

发货人或收货人由于特殊原因，对铁路承运后的货物可向铁路提出运输变更要求，如变更收货人、变更到站等。但在提出运输变更时，发货人、收货人应提出货运凭证和运输变更要求书。如果不能提出货运凭证时，则应提出其他有效证明文件，并在货物运输变更书上注明。车站在处理变更时应在货票记事栏内注明变更的理由，更正运输票据车牌、标记（标签）等有关记载事项，并加盖车站日期戳或站名的印章。但下述情况铁路不办理运输变更：

（1）违反有关政府命令；

（2）违反货物流向，运输限制；

（3）重复变更到站；

(4)变更后的运输期限大于允许运输期限的变更。

铁路部门一旦受理货物运输变更,应按规定核收变更手续费。

(七)运输受阻

铁路部门在承运货物过程中,往往由于多种原因受阻,如自然灾害、不可抗力致使行车中断。一旦发生货物运输受阻,铁路部门对已承运的货物可绕道运输,或在必要时先将货物卸下,妥善保管,等恢复运输后再装车继续运输,所需装卸费用由铁路负担。对因货物的性质特殊,在绕道运输,或卸下再装车的过程中会造成货物损失时,铁路部门应联系发货人或收货人,要求其在合理时间内提出处理办法,在规定的时间内如没有答复,或因等候指示造成损失时,则可按无法交付货物处理,所得剩余价款通知发货人领取。

(八)货运事故处理

铁路部门应对货物由其保管、运输期间所发生的灭失、损害、有货无票或有票无货都应按批编制货运记录。在不能判明损害、灭失原因和程度时,铁路部门应在交付前联系收货人检查或申请检验,并按每一货运记录分别编制鉴定书。货物在运输过程中,如发现有违反政府命令或危及运输安全的情况,或铁路部门无法处理的意外情况,即应通知发货人或收货人处理。

发货人或收货人在向铁路部门提出赔偿时,应按批向到站提出赔偿书,并附货物运单、货运记录和有关证明文件。货物损失的赔偿价格,灭失时按灭失货物的价格,损坏时则按损坏货物所降低的价格。

(九)铁路部门与发货人、收货人的责任划分

铁路部门自承运货物时起至将货物交收货人时止,或依照有关规定将货物移交给其他机关企业时止的货物灭失、损害负赔偿责任。但下列原因造成的货物灭失、损害除外:

(1)自然灾害、不可抗力;

(2)货物自身性质引起的毁损、质变、短量等;

(3)货物包装不牢,承运时无法从外部发现,或未按国家规定在货物上标明包装储运指示标记;

(4)发货人自装的货物,或违反装载规定且交接时无法发现的;

(5)押运人未采取保证货物安全的措施;

(6)发货人或收货人的其他责任;

(7)由于发货人或收货人的责任,或押运人的过失致使铁路造成损失。

## 二、铁路货运运单操作

适合铁路运输的单证称作运单(见图4—1)。按照《国际铁路货运协定》第6条、第7条的规定,发货人在托运货物时,应对每批货物规定的格式填写运单和运单副本,并在填写后向始发站提出,在始发站承运货物(连同运单)时起,即认为运输合同业已订立。

运单随同货物从始发站至终点站全程运输,最后交收货人。运单既是铁路部门承运货物的凭证,也是铁路方面的终点站向收货人核收运杂费和交货的依据。运单不是物权凭证,不能转让买卖。运单副本在铁路部门加盖戳记证明合同业已订立后,应退还给发货人。运单副本虽然不具有运单的效力,但按我国与国际货协国所签订的贸易交货共同条件的规定,运单副本是卖方通过有关银行向买方结算货款的主要单证之一。

发货人在填写运单时,必须对运单内容的填写、申报的准确性负责,由于发货人填写或申报过失,如不准确、不完整、不确切、漏写等引起的一切后果,由发货人负责。

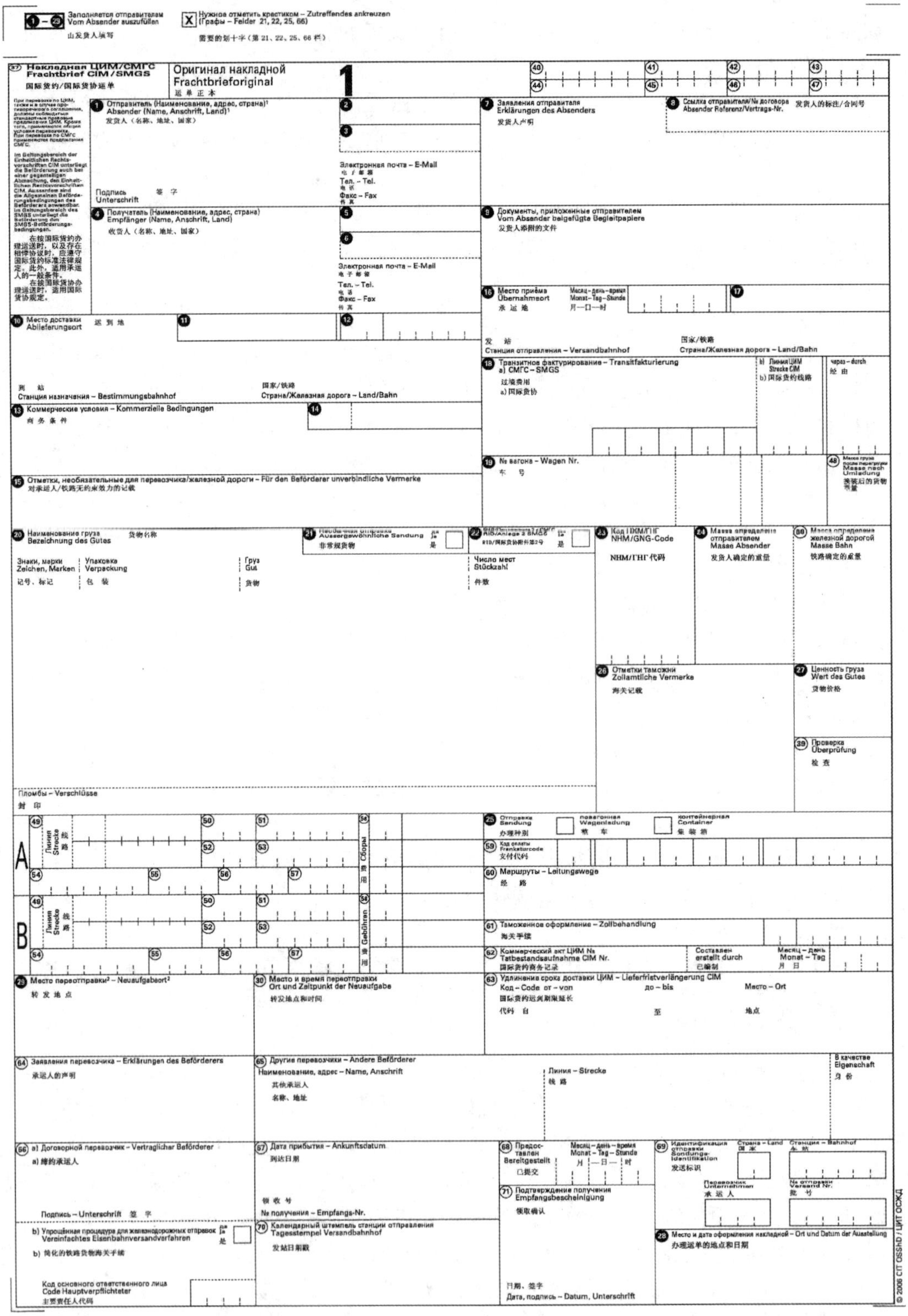

1–29 Заполняется отправителем / Vom Absender auszufüllen / 由发货人填写
X Нужное отметить крестиком – Zutreffendes ankreuzen (Графы – Felder 21, 22, 25, 66) / 需要的划十字（第21、22、25、66栏）

Накладная ЦИМ/СМГС / Frachtbrief CIM/SMGS / 国际货约/国际货协运单
Оригинал накладной / Frachtbrieforiginal / 运单正本 1

1 Отправитель (Наименование, адрес, страна) / Absender (Name, Anschrift, Land) / 发货人（名称、地址、国家）
Подпись / Unterschrift / 签字
Электронная почта – E-Mail / 电子邮箱
Тел. – Tel. / 电话
Факс – Fax / 传真
4 Получатель (Наименование, адрес, страна) / Empfänger (Name, Anschrift, Land) / 收货人（名称、地址、国家）
7 Заявления отправителя / Erklärungen des Absenders / 发货人声明
8 Ссылка отправителя/№ договора / Absender Referenz/Vertrags-Nr. / 发货人的标注/合同号
9 Документы, приложенные отправителем / Vom Absender beigefügte Begleitpapiere / 发货人添附的文件
10 Место доставки / Ablieferungsort / 送到地
16 Место приёма / Übernahmeort / 承运地 — Месяц–день–время / Monat–Tag–Stunde / 月—日—时
Станция отправления – Versandbahnhof / 发站
Страна/Железная дорога – Land/Bahn / 国家/铁路
Станция назначения – Bestimmungsbahnhof / 到站
13 Коммерческие условия – Kommerzielle Bedingungen / 商务条件
15 Отметки, необязательные для перевозчика/железной дороги – Für den Beförderer unverbindliche Vermerke / 对承运人/铁路无约束效力的记载
18 Транзитное фактурирование – Transitfakturierung / a) СМГС – SMGS / 过境费用 a) 国际货协 / b) Линия ЦИМ / Strecke CIM / b) 国际货约线路 / через – durch / 经由
19 № вагона – Wagen Nr. / 车号
48 Масса груза после перегрузки / Masse nach Umladung / 换装后的货物重量
20 Наименование груза / Bezeichnung des Gutes / 货物名称
21 Необычная отправка / Aussergewöhnliche Sendung / 非常规货物 / да – ja / 是
22 RID/Anlage 2 СМГС / RID/国际货协附件第2号 / 是
23 Код НГМ/ГНГ / NHM/GNG-Code / NHM/ГНГ代码
24 Масса определена отправителем / Masse Absender / 发货人确定的重量
30 Масса определена железной дорогой / Masse Bahn / 铁路确定的重量
Знаки, марки / Zeichen, Marken / 记号、标记
Упаковка / Verpackung / 包装
Груз / Gut / 货物
Число мест / Stückzahl / 件数
26 Отметки таможни / Zollamtliche Vermerke / 海关记载
27 Ценность груза / Wert des Gutes / 货物价格
39 Проверка / Überprüfung / 检查
Пломбы – Verschlüsse / 封印
A / B: 49 Линия / Strecke / 线路; 50–58; Сборы / Gebühren / 费用
25 Отправка / Sendung / 办理种别 — повагонная / Wagenladung / 整车 — контейнерная / Container / 集装箱
59 Код оплаты / Frankaturcode / 支付代码
60 Маршруты – Leitungswege / 经路
61 Таможенное оформление – Zollbehandlung / 海关手续
62 Коммерческий акт ЦИМ № / Tatbestandsaufnahme CIM Nr. / 国际货约商务记录 — Составлен / erstellt durch / 已编制 — Месяц – День / Monat – Tag / 月 日
29 Место переотправки – Neuaufgabeort / 转发地点
30 Место и время переотправки / Ort und Zeitpunkt der Neuaufgabe / 转发地点和时间
63 Удлинение срока доставки ЦИМ – Lieferfristverlängerung CIM / 国际货约运到期限延长 / Код – Code / 代码 / от – von / 自 / до – bis / 至 / Место – Ort / 地点
64 Заявления перевозчика – Erklärungen des Beförderers / 承运人的声明
65 Другие перевозчики – Andere Beförderer / Наименование, адрес – Name, Anschrift / 其他承运人 名称、地址 / Линия – Strecke / 线路 / В качестве / Eigenschaft / 身份
66 a) Договорной перевозчик – Vertraglicher Beförderer / a) 缔约承运人 / Подпись – Unterschrift / 签字
b) Упрощённая процедура для железнодорожных отправок / Vereinfachtes Eisenbahnversandverfahren / b) 简化的铁路货物海关手续 / да – ja / 是
Код основного ответственного лица / Code Hauptverpflichteter / 主要责任人代码
67 Дата прибытия – Ankunftsdatum / 到达日期
领收号 / № получения – Empfangs-Nr.
70 Календарный штемпель станции отправления / Tagesstempel Versandbahnhof / 发站日期戳
68 Предоставлен / Bereitgestellt / 已提交 — Месяц–день–время / Monat–Tag–Stunde / 月—日—时
71 Подтверждение получения / Empfangsbescheinigung / 领取确认
Дата, подпись – Datum, Unterschrift / 日期、签字
69 Идентификация отправки / Sendungs-Identifikation / 发送标识 — Страна – Land / 国家 — Станция – Bahnhof / 车站 — Перевозчик / Unternehmen / 承运人 — № отправки / Versand Nr. / 批号
28 Место и дата оформления накладной – Ort und Datum der Ausstellung / 办理运单的地点和日期
© 2006 CIT OSSHD / ЦИТ ОСЖД

图 4—1　国际铁路货物联运运单（正面）

铁路部门有权检查发货人在运单中所记载的事项是否准确，但此项检查仅限于在海关和其他规章的规定情况下，以保证运输中行车安全和货物完整。

发货人除填写运单外，还应将货物在运送途中，为履行海关或其他规章所需要的文件附在运单上，以备铁路方面在必要时检查。如发货人未履行此项规定，始发站可拒绝接收该项货物。同时，铁路部门不对发货人所附的文件准确性负责。

运单由下列各张组成：

1. 运单正本

运单正本是运输契约，它随同货物到站，并连同货物到达通知单和货物一起交给收货人。

2. 运行报单

运行报单是参加联运各铁路办理货物交接、划分运送责任，以及结算运送费用，统计运量和运费收入的原始依据，它随同货物至到站，并留存到达站。

3. 运单副本

运单副本于运输合同签订后交给发货人，但它并不具有运单的效力，仅证明货物已由铁路部门承运。发货人可凭此副本向收货人结算货款，行使变更运输要求，以及在货物和运单全部灭失时凭此单向铁路部门提出赔偿要求。

4. 货物交付单

货物交付单随同货物至到达站，并留存到达站。

5. 货物到达通知单

货物到达通知单随同货物至到达站，并与运单正本和货物一起交给收货人。

### 三、铁路集装箱货运业务

（一）空箱发放

铁路车站在发放空箱时，应认真检查箱子的外表状况，并做到：

(1)货运员在接到运单后，应核实批准进箱日期，审核运单与标签是否相符，并根据货物数量核对需要发放的空箱数。

(2)对实行门到门运输的货物，应开具集装箱门到门运输作业单交发货人，填写集装箱门到门运输登记簿，依据空箱存放地点指定箱号记入货运单。

(3)发货人认为所领取的空箱不能保证货物安全运送时，发送货运员则应予以更换。无空箱更换时，发货人有权拒绝使用。如果在使用后发生货损行为，则应由铁路车站负责，除非空箱存在的缺陷是以一般手段无法从外表检查发现的。

(4)发送货运员有义务向发货人介绍集装箱的内部尺寸和货物积载方法。

(5)货物装箱，由发货人在关闭箱门后，应在规定的位置拴挂标签并加封。

(6)在发货人加封后，发送货运员应逐一检查，确认铅封环带落锁状态。如果检查无误，将铅封号记入运单内。

（二）集装箱货物的接受与承运

发送货运员在接受集装箱货物时，必须检查发货人装载的集装箱货物，接受后并在货物运单上加盖站名日期戳，自此时起即已承运。所谓承运，是指发货人将托运的集装箱的货物移交铁路的开始，一直至到达站将货交收货人时止。在接受所托运的集装箱货物时，要求发送货运员做到：

(1)检查发货人装载的集装箱货物，并核对运单上批注的货位号码。对门到门运输的集装箱货物还应核实是否卸入指定货位，然后在“集装箱门到门运输作业单”上签字，退交给发货人一份。

(2)以运单为依据，检查标签是否与运单记载一致、箱号与运单记载是否相符、铅封号是否准确。

(3)检查加封是否符合技术要求，箱体有无损坏，如果有，则应编制集装箱破损记录。如果该箱损属发货人责任，则应要求发货人在记录上签章，以划分责任。检查时，如果发现铅印失效、丢失、无法辨认站名、未按加封要求加封，则上述情况均由发货人负责恢复至正常状态。

(4)经检查确认无误后，车站便在货物运单上签字，并交发货人交款起票。对门到门运输的集装箱，还应补填集装箱门到门运输登记簿的有关事项。

(三)装车

装车货运员在接到配装计划后，根据先后到站确定装车顺序，并做到：

(1)装车前，检查车体、车门、车窗是否过了检查期、有无运行限制、是否清洁等。

(2)装车时，装车货运员应做好监装，检查待装的集装箱和货运票据是否相符、齐全、准确，并检查箱体、铅印状态。

(3)装车后，检查集装箱的装载情况是否满足安全运送的要求，如使用棚车装载还应加封。装车完毕后，要填写货车装载清单、货运票据，除填写一般内容外，还应在装载清单上注明箱号，在货运票据上填写箱数和总重，总重包括货重和箱体自重。

(四)卸车

集装箱货物在运抵到达站后自行卸车，卸车时应做到：

(1)首先核对货运票据、装载清单等与货票是否一致，然后确定卸车地点和卸箱货位。

(2)卸车前，还应做到货运检查，检查箱子外表状况和铅封是否完整。

(3)卸车过程中发生破损应做好记录，以便划分责任。

(4)做好复查登记，并以货票对照标签、箱号、封号，在运单上注明箱子停放的货位号码，根据货票填写集装箱到达登记簿和卸货卡片。

(五)集装箱货物的交付

交付货运员在接到有关方面的卸货卡片和票据后，认真做好箱号、封号、标签的核对工作，核对无误后通知装卸交货，并当面点交收货人。收货人在收到货物后应在有关票据上签章，并将签章的票据交货运员，交付货运员在运单上加盖“交付讫”的戳记。对门到门运输的集装箱货物，交付货运员在复查后，填写门到门运输作业单，并由收货人签收。对收货人返回的空箱，应检查箱体状况，在门到门运输作业单上签章。

(六)集装箱货物的交接责任

铁路集装箱货物运输虽然没有零担货物运输那样复杂，但就集装箱货物运输交接工作而言，与零担货物运输同样重要。铁路部门与发货人、收货人之间，以及铁路内部集装箱货运员之间的交接工作和责任有：

1. 铁路部门与发货人、收货人之间的交接

铁路部门与发货人、收货人(包括其代理人)之间的交接，主要是指集装箱货物的接收、交付两大作业环节，直接关系到铁路部门与发货人、收货人之间的责任划分。

通常，铁路集装箱应在铁路车站、货场内交接，空箱交接主要凭箱子外表状况，重箱除箱子外表状况外，还应检查铅封。铁路承运集装箱时应在由发货人堆放的指定货位(箱位)上，关妥箱门，并在加封后与发货人根据货物运单(或集装箱运输作业单)记载事项，按批逐箱与货签核

对，经检查接收完毕后，在货物运单上加盖承运日期戳时即为承运。铁路交付集装箱时应根据收货人提交的货物运单（或集装箱门到门运输作业单），核对集装箱到达登记簿，然后会同收货人按批逐箱检查对照，经确认无误后，将集装箱向收货人一次点交，并注销交付卡片，即为交货完毕，责任终止。

对门到门运输的空箱交接，经双方检查箱体状态（包括箱内清扫和箱门关闭的情况），确认箱体完好后，在集装箱门到门运输作业单上签字盖章，办理交接。铁路部门与发货人、收货人在办理集装箱交接时如遇有下列情况，应根据实际情况处理和划分责任：

（1）铁路部门在接受承运时，如发现发货人所托运的重箱铅封业已失效、丢失、站名无法辨认，或未按加封的技术要求施封，则应由发货人重新整理后方能接收。

（2）铁路部门在接受承运时，如果发现发货人所托运的箱体业已损坏，则应由发货人更换集装箱。如果使用的是铁路集装箱，则由铁路部门提供空箱更换才能接受。如果箱子的损坏属发货人过失行为所致，则应由发货人负责赔偿。

（3）由于发货人装箱过失或疏忽，造成超重引起箱子的损坏，或因此而造成箱内货物的损害，该损坏或损害均由发货人自行负责。

（4）由于发货人谎报货名、重量、尺码，致使铁路部门或第三方受到损失时，发货人对此损失负有赔偿责任。

（5）铁路在向收货人交付重箱时，如果铅封完整、箱子外表状况良好，即使箱内货物发生损害，铁路也不负责任，责任也随即终止。

（6）铁路在向收货人交付重箱时，如发现箱子外表状况已损坏，并且危及货物的安全，铁路部门应会同收货人检查该集装箱货物，并确定损害原因及责任方。

（7）在集装箱门到门运输的情况下，对空箱箱体的损害分别由发货人、收货人负责。

2. 集装箱货运员之间的交接

集装箱货运员之间的交接，一是同一工种因班次交替交接工作，二是不同工种之间衔接工作的交接。但不论是哪一种交接，交接双方应到现场实现对口交接。交接双方应采取以票对箱，或以箱对票的方法，按批逐箱检查，交接完毕后由双方在交接簿上签章，以便划分责任。在交接过程中，如果发现集装箱与货物运单所记载的发站、到站、箱数、货名、发货人、收货人等内容不符，以及铅封失效、丢失、箱体损坏危及货物安全等情况时，应按《铁路货运事故处理规则》的有关规定处理。

3. 集装箱破损责任的划分及其记录的编制

集装箱的破损大致分为两种情况：一是损坏箱，二是破损箱。损坏箱是指某一用箱单位或用箱人的责任造成集装箱的临时修理、定期修理或报废，按其责任可分为：

（1）发货人、收货人的过失责任；

（2）托运人的过失责任；

（3）第三方的过失责任。

而集装箱的破损是指插破口，或因冲撞变形影响箱门的开启或关闭的集装箱，按其责任可分为：

（1）铁路装卸工的过失责任；

（2）铁路货运员的过失责任；

（3）由于行车事故或因偷窃造成箱子破损。

凡属上述责任造成的损坏箱、破损箱，以及货主自己的集装箱在铁路运输过程中发生的破损，货运员应按箱编制集装箱破损记录。这一记录是划分集装箱破损责任的重要依据，因此，记录中所记载的内容必须准确、明确、肯定。

## 四、内地对港澳地区的铁路货物运输

### （一）港澳地区铁路出口货物运输特点

1. 运输方式

对香港地区运输有以下方式：

（1）铁路直接过轨：货物在内地装上火车后，经深圳直接过轨至香港九龙。

（2）铁路—水运：货物从内地通过铁路运至广州南站，再用驳船转运到香港地区。

（3）铁路—公路：货物从内地通过火车运至深圳北站，然后用汽车经文锦渡等公路口岸运至香港地区。

（4）海洋运输：货物通过内地的港口用船海运至香港地区。

（5）公路运输：广东省毗邻香港地区，通过公路用汽车直接将货物运至香港地区。

（6）航空运输：货物通过国内机场用飞机运至香港地区。

对澳门地区运输由于没有铁路直通，内地运往澳门地区的货物，先由铁路运输到广州等站，然后转水路或从公路用汽车运至澳门地区。

2. 运输特点

对香港地区铁路运输主要是指对港货物原车直接过轨方式，其特点是：

（1）商品结构的特殊性。在铁路货运量中，鲜活商品占深圳过轨总运量的比重很大，鲜活货物运输有特殊要求，如运送速度快、质量高、使用特种车辆等。

（2）贸易方式的特殊性。对港澳地区贸易方式不同于对其他国家的贸易，有相当数量的商品特别是鲜活商品，是根据香港地区市场的变化情况随时调整。反映在运输上必然是计划多变，力争做到数量不多不少，时间不早不晚；优质、适量、均衡，及时地供应香港地区市场。这就比一般的国际联运和外贸运输的要求高。

（3）运输方式的特殊性。对港澳运输不同于国际联运，也不同于国内运输，而是一种特殊的运输方式。国际联运一般是以国际联运运单为运输契约，以运单副本作为结汇凭证，铁路作为承运人负责全程运输。而对香港铁路运输则是按国内运输办理，但又不是一般的国内运输，货车到达深圳北站后要过轨继续运送到香港九龙站。内地与香港的铁路尚未直通，现行运输方式是：发送地以国内运输办理至深圳北站，铁路以租用车方式将货车租给外贸单位。深圳外运公司或中国铁路对外服务总公司（以下简称“铁外服”）作为各外贸发货单位的代理与铁路部门办理租车手续并支付租车费，然后过轨去香港。货车过轨后，香港中旅货运有限公司（以下简称港中旅）则作为上述两家的代理，在港段重新起票托运。由香港九广铁路公司将货物运到目的站。国内段运输是一次起票，两端收费，即发站到广州北站的运费由发站计收，广州北站至深圳北站的运费，在原有运费基础上增加50%，由深圳北站计收。对港运输是租车方式，另行制票运输。深圳口岸的租车费及口岸其他费用由发货人的代理人先行垫付或发货人直接支付。香港段产生的运费及相关杂费由发货人的代理人先行垫付或发货人直接支付。对香港铁路运输不是国际联运，国内使用的运单不是全程运送票据，不能作为结汇凭证，而是采用中外运（集团）总公司（以下简称“中外运”）或铁外服签发的货物承运收据作为结汇凭证。

（4）费用项目繁杂。由于对香港铁路原车过轨运输是“租车方式、两票运输、三段计费”，因此费用项目繁杂，共包括四部分：

①发站至广州北站的运费、铁路建设基金、电气化附加费及其他杂费。

②广州北站到深圳北站的运费及加成50%铁路建设基金等。

③深圳口岸的中转费(深圳北站到罗湖桥头)、调车费、租车费、装卸费及杂费、口岸代理劳务费等。

④香港段的运费及杂费,包括终点费、装卸费、延期费等和香港段代理劳务费。

(二)出口货物运输的一般过程

出口货物运输的一般过程包括以下方面:

(1)向"中外运"或"铁外服"托运(发货单位自己发货不需此手续)。发货单在装运期前几天,向中外运或铁外服办理委托手续。委托时须提供委托书、出口货物报关单,如有需要还应提供商检证、动植物检疫证、出口文物证明书、出口许可证及存货仓库提货凭证等。中外运或铁外服收到上述相关文件后要审核,无误后签收接受。

(2)发货地中外运、铁外服或发货单位,要向当地铁路部门办理从发货地至深圳北站的国内铁路运输托运手续,填写国内铁路运单。

(3)发货地中外运或铁外服或发货单位制作"联运出口货物委托书""承运货物收据""出口货物报关单"及其他有关单证。在货物发运前,按每批货物向深圳外运或铁外服寄送上述相关单证,委托深圳外运或铁外服办理接货、报关查验、过轨等中转运输手续。

(4)发货单位配载货物时,要考虑车容车裁、货物的重量和体积及运价率,经济高效地配载。要按规定组织装车,并在发运24小时内,发货地中外运、铁外服或发货单位要向深圳外运或铁外服拍发起运信息。发货地中外运或铁外服在办理装车发运后,即向发货单位签发"承运货物收据",以便及时办理结汇。

(5)深圳外运或铁外服接到各地货物起运通知后,及时复写一式两份,一份送港中旅作为发货预告,另一份由专人登记编号保存。接到发货单证(委托书、报关单等)后,与货物起运通知的车号、品名、数量、收货人各栏详细核对无误后,即抽出"委托书"一份送港中旅,作为向该公司托运委托的正式依据。如委托书和报关单份数不足、填写不全或有差错,要补齐或改正;如无法补齐或改正,则立即电告有关单位迅速补寄。

(6)深圳外运或铁外服接到深圳北站的到达车预告后,应抽出到达车有关的单证,认真核对是否齐全、是否有出口配额(配额商品),并将单证齐全的货车抄报港中旅做好接车准备(这是深圳外运或铁外服与港中旅交接货车的依据)。

(7)办理口岸联检。货车到达深圳北站后,深圳外运或铁外服立即派人办理货车的票据(运单、关封和随运单附来的单证)交接,核对每车车号、品名、件数,并向铁路部门提出列车过轨、留站(指无单证或单证不全的货车)和卸车计划(仓库的货物)。根据到达货物的报关单或监管货物的关封连同货物运单送海关申报(对于实施商检的货物则需附商检证)。海关审查单证无误后,即会同商检、动植检、边检等部门,按各自业务范围查验过轨车货物。联检完毕后,对单货相符、没有问题的货车,深圳外运或铁外服现场人员负责将车门关好并用铁丝把门扎好,由海关及参加联检的人员共同在"出口货车组成单"上签字,送深圳北站放行。

(8)在联检过程中,发现货物腐烂、变质、破损、水湿、被盗和单货不符等问题时,由海关或边检通知铁路部门把车辆扣下,并由口岸代理人配合铁路部门检查,做好事故实况记录,同时用传真或电话通知发货单位迅速处理。

(9)深圳北站接到海关等联检部门放行单后,将出口货车编组送到深圳站,并电话通知港段铁路罗湖站派人到深圳站验收过轨车辆(即查验车辆技术状态),验收完毕后,安排机车挂运车辆，通过罗湖站进入香港。

(10)港中旅对每列过轨货车，根据深圳外运或铁外服报来的车号、单证电报内容，向香港海关报关，同时向香港九广段铁路公司办理托运手续。港段铁路按其托运把过轨货车运至终点站，交港中旅卸货。港中旅根据深圳的信息，提前通知收货人做好接运的准备工作，在卸车的同时与收货人办理交接。货物卸完后，由港中旅通知港段铁路，并将货物的交接情况报深圳外运或铁外服转告发货单位。

(三)进口货物运输的一般过程

从香港地区进口货物运输与出口大同小异，仅就几个要点介绍如下：

1. 利用回空车辆装运进口货物的原则和范围

(1)在保证供应香港货物运输畅通的前提下，方可利用回空车辆装运进口货物。

(2)整车或拼装整零车的货物，须是设有海关的到站，如到站没有海关，须征得主管地海关同意并通知九龙海关和深圳外运或铁外服，方可装运进口。

(3)装运货物的范围是外贸进口物资，补偿贸易、来料加工、装配业务、合作生产以及其他代理外商加工生产的物资，外国驻华和驻第三国使领馆(至中国到站)的物资，我国驻外使团委托驻港机构托运的物品，各种展品及其临时商定的整车货物，均可利用回空车辆从深圳口岸陆运进口。对同一到站的零担货物，在到站没有海关的情况下，可在深圳办理报关后以直达零担车运送。其他零担货物、危险和超限货物，须经预先商定后方可办理。活畜禽和猪的产品(包括生猪肉、皮骨、鬃毛、原肠、血粉等)，因港段条件所限暂不能承运。

2. 办理进口货物运输的方式

(1)在香港九龙车站装整车或拼装同一到站(限有海关的到站)的整零车，经深圳口岸原车过轨，由深圳外运或铁外服代运直达内地目的站。

(2)在九龙车站以铁路包裹(快件)托运，在罗湖桥办理交接，由深圳外运或铁外服分拨或以包裹、零担、邮件等方式运往内地目的地。

3. 办理进口货物运输也是租车方式两票运输

这是以罗湖桥为分界点，由港段和国内段两段组成。由于香港九广铁路公司没有装运货物的车皮，所有进口货物的装运均利用外贸单位租用的出口对港运输的车辆，因而在港段的车辆使用权属外贸单位所有，由深圳外运或铁外服委托在香港的代理支配利用，利用回空车辆装运进口货物，装卸环节少、快捷。正常贸易的铁路国内段运费可用人民币支付。

4. 委托手续和单证

外贸合同签订后，凡运输条款规定由深圳陆运进口或能由深圳陆运进口的，要将合同副本寄深圳外运或铁外服。来料加工、补偿贸易物资除寄合同副本外，还须附寄上级机关的批准证书。各种非贸易物资，则应将批准进口的证明文件或副本(样品需要接受单位上级的证明文件等)寄上。

通过铁路进口的物资，订货部门或收货人要通知香港发货人，向港中旅办理委托发运手续。港中旅与深圳外运或铁外服办理交接后，再由深圳外运或铁外服代为办理国内段运输。

委托人需提供委托书一式四份，发票四张，装箱单四份，合同副本两份，批准证书或证明文件的复印件四份，以及其他必要的单证，于货物入境前三天送深圳外运或铁外服，以便报关。

5. 铁路运输费用

从香港地区出口货物铁路运费项和费率基本与进口相同。深圳外运或铁外服接办的进口运输，除收取交接劳务费外，还要收取代运劳务费。《利用回空车装运进口暂行办法》规定，外贸进口物资、回程展品以及我驻外使馆物资的国内段运费以人民币结算。来料加工、补偿贸易及其他非贸易物资国内段运杂费以港币结算。用港币结算的国内段运杂费由发货人支付时，在香港一次付清；由收货人支付时，收货人须在货物进口前，将外汇运杂费、劳务费划拨给深圳外运或铁外服。在外汇运杂费收到以前，深圳外运或铁外服不办理承运手续。

## 任务四　国际铁路联运业务

### 一、我国通往邻国的铁路干线及国境车站

与我国开办铁路联运的邻国有独联体国家、蒙古、朝鲜和越南。我国同这些国家的铁路联运是从20世纪50年代开始的，至今已有70多年的历史。铁路联运为各国开辟了一条对外经济贸易联系的重要渠道，为发展国际贸易创造了有利条件。

（一）滨洲线及相应边境口岸

滨洲线自哈尔滨起向西北至满洲里，全长935千米，我国的边境口岸满洲里和俄罗斯的后贝加尔与西伯利亚有铁路相连接。滨洲铁路在我国对外贸易运输中占有十分重要的地位。在集宁至二连铁路未建成前，我国与苏联、东欧国家之间的陆运进出口货物主要是通过这条铁路运输集散的。集二线通车后，虽分担了一部分货运量，但我国东北地区的进出口货物和关内地区部分进出口货物的运输仍由这条铁路来完成。目前，该铁路是我国通往邻国的几条铁路干线中最重要的铁路。

满洲里是我国连接欧亚铁路的交通枢纽，满洲里市分为市区和扎来诺尔矿区两部分，面积696平方千米，与俄罗斯接壤的国境线长54千米。满洲里车站是滨洲线的终点站，它位于满洲里市北端，距中俄国境有9.8千米。与满洲里车站相邻的是后贝加尔站，该站距中俄国境线1.3千米。由于两国铁路轨距不同，因此进出口货物需要在国境站换装后（我国出口在后贝加尔换装，进口在满洲里换装）才能运送。满洲里车站是中国铁路哈尔滨局集团有限公司管辖的客货一等站，其技术性质是编组站。满洲里车站可以办理国际标准集装箱的换装。

后贝加尔位于俄罗斯赤塔州内，它也是欧亚铁路的重要枢纽。后贝加尔上行85千米即是博尔集亚（BORZYA），再北上即达卡雷姆斯科亚（KARYMSKOJW）与西伯利亚大铁路相连接，由此东行可达符拉迪沃斯托克（海参崴），进入日本海，西行经赤塔、伊尔库茨克直入俄罗斯腹地。

（二）滨绥线及相应边境口岸

滨绥线自哈尔滨起，向东至绥芬河，全长549千米，该线通过俄罗斯的格罗迭科沃车站与俄罗斯远东地区的铁路相连。滨绥铁路在我国对外贸易运输中，也占有相当重要的地位。我国运往俄罗斯远东地区的货物，一般都经过绥芬河车站。

绥芬河市是黑龙江省东南部的一个陆路口岸，它与俄罗斯滨海地区城市波格拉尼奇内接壤，距俄罗斯远东最大港口城市符拉迪沃斯托克230千米。绥芬河车站是缤绥线的终点站，距中俄国境线5.9千米，是一个重要的国境交换站和换装站。与它相邻的俄罗斯格罗迭科沃车站距中俄国境线20.6千米。由于两国铁路轨距不同，因此进出口货物也需要在国境站（我国出口在格罗迭科沃车站，进口在绥芬河车站）换装才能运送。绥芬河车站可以办理国际标准集装箱的换装。

波格拉尼奇内相当于我国的县或县级市，隶属于俄罗斯的滨海地区。该地区是以其中的

中心城镇波格拉尼奇内命名。因为该地区离绥芬河最近的车站是格罗迭科沃，所以当地人常称波格拉尼奇内为“格城”。格罗迭科沃车站隶属俄罗斯远东铁路局符拉迪沃斯托克分局，是二等站。

（三）集二线及相应边境口岸

集二线是京包线上的集宁向西北到二连浩特段，全长333千米。它是我国通往蒙古的重要铁路干线，也是我国通往俄罗斯的另一条运输线路。这条铁路不仅缓和了滨洲线的繁重运输任务，而且（在我国北疆铁路与哈萨克斯坦土西铁路接轨之前）也是我国关内地区通往俄罗斯及欧洲地区最短的铁路线路。从北京经由二连浩特到莫斯科比经由满洲里要缩短1 141千米的路程。

二连浩特位于内蒙古自治区中部北边，是我国唯一与蒙古接壤的口岸城市。二连站是集二线的终点站，也是我国铁路连接蒙古的国境交接、换装车站。它距中蒙国境线4.8千米，距蒙古国境站扎门乌德9.3千米。由于两国铁路轨距不同，因此进出口货物需要在国境站（我国出口在扎门乌德车站，进口在二连车站）换装才能运送。二连站可以办理国际标准集装箱的换装。

（四）北疆线、精霍线及相应边境口岸

北疆线从乌鲁木齐到阿拉山口，全长460千米。该铁路于1990年10月与哈萨克斯坦铁路接轨，1992年12月正式营运（货运）。阿拉山口位于新疆博尔塔拉蒙古自治州博乐市东北境内，距自治州首府博乐市约55千米，距乌鲁木齐公路约570千米。博尔塔拉蒙古自治州位于祖国西北边陲，阿拉山口口岸辖区155平方千米，它与边境另一侧的哈萨克斯坦土西铁路支线终点多斯特克站隔界相望，距哈萨克斯坦土西铁路最近车站阿克斗卡车站104千米。阿拉山口地处中哈界山阿拉套山东端，为断裂山谷，后经洪水冲刷，淤积为宽约9.2千米的平坦山口。由于处于著名的艾比风区，全年多风，年平均风速为2.1米/秒，8级以上的大风多达160余天。但风期山口能见度良好，故该口岸全年均可通行。阿拉山口是我国对哈萨克斯坦及其他独联体等国家经济贸易的重要口岸，并成为连接太平洋西岸连云港等港口和大西洋东岸鹿特丹等港口新亚欧大陆桥的重要枢纽。阿拉山口车站是铁路口岸中运量增长最大的，进出口货运量在全国陆路口岸中为第二位。因中哈两国铁路轨距不同，进出口货物需要在国境站换装（出口在多斯特克车站，进口在阿拉山口车站）才能运送。阿拉山口车站可以办理国际标准集装箱的换装。

2012年12月22日，中国与哈萨克斯坦第二条铁路通道（即霍尔果斯口岸铁路线）开通货运专列。这是继新亚欧大陆桥中哈阿拉山口铁路线后，我国第二条向西开放的国际铁路通道，也是我国向西开放的又一条“黄金通道”。实现对接的我国境内铁路线为新疆精伊霍铁路（精河—伊宁—霍尔果斯口岸），是新疆第一条电气化铁路，东起兰新铁路西段的精河站，西至中哈边境口岸霍尔果斯站，全长286千米。霍尔果斯铁路线是中国距离阿拉木图最近的西行铁路线，比新疆阿拉山口口岸至阿拉木图的铁路里程缩短了200千米，运距更短、通关量更大，为中哈两国之间的经济、贸易、文化交流提供了更为便捷的渠道和更广阔的空间。它也将成为中国推进“一带一路”、促进互联互通的货运集散地，“丝绸之路经济带”交通大动脉的重要节点和关键枢纽，对加快中国与中亚、西亚、欧洲经贸往来将发挥积极的作用。

（五）沈丹线及相应边境口岸

沈阳至丹东铁路全长274千米。沈丹线越过鸭绿江与朝鲜铁路相连。丹东车站是沈丹线的终点站，是我国对朝鲜进出口货物的重要交接国境口岸，历史上年过货运量最高达到500多万吨。丹东市是辽宁省辖市，是中国最大的边境城市，位于辽东半岛东南部鸭绿江与黄海的汇合处，丹东车站距中朝国境线 14 千米，它与朝鲜铁路的新义州车站隔江相望，新义州车站距中朝国境线 1.7 千米，两国国境站间的距离 3.1 千米，是口岸站中距离最近的。尽管中朝两国铁路轨距相同，但自 2008 年 6 月 20 日起，将原来的直通过轨改为换装运输。除罐车及超限超重货物外（需提前向铁路总公司申请国际联运商定），中朝间所有铁路进出口货物均在中方的丹东、图们和集安国境站换装，由朝方派车接运。

（六）长图线及相应边境口岸

从长春到图们的铁路，全长 527 千米。该线横过图们江与朝鲜铁路相连。图们市位于吉林省东部偏南，图们车站位于图们市，与朝鲜铁路南阳车站隔江相望。图们车站距中朝国境线 2.1 千米，南阳车站距中朝国境线 1.3 千米。

（七）梅集线及相应边境口岸

梅集线自梅河口至集安，全长 245 千米，越过鸭绿江，南通朝鲜满浦车站。集安市位于吉林省南部，与朝鲜接壤的国境线长 203.5 千米。集安车站位于集安市，距中朝国境线 7.3 千米。满浦车站是朝鲜铁路的国境站，距中朝国境线 3.8 千米。

（八）湘桂线及相应边境口岸

湘桂线从湖南衡阳起，经广西柳州、南宁到达终点站凭祥，全长 1 013 千米。凭祥车站是我国铁路对越南货物运输的主要国境交接站，距中越边境线 13.2 千米。与凭祥相对的越南国境站是同登车站，距越中边境线 4.6 千米。由于两国铁路轨距不同，因此货物一般须换装才能运送（进出口货物暂时均在凭祥站换装）。越南连接我国凭祥的一段铁路，为准轨和米轨的混合轨，车辆可以直接过轨，所以部分货物无须换装即可运送。凭祥车站可以办理国际标准集装箱的换装。

（九）昆河线及相应边境口岸

昆河线是从云南昆明经碧色寨到河口，为窄轨铁路，全长 177 千米。山腰站位于云南省红河哈尼族彝族自治州的河口瑶族自治县境内。山腰是我国铁路国境车站，距中越国境线 6.5 千米。老街为越南铁路国境车站，距中越国境线距离 4.2 千米。由于相连的两国铁路轨距相同（均是米轨），因此货物可以原车过轨，无须换装。

（十）图珲线及相应边境口岸

图珲线从图们到珲春，全长 80.8 千米，是吉林省的地方铁路，与图们车站接轨。通过珲春国境站和俄罗斯的卡梅绍瓦亚国境站与金环铁路相连接。金环铁路是俄罗斯的地方铁路，全长 20.3 千米，与俄罗斯到朝鲜的铁路线上的马哈林诺车站接轨。由于两国铁路轨距不同，因此进出口货物需要在国境站换装后才能运送。珲春市位于吉林省东南部的图们江下游地区，隶属吉林省延边朝鲜自治州，地处中、朝、俄三国接壤地带。珲春东南以珲春岭为界与俄罗斯滨海边疆区接壤，该段国境线长 232.7 千米。珲春西南隔图们江与朝鲜相邻，该段国境线长 139.5 千米。

我国通往邻国的铁路干线，我国与邻国国境站站名、轨距、货物和车辆的交接及货物在不同轨距的换装地点如表 4—1 所示。

**表 4—1　我国通往邻国的铁路干线，我国与邻国国境站站名、轨距、货物和车辆的交接及货物换装地点**

<table>
<tr><th rowspan="2">我国与邻国</th><th rowspan="2">我国铁路干线</th><th rowspan="2">我国国境站站名</th><th rowspan="2">邻国国境站站名</th><th rowspan="2">我国轨距(mm)</th><th rowspan="2">邻国轨距(mm)</th><th colspan="2">交接、换装地点</th><th colspan="2">至国境线距离(千米)</th><th rowspan="2">备注</th></tr>
<tr><th>出口</th><th>进口</th><th>我国国境站</th><th>邻国国境站</th></tr>
<tr><td rowspan="2">中俄间</td><td>滨洲线</td><td>满洲里</td><td>后贝加尔</td><td>1 435</td><td>1 520</td><td>后贝加尔</td><td>满洲里</td><td>9.8</td><td>1.3</td><td rowspan="11">中独、中蒙铁路轨距不同，货物需换装。油罐车在蒙铁扎门乌德站换装。</td></tr>
<tr><td>滨绥线</td><td>绥芬河</td><td>格罗迭科沃</td><td>1 435</td><td>1 520</td><td>格罗迭科沃</td><td>绥芬河</td><td>5.9</td><td>20.5</td></tr>
<tr><td rowspan="2">中哈间</td><td>北疆铁路</td><td>阿拉山口</td><td>德鲁日巴</td><td>1 435</td><td>1 520</td><td>德鲁日巴</td><td>阿拉山口</td><td>4.02</td><td>8.13</td></tr>
<tr><td>精霍线</td><td>霍尔果斯</td><td>阿腾科里</td><td>1 435</td><td>1 520</td><td>阿腾科里</td><td>霍尔果斯</td><td>7.0</td><td>8.0</td></tr>
<tr><td>中蒙间</td><td>集二线</td><td>二连</td><td>扎门乌德</td><td>1 435</td><td>1 524</td><td>扎门乌德</td><td>二连</td><td>4.8</td><td>4.5</td></tr>
<tr><td rowspan="3">中朝间</td><td>沈丹线</td><td>丹东</td><td>新义州</td><td>1 435</td><td>1 435</td><td>新义州</td><td>丹东</td><td>1.4</td><td>1.7</td></tr>
<tr><td>长图线</td><td>图们</td><td>南阳</td><td>1 435</td><td>1 435</td><td>南阳</td><td>图们</td><td>7.3</td><td>3.8</td></tr>
<tr><td>梅集线</td><td>集安</td><td>满浦</td><td>1 435</td><td>1 435</td><td>满浦</td><td>集安</td><td>2.1</td><td>1.3</td></tr>
<tr><td rowspan="2">中越间</td><td>湘桂线</td><td>凭祥</td><td>同凳</td><td>1 435</td><td>1 000</td><td>凭祥</td><td>凭祥</td><td>13.2</td><td>4.6</td></tr>
<tr><td>昆河线</td><td>山腰</td><td>老街</td><td>1 000</td><td>1 000</td><td>老街</td><td>山腰</td><td>6.5</td><td>4.2</td></tr>
</table>

注：①越南铁路连接我国铁路凭祥一段线路，为准轨和米轨的混合轨，我国铁路同越南铁路间经由凭祥的联运货车可以相互过轨。

②我国昆明铁路局昆河线为米轨铁路。

③独联体与蒙古铁路轨距相差 4mm，货车可以直接过轨。

## 二、铁路运输组织机构

### （一）国际货约组织

《国际铁路货物运送公约》（简称《国际货约》）于 1938 年 10 月 1 日生效。它是由 1890 年欧洲各国在瑞士首都伯尔尼举行的各国铁路代表大会所制定的《国际铁路货物运送规则》（又称《伯尔尼公约》）发展而来的。《国际货约》屡经修改，至今仍在执行。目前，参加《国际货约》的国家有：奥地利、瑞士、德国、法国、意大利、比利时、荷兰、西班牙、葡萄牙、芬兰、瑞典、挪威、丹麦、希腊、卢森堡、英国、爱尔兰、列支敦士登、伊朗、伊拉克、叙利亚、黎巴嫩、突尼斯、阿尔巴尼亚、摩洛哥、土耳其、保加利亚、匈牙利、罗马尼亚、捷克、斯洛伐克、波兰等。

### （二）国际货协组织

《国际铁路货物联运协定》（简称《国际货协》）是 1951 年 11 月由苏联和阿尔巴尼亚、匈牙利、民主德国、波兰、罗马尼亚、捷克斯洛伐克等 8 个国家签订的。1953 年 7 月，中国、朝鲜、蒙古铁路代表团参加了在莫斯科召开的《国际货协》和《国际客协》代表大会，并从 1954 年 1 月 1 日起执行上述协定。而早在 1951 年 7 月，根据《中苏铁路联运协定》两国铁路间就开办了国际联运。中国参加《国际货协》和《国际客协》后，《中苏铁路联运协定》同时废止。1955 年 7 月在柏林召开了国际客、货协代表大会，越南铁路代表参加了会议，并在 1956 年 6 月 1 日起执行《国际货协》。1956 年古巴加入《国际货协》。当时，参加《国际货协》的国家已有 13 个：阿尔巴尼亚、保加利亚、匈牙利、民主德国、波兰、罗马尼亚、捷克斯洛伐克、苏联、中国、朝鲜、蒙古、越南和古巴。

1956 年 6 月在保加利亚召开的国际客、货协参加国第一届部长会议上，决定在原签订的《国际货协》和《国际客协》的基础上，成立"铁路合作组织"（简称"铁组"）。1957 年 5 月在北京召开的第二届部长会议上通过了"铁组"章程，并决定成立部长会议的执行机关——铁组委员会。1957 年 9 月 1 日，铁组委员会开始工作。进入 20 世纪 90 年代，由于国际政治、经济形势的变化,“铁组”进行了必要的改革。1991 年 6 月在波兰华沙,由保加利亚、中国、朝鲜、蒙古、罗马尼亚和苏联作为缔约国,公布了《关于统一过境运价规程的协约》,决定在国际铁路过境运输中采用《统一过境运价规程》(简称《统一货价》)。《统一货价》不再从属于《国际货协》,而具有独立的法律地位。《统一货价》是在原《国际货协》统一货价的基础上修改补充而成的,其中的费率由原来的以卢布计价改为以瑞士法郎计价。

为适应各国铁路发展的新情况、促进国际铁路货物联运的进一步发展,近些年来,铁路合作组织对《国际货协》进行了重大修改补充,并于 2014 年 6 月在立陶宛举行的第 42 届部长会议上通过,2015 年 7 月 1 日正式实施。目前,参加《国际货协》的成员国有 25 个:阿塞拜疆、阿尔巴尼亚、白俄罗斯、保加利亚、匈牙利、越南、格鲁吉亚、哈萨克斯坦、中国、朝鲜、吉尔吉斯斯坦、拉脱维亚、立陶宛、摩尔多瓦、蒙古、波兰、俄罗斯、塔吉克斯坦、土库曼斯坦、乌兹别克斯坦、乌克兰、爱沙尼亚、伊朗、阿富汗、斯洛伐克。

(三)铁路合作组织活动的基本方向

铁路合作组织活动的基本方向包括以下方面:

(1)发展和完善国际铁路运输,尤其是欧洲和亚洲间的联运(包括多式联运)。

(2)制定国际铁路运送方面协商一致的运输政策,并制定铁路运输活动战略和铁组活动战略。

(3)完善国际运输法,掌管国际旅客联运协定(国际客协)和国际铁路货物联运协定(国际货协)及有关国际铁路运送的其他法律文件的事务。

(4)就有关铁路运输业的经济、信息、科技和生态方面的问题合作。

(5)制定措施,提高铁路同其他运输方式的竞争能力。

(6)在铁路运营方面及就有关进一步发展国际铁路运送的技术问题合作。

(7)同从事铁路运输(包括多式联运)问题的其他国际组织合作。

(8)根据“铁组”领导机关的决议可能产生的其他活动方向。

“铁组”自成立至今,进行了两次重大改组。目前,铁组委员会共设有 5 个专门委员会和 2 个常设工作组,即:

第一专门委员会:运输政策和发展战略专门委员会。

第二专门委员会:运输法专门委员会。

第三专门委员会:货物运输专门委员会。

第四专门委员会:旅客运输专门委员会。

第五专门委员会:基础设施和机车车辆专门委员会。

编码和信息技术常设工作组。

财务和清算问题常设工作组。

改组后的“铁组”,其显著特点是,作为一个国际铁路组织既是“铁组”成员国国家机关的组成体,同时又可从企业的角度综合解决国际铁路运输问题。除“铁组”部长会议外又成立了总局长会议。两个会议分工如下:部长会议负责第一、二专门委员会的工作,总局长会议负责第三、四、五专门委员会的工作,同时吸收一些国家铁路或企业作为“观察员”出席会议,如德国铁路和法国铁路。

(四)我国铁路国际联运的主管机关

我国铁路国际联运的领导和管理机关是国家铁路局,国家铁路局在波兰的华沙“铁组”总部派有常驻人员,代表中国铁路参与国际联运的管理和协调工作。中国铁路自加入国际货协组织70多年来，始终一贯地依据《国际货协》和双边或多边铁路协定开展国际联运。

（五）国际联运适用的规章

国际联运适用的规章，有的是由参加国铁路共同签订的，有的是某个铁路部门制定的，有的适用铁路部门和收、发货人，有的只适用于铁路部门。具体适用的规章如下：

1.《国际货协》

它是参加国际铁路货物联运协定的各国铁路部门和发、收货人办理运输时都必须遵守的基本文件。它规定了货物运送条件、运输组织、运费计算核收办法，以及铁路与发、收货人之间的权利和义务等。

2.《货协细则》

它具体规定了参加《国际货协》的铁路部门及其工作人员在办理运输时所必须遵守的铁路部门内部的办事程序及各铁路部门间相互关系的规则。它只适用于铁路部门工作人员和调整铁路部门之间的关系。

3.《关于统一过境运价规程的协约》

它规定了《统一货价》的法律地位，以及修改、补充、清算等具体事项。它只适用于铁路部门本身。

4.《统一过境运价规程》

它规定了参加《统一货价》的铁路部门按照《国际货协》的条件运送过境货物时，在特定的情况下，办理货物运送手续、过境运费和杂费的计算、过境铁路里程表、货物品名分等表和货物运费计算表等。它对铁路部门和发、收货人都适用。

5.《国境铁路协定》

它是由两相邻国家铁路主管部门签订的，对国境站、列车运行、条件、所采用的时间、列车服务办法、调车工作、事故处理、货物和车辆的交接，以及双方对损失的责任等做出了具体规定。根据协定，两相邻国铁路要定期召开国境铁路会议（一般每年一次，在两国轮流举行），协商执行协定中的情况，并签订《国境铁路会议议定书》。中朝、中蒙、中越、中哈、中俄和中蒙俄铁路部门间都签订有协定和议定书。它对铁路部门和发、收货人都有约束力。

6.《国际旅客联运和国际铁路货物联运车辆使用规则》（简称《车规》）

它主要对铁路车辆部门和国境站适用。

7.《关于国际旅客联运和货物联运清算规则的协约》和《国际旅客和货物联运清算规则》

这两个规章适用于铁路部门。

8.《国际货协》附件中的其他规则

主要规则有：附件1《货物运送规则》、附件2《危险货物运送规则》、附件3《货物装载和加固的技术条件》、附件4《作为运输工具的非承运人所属车辆的运送规则（自备车）》、附件5《信息指导手册》、附件6《国际货约/国际货协运单指导手册》。

（1）《危险货物运送规则》。它按照货物的危险性质，规定了危险货物的名称、包装办法、重量限制、使用车种、混装限制及其他条款。

（2）《敞车类货车货物装载和加固规则》。它规定各铁路使用敞车类货车装运货物时在装载和加固方面应遵守的技术条件。

此外，附件中还有《铁路集装箱货物运送规则》《铁路联运易腐货物运送规则》《铁路联运托盘货物运送规则》《不属于铁路的车辆运送规则》《货捆运送规则》，以及不同轨距铁路的装载条件、运单格式、标示牌和标记样式等。

9. 与我国铁路有关的规章和文件

与我国铁路有关的规章有《铁路货物运输规程》《铁路货物运价规程》《铁路货物装载加固规则》《危险货物运送规则》；相关的文件有《国际铁路货物联运办法》。

一般来说，在以上各种规章中，多边协定高于双边协定，双边协定高于国内规章。因此，铁路部门和发、收货人在办理运输的过程中首先要适用《国际货协》《统一货价》等多边协定，其次是适用《国际铁路协定》，最后才适用国内的规章。如果双边协定参加者部门对多边协定或我国铁路部门对多边协定和双边协定有保留的，则不再适用被保留的有关条款。实际上多边协定中都规定有适用双边协定和一国国内规章的条款，据此可相应地适用双边协定的特殊规定和国内规章。

《国际铁路货物联运办法》严格说并不是规章，不具有约束力。它是铁路部门考虑到需要适用的规章较多，为了便于执行并符合实际需要，而将以上规章整理简化而成的。它仅供国内使用，铁路部门和发、收货人在同国外铁路部门办理运输和交涉时，仍须根据国际联运的有关规章，不得援引该办法。

（六）国际联运代理机构

由于我国与周边国家经济贸易的发展变化，进出口货物办理国际联运主要有两种形式：一是进出口商自己通过相关国家铁路办理，二是通过国际货运代理机构来完成。货运代理采用最安全、最快捷、最经济的办法组织国与国间的货物运输，利用其网络控制货物运输，为货主提供运输费用、包装条件、运输单证、报关报验等方面的服务。

我国目前从事国际联运的货运代理企业主要有中国对外贸易运输集团总公司、中国铁路对外服务总公司、中国铁路集装箱运输中心及其他经过国家有关部门批准的具有国际货运代理资格的公司。他们的主要业务范围为：办理中国对朝鲜、蒙古、越南、哈萨克斯坦、俄罗斯等独联体国家和欧洲国家的进出口和过境货物的运输。我国加入世界贸易组织之后，国际货物运输市场越来越开放，很多国外货运公司和代理机构进入中国，中外合资经营的货运代理企业应运而生，国际物流业作为现代新兴产业进入了新的发展时期。

## 三、国际铁路货物联运出口流程

国际铁路货物联运出口运输组织工作主要包括国际铁路货物联运出口运输计划的编制、货物联运的托运和承运、国境站的交接和交接的一般程序等。

（一）国际铁路货物联运出口运输计划的编制

国际铁路货物联运出口运输计划一般是指月度要车计划，它是对外贸易运输计划的组成部分，体现对外贸易国际铁路货物联运的具体任务，也是日常铁路联运工作的重要依据。

国际铁路货物联运月度要车计划采用“双轨（铁路、外贸）上报、双轨下达”的方法，其编制程序如下：

（1）各省、市、自治区发货单位应按当地铁路部门的规定，填制“国际铁路联运”月度要车计划表，向铁路局集团有限公司（分局，车站）提出下月的要车计划，并在规定的时间内，分别报送当地商务厅（局）和各主管总公司；

（2）各铁路局集团有限公司汇总发货单位的要车计划后，上报国家铁路局；各省、市、自治区商务厅（局）和各进出口总公司在审核汇总所属单位的计划后，报送商务部；

（3）商务部汇总审核计划后，与国家铁路局平衡核定；

（4）月度要车计划经平衡核定，并经有关国家的铁路局确认后，由商务部将核准的结果通知各地商务厅(局)和各进出口总公司,各地商务厅(局)和各进出口总公司再分别转告所属发货单位,各铁路集团有限公司(分局、车站)将国家铁路局批准的月度要车计划分别通知发货单位。

凡发送整车货物,均需具备铁路部门批准的月度要车计划和旬度要车计划;零担货物,则不必向铁路部门编报月度要车计划,但发货人必须事先向发站办理托运手续。

(二)国际铁路货物联运的托运和承运

货物的托运是发货人组织货物运输的一个重要环节。发货人在托运货物时,应向车站提出货物运单,以此作为货物托运的书面申请。车站接到运单后,应认真审核。

整车货物办理托运,车站应检查是否有批准的月度、旬度货物运输计划和要车计划,检查运单上的各项内容是否正确。如确认可以承运,应予签证。运单上的签证,表示货物应进入车站的日期或装车日期,表示铁路部门已受理托运。发货人应按签证指定的日期将货物运入车站或指定的货位,铁路部门根据运单上的记载查对实货,认为符合《国际货协》和有关规章制度的规定,车站方可接受货物,并开始负保管责任。整车货物一般在装车完毕后,发站应在运单上加盖承运日期戳,即为承运。

发运零担货物与整车货物不同,发货人在托运时,不需要编制月度、旬度要车计划,凭运单直接向车站申请托运。车站受理托运后,发货人应按签证指定的日期将货物搬进货场,送到指定的货位上,经查验、过磅后,即交由铁路部门保管。当车站将发货人托运的货物,连同货物运单一同接受完毕,在货物运单上加盖承运日期戳时,即表示货物业已承运。铁路部门对承运后的零担货物负保管、装车和发运的责任。

托运、承运完毕,铁路运单作为运输合同即开始生效。铁路部门按《国际货协》的规定对货物负保管、装车并运送到指定目的地的一切责任。

(三)国际铁路货物联运出口货物在国境站的交接

1. 国境站有关机构

在相邻国家铁路的终点,从一国铁路部门向另一国铁路部门办理移交或接收货物和车辆的车站称为国境站。我国国境站除设有一般车站应设的机构外,还设有国际联运交接所、海关、国家出入境检验检疫所、边防检查站及中国对外贸易运输(集团)总公司所属的分支机构等单位。

2. 国际联运交接所

国际联运交接所简称交接所,它是国境站的下属机构。交接所执行下列任务:

(1)办理货物、车辆、运送用具的交接和换装;

(2)办理各种单据的交接,负责运送票据、商务记录的编制、翻译和交接工作;

(3)计算国际铁路联运进口货物运到期限、过境铁路运费和国内各项运杂费用;

(4)检查货物和票据,处理和解决货物交接以及车、货、票、证等方面存在的问题。

3. 海关

海关代表国家贯彻执行进出口政策、法律、法令,是口岸行使监督管理职权的机关。海关对进出口货物履行报关和进出口商品检验检疫手续,只有在按规定交验有关单据和证件后,海关才凭以放行。

4. 边防检查站

它是公安部下属的国家公安部队,其职责是执行安全保卫,负责查验出入国境的列车、机车及列车服务人员和随乘人员的进出境证件。

5. 中国外运分公司

中国外运分公司是各进出口公司的货运代理。在国境站的主要业务范围是:承办各种进出口物资的铁路发运、转运、联运、口岸交接、分拨、报关、报验和大型集装箱的中转、拆箱和装箱等业务。

(四)国际联运出口货物交接的一般程序

国境站除办理一般车站的事务外,还办理国际铁路联运货物、车辆和列车与邻国铁路的交接,货物的换装或更换轮对,运送票据、文件的翻译及货物运送费用的计算与复核等工作。出口货物在国境站交接的一般程序是:

(1)出口国境站货运调度根据国内前方站列车到达预报,通知交接所和海关做好接车准备;

(2)出口货物列车进站后,铁路会同海关接车,并将列车随带的运送票据送交接所处理,货物及列车接受海关的监管和检查;

(3)交接所实行联合办公,由铁路、海关、外运等单位参加,并按照业务分工开展流水作业,协同工作。铁路部门主要负责整理、翻译运送票据,编制货物和车辆交接单,以此作为向邻国铁路部门办理货物和车辆交接的原始凭证。外运公司主要负责审核货运单证,纠正出口货物单证差错,处理错发错运事故。海关则根据申报,经查验,单、证、货相符,符合国家法令及政策规定,即准予解除监管,清关放行。最后由双方铁路部门具体办理货物和车辆的交接手续,并签署交接证件。

以上仅是一般货物的交接过程。对于特殊货物的交接,如鲜活商品、易腐、超重、超限、危险品等货物,则按合同和有关协议规定,由贸易双方商定具体的交接方法和手续。属贸易双方自行交接的货物,国境站外运公司则以货运代理人的身份参加双方交接。如果在换装交接过程中需要鉴定货物品质和数量,应由国内发货单位或委托国境站商检所检质、检量,必要时邀请双方检验代表复验。外运分公司则按商检部门提供的检验结果,对外签署交接证件。属于需要随车押运的货物,国境站外运分公司应负责两国国境站间的押运工作,并按双方实际交接结果对外签署交接证件,作为货物交接凭证和货款结算的依据。

(五)有关联运出口货物交接中的几个问题

1. 联运出口货物单证资料的审核

审核出口货物单证是国境站的一项重要工作。它对正确核放货物,纠正单证差错和错发错运事故,保证出口货物顺利交接具有重要意义。

出口货物运抵国境站后,交接所应将全部货运单证送外运分公司审核,外运分公司作为国境站的货运代理公司,在审核单证时,要以运单内容为依据,审查出口货物报关单、装箱单、商检证书等记载的内容和项目是否正确、齐全。如正确无误,则可核放货物,做到差错事故不出国。如出口货物报关单项目有遗漏或记载错误,或份数不足,应按运单记载内容订正或补制。运单、出口货物报关单、商检证书三者所列项目如有不符,有关运单项目的订正或更改,由国境站联系始发站并按始发站通知办理;需要更改或订正商检证书、品质证明书或动植物检疫证书时,应由出证单位通知国境站出入境检验检疫机构办理;海关查验实货,如发现货物与单证不符,需根据合同和有关资料订正,必要时应联系发货人解决。总之,国境站外运分公司在订正、补制单据时,只限于代发货人缮制单证,而对运单内容和项目,以及商检证书、品质证明书、检疫证、兽医证等国家行政管理机关出具的证件,均不代办订正或补制。

出口货物单证经复核无误后,应将出口货物报关单、运单及其他随附单证送海关,作为向海关申报和海关审核放行的依据。

2. 办理报关、报验等法定手续

铁路联运出口货物报关,由发货人委托铁路部门在国境站办理。发货人在货物发运前,应填制出口货物报关单,作为向海关申报的主要依据。

出口货物报关单格式由我国海关总署统一制定。发货人或其代理人需按海关规定逐项填写,要求内容准确、详细,并与货物、运单及其他单证记载相符。字迹要端正、清晰,不可任意省略或简化。对于填报不清楚或不齐全的报关单,以及未按海关法的有关规定交验进出口许可证等相关单证者,海关将不接受申报。对于申报不实者,海关将按违章案件处理。

铁路始发站在承运货物后,即在货物报关单上加盖站戳,并与运单一起随货同行,以便国境车站向海关办理申报。

需办理检验检疫的货物,要向当地出入境检验检疫部门办理检验检疫手续,取得证书。

上述各种证书在始发站托运货物时需连同运单、报关单一起随车同行,在国境站由海关执行监管,查证放行。

3. 联运出口货物的交接方式

货物交接可分为凭铅封交接和按实物交接两种情况。

凭铅封交接的货物,根据铅封的站名、号码或发货人简称交接。交接时应检查封印是否有效或丢失,印文内容、字迹是否清晰可辨,同交接单记载是否相符,车辆左、右侧铅封是否一致等,然后由双方铁路凭完整铅封办理货物交接手续。

按实物交接可分为只按货物重量、只按货物件数和按货物现状交接三种方式。按货物重量交接的,如中朝两国铁路间使用敞车、平车和砂石车散装煤、石膏、焦炭、矿石、熟矾土等货物;按货物件数交接的,如中越两国铁路间用敞车类货车装载每批不超过100件的整车货物;按货物现状交接的,一般是难以查点件数的货物。

在办理货物交接时交付方必须编制货物交接单。没有编制交接单的货物,在国境站不得办理交接。

4. 联运出口货运事故的处理

联运出口货物在国境站换装交接时,如发现货物短少、残损、污染、湿损、被盗等事故,国境站外运分公司应会同铁路部门查明原因,分清责任,分别加以处理。由于铁路部门原因造成的货物残损短缺,要提请铁路部门编制商务记录,并由铁路部门负责整修。整修所需包装物料由国境站外运分公司根据需要与可能协助解决,但费用由铁路部门承担;由于发货人原因造成的事故,在国境站条件允许的情况下,由国境站外运分公司组织加工整修,但需由发货人提供包装物料,负担所有的费用和损失。因技术条件限制,无法在国境站加工整修的货物,应由发货人到国境站指导,或将货物返回发货人处理。

国际联运出口货物的交付。国际联运出口货物抵达到站后,铁路部门应通知运单中所记载的收货人领取货物。在收货人付清运单中所记载的一切应付运送费用后,铁路部门必须将货物连同运单交付给收货人。收货人必须支付运送费用并领取货物。收货人只有在货物因毁损或腐坏而使质量发生变化,以致部分货物或全部货物不能按原用途使用时,才可以拒绝领取货物。收货人领取货物时,应在运行报单上填写货物领取日期,并加盖收货戳记。

**四、国际铁路货物联运进口流程**

国际铁路联运进口货物的发运工作是由国外发货人根据合同规定向该国铁路车站办理的。

根据《国际货协》规定，我国从参加《国际货协》的国家通过铁路联运进口货物，凡国外发货人向其所在国铁路部门办理托运，一切手续和规定均按《国际货协》和该国国内规章办理。

我国国内有关订货及运输部门对联运进口货物的运输工作，主要包括联运进口货物在发运前编制运输标志，审核联运进口货物的运输条件，向国境站寄送合同资料，国境站的交接、分拨，进口货物交付给收货人以及运到逾期计算等。

（一）联运进口货物运输标志的编制

运输标志又称唛头(Mark)，一般印制在货物外包装上。我国规定，联运进口货物在订货工作开始前，由商务部统一编制向国外订货的代号，作为收货人的唛头，各进出口公司必须按照统一规定的收货人唛头对外签订合同。

（二）审核联运进口货物的运输条件

联运进口货物的运输条件是合同不可缺少的重要内容，因此必须认真审核，使之符合国际联运和国内的有关规章。

审核联运进口货物运输条件的内容主要包括：收货人唛头是否正确；商品品名是否准确具体；货物的性质和数量是否符合到站的办理种别；包装是否符合有关规定等。

（三）向国境站寄送合同资料

合同资料是国境站核放货物的重要依据，各进出口公司在贸易合同签字以后，要及时将合同的中文抄本寄给货物进口口岸的外运分公司。合同资料包括：合同的中文抄本及其附件、补充书、协议书、变更申请书、更改书和有关确认函电等。

（四）联运进口货物在国境站的交接与分拨

1. 联运进口货物交接的一般程序

联运进口货物的交接程序与出口货物的交接程序基本相同。其做法是：进口国境站根据邻国国境站货物列车的预报和确报，通知交接所及海关做好到达列车的检查准备工作。进口货物列车到达后，铁路部门会同海关接车，由双方铁路部门交接票据，然后将车辆交接单及随车带交的货运票据呈交接所，交接所根据交接单办理货物和车辆的现场交接。海关则对货物列车执行实际监管。

我国进口国境站交接所通过内部联合办公，开展单据核放、货物报关和验关工作，然后由铁路部门负责将货物调往换装线，开展换装作业，并按流向编组向国内发运。

2. 联运进口货物交接中的几个问题

(1)进口合同资料

进口合同资料是国境站核放货物的唯一依据，也是纠正并处理进口货物在运输中出现错乱的重要资料。口岸外运分公司在收到合同资料后，如发现内容不齐全、有错误、字迹不清，应迅速联系有关进出口公司修改更正。

联运进口货物抵达国境站时，口岸外运分公司根据合同资料审核各种货运单证，只有单、证、票、货完全相符，才可核放货物。通常，联运进口货物货运事故大约有以下几类：

①合同资料与随车单证不符；

②单证与货物不符，包括有票无货、有货无票；

③货物错经国境口岸；

④货物混装、短装或超过合同规定的数量；

⑤货物不符《国际货协》规定，铁路部门拒收等。

对上述情况，口岸外运分公司应本着以下原则处理：因铁路部门过失造成的，联系铁路部门处理；因发货人过失造成的，根据合同资料和有关规定认真细致地查验货物，确有可靠依据的可予以纠正，否则联系有关公司处理。

(2)联运进口货物变更到站和变更收货人的工作

国际铁路联运货物，根据发货人和收货人的需要，可以提出运输变更。运输变更申请应由发货人或收货人提出。

联运进口货物变更到站、变更收货人时，首先应通过有关进出口公司向国外发货人提出。在国外发货人不同意办理变更时，可向国境站外贸运输机构申请，在国境站办理变更。

联运进口货物变更的受理，应在货物到达国境站前。如由收货人申请变更到站和收货人，则只可在货车开至进口国境站且货物尚未从该站发出时提出变更。

(3)联运进口货物的分拨与分运

对于小额订货(具有零星分散的特点)、合装货物和混装货物，通常以口岸外运分公司作为收货人。因此，在双方国境站办妥货物交接手续后，口岸外运分公司应及时向铁路部门提取货物，开箱分拨，并按照合同编制有关货运单证，向铁路重新办理托运手续。在分运货物时，必须做到货物包装牢固，单证与货物相符，并办清海关申报手续。

如发现货损货差，属于铁路部门责任的，必须由铁路部门出具商务记录。如属发货人责任，由各有关进出口公司向发货人提出赔偿。

## 小　结

1. 公路货物运输包括整车货物运输、零担货物运输、集装箱货物运输和特种货物运输等形式。

2. 铁路货物运输分整车、零担、集装箱三种。

3. 发货人在托运货物时，应对每批货物规定的格式填写运单和运单副本，并在填写后向始发站提出，在始发站承运货物时起，即认为运输合同业已订立。运单随同货物从始发站至终点站全程运输，最后交收货人。运单既是铁路部门承运货物的凭证，也是铁路方面的终点站向收货人核收运杂费和交货的依据。运单不是物权凭证，不能转让买卖。

4. 国际铁路联运，发货人由始发站托运，使用一份铁路运单，铁路方面根据运单将货物运往终点站交给收货人。在由一国铁路部门向另一国铁路部门移交货物时，不需收、发货人参加，亚欧各国按国际条约承担国际铁路联运的义务。国际铁路货物联运办理种别分为整车、零担和大吨位集装箱。

5. 我国通过满洲里、绥芬河、珲春、二连、阿拉山口、霍尔果斯、丹东、图们、集安、凭祥、山腰11个铁路口岸与俄罗斯、蒙古、哈萨克、朝鲜、越南5个国家开办两国间直通国际铁路货物联运和过境运输；并通过相关国家与中亚各国和一些欧洲国家实现了国际铁路货物联运。

6. 国际联运适用的规章，有的是由参加国铁路部门共同签订的，有的是某个铁路部门制定的，有的适用铁路部门和收、发货人，有的只适用于铁路部门。常用的包括《国际铁路货物联运协定》《货协细则》《统一货价》《车规》《清算规则》《国境铁路协定》《国际铁路货物联运办法》等规则。

## 职场体验

### 案例分析

深圳市圣德经贸有限公司将30箱化纤面料，共计2 250件交付东莞鑫业运输服务有限公司通过公路运输的方式发往香港地区。货物由货主自备集装箱装运，并自行安排装箱和施封。集装箱卡车经过深圳皇岗进入落马洲口岸后，在香港海关查验货物时发现实际货物为韩国品牌 EXR 的服装、鞋、袜子，随即被香港海关整车扣留，造成鑫业公司经济损失 8 345 万元。请分析该起事件的责任方是谁，其依据是什么。

**业务操作**

河南汝柯贸易公司向香港搜购集团出口一个整车的运动套装，货物的始发站为河南洛阳火车站，到达站为香港红磡火车站。汝柯公司委托河南捷达运输公司（注册的国际货运代理人）办理货物的出口货运事宜。货物到达内陆边境车站后，由中国铁路对外服务公司办理货物至香港地区的过境运输手续，货物到达香港边境站后再由香港中旅货运有限公司办理香港境内的铁路托运事宜。请根据上述信息回答下列问题：

（1）捷达运输公司在洛阳站办理从洛阳至深圳北站铁路托运填写的是国内铁路运单还是国际铁路运单？在深圳北站的收货人是谁？

（2）捷达运输公司在洛阳车站向汝柯公司签发的运输单证名称是什么？

（3）货物在整个运输过程中使用了几张运单？运费按哪几段收取？

（4）中国铁路对外服务公司在此项运输业务中扮演的角色是什么？香港中旅货运有限公司扮演的是什么角色？

## 学习评价

**一、单项选择题**

1. 下列货物不适宜采用公路运输的是（　　）。

A. 麻袋包装的土豆　　B. 充氧袋包装的活鱼
C. 纸箱包装的针织内衣　　D. 外交文件袋

2. 公路零担运输是指一次托运的货物，其计费重量是（　　）。

A. 1 吨及 1 吨以下　　B. 2 吨及 2 吨以下
C. 3 吨及 3 吨以下　　D. 4 吨及 4 吨以下

3. 公路零担运输与公路整车运输相比运价（　　）。

A. 较低　　B. 较高　　C. 相同　　D. 不一定

4. 公路运输货物的托运人，在托运时应该（　　）。

A. 填写“货物托运单”　　B. 填写“公路货物托运申请书”
C. 填写“公路运输货物清单”　　D. 填写“公路运输委托书”

5. 国际铁路联运出口货运中，下列（　　）表明铁路承运人接受承运。

A. 车站在运单上登记货物装车日期时　　B. 货物进入车站时
C. 货物装上车时　　D. 车站在货物运单上加盖承运戳记时

6. 对香港地区采用铁路运输时，对外结汇的凭证是（　　）。

A. 国内铁路运单　　B. 港段铁路运单
C. 承运货物收据　　D. 国际铁路联运运单

7.（　　）国际铁路联运规章只适用于铁路本身。

A.《国际货协》　　B.《货协细则》　　C.《统一货价》　　D.《国境铁路协定》

8. 我国铁路滨绥线的终点站是（　　）车站。

A. 满洲里　　B. 二连站　　C. 阿拉山口站　　D. 绥芬河车站

9. 我国铁路集二线的终点站是（　　）车站。

A. 满洲里　B. 二连站　C. 阿拉山口站　D. 丹东站

10. 北疆线是我国通往(　　)的铁路干线。

A. 蒙古　B. 哈萨克斯坦　C. 朝鲜　D. 越南

## 二、多项选择题

1. 根据运输组织分类,汽车货物运输可分为(　　)。

A. 拖挂货运　B. 包车货运　C. 集装化运输　D. 包装货运

2. 公路运输中的特种货物运输包括(　　)运输。

A. 集装箱货物　B. 危险货物　C. 大笨重货物　D. 鲜活易腐货物

3. 国际公路运单具有(　　)功能。

A. 货物收据　B. 物权凭证　C. 运输合同证明　D. 流通性

4. 我国通往邻国的铁路干线的货物需要在国境站换装后,才能运送到国外的铁路线是(　　)。

A. 滨洲线　B. 梅集线　C. 集二线　D. 北疆线

5. 按《国际货协》的规定,发货人在托运(　　)时应申明价格。

A. 图书　B. 艺术制品　C. 古董　D. 雕像

6. 以下国际铁路联运规则适用于铁路和发收货人的有(　　)。

A.《国际货协》　B.《统一货价》　C.《货协细则》　D.《国境铁路协定》

7. 下列货物中在国际铁路货物运输中只限按整车办理,不得按零担运送的有(　　)。

A. 冷藏货　B. 蜂蜜

C. 装于容器的活动物　D. 不易计算件数的货物

8. 下列关于《国际货协》运单,表述正确的是(　　)。

A. 运单正本是运输合同　B. 运行报单是各承运人间交接、划分责任的证明

C. 运单副本是承运人接收货物的证明　D. 货物交付单是承运人合同履行的证明

9. 下述关于国际铁路货物联运正确的表述是(　　)。

A. 在由一国铁路部门向另一国铁路部门移交货物时需要发货人与收货人参与

B. 由铁路部门负责从托运人接货到向收货人交货的全过程运输

C. 经过两个或两个以上国家的铁路运输

D. 在整个联运过程中使用一份国际联运运单

10. 公路集装箱甩挂运输的组织形式包括(　　)。

A. 一线两点、一端甩挂　B. 循环甩挂

C. 驼背/滚装运输　D. 一线两点、两端甩挂

## 三、判断题

1. 铁路运输机动灵活,可以方便、及时地提供"门到门"运输服务。(　　)

2. 通常认为运输距离超过 300 千米,以公路运输较好;不足 300 千米,以铁路运输较为适宜。(　　)

3. 对港澳地区的铁路运输属于国际多式联运。(　　)

4. 国际铁路零担货物运输是指按一份托运的一批货物,重量不超过 5 000 千克,按其体积或种类不需要单独车辆运送的货物。(　　)

5. 国际铁路联运中承运人是以各国铁路整体的名义与发、收货人订立合同的。(　　)

6. 因为港澳地区属于中国的一部分,所以内地与港澳地区间的公路运输属于国内运输。(　　)

7. 公路运单与海运提单一样是物权凭证,因此可以转让。(　　)

8. 采用书面形式订立公路运输合同时,三份运单都必须由托运人和承运人签字或盖章后才能生效。(　　)

9. 国际铁路联运中,在由一国铁路部门向另一国铁路部门移交货物时必须由收、发货人参加。(　　)

10. 国际铁路联运运单的第一和第五联必须随货物至到达路交收货人。 （ ）

**四、简答题**

1. 公路运输的特点是什么？
2. 公路运输方式如何分类？
3. 简述公路货物运输生产过程。
4. 简述公路特种货物运输的要点。
5. 简述公路集装箱货运程序。
6. 简述我国重要的铁路口岸。
7. 简述国际联运的办理种类。
8. 简述铁路联运运单的组成。
9. 简述联运进口货物的常见货运事故种类。
10. 简述国际联运出口货物交接的一般程序。
11. 简述铁路运输运送期间。
12. 简述铁路对承运货物的责任范围。
13. 简述铁路集装箱的装箱、装运与交付过程。
14. 简述内地与香港地区铁路运输的特点。

# 项目五 国际多式联运业务

**知识目标**

- ◆ 了解国际多式联运的特征
- ◆ 掌握国际多式联运的主要业务与程序
- ◆ 熟悉常见多式联运线路

**能力目标**

- ◆ 能够缮制国际多式联运提单
- ◆ 能够完成国际多式联运货物操作
- ◆ 能够完成北美大陆桥、新亚欧大陆桥货物的操作

**思政目标**

- ◆ 理解“一带一路倡议”中“丝绸之路经济带”的含义
- ◆ 培育国际多式联运中全程负责的责任感和敬业精神

**重点难点**

- ◆ 熟悉国际多式联运货物进出口操作流程
- ◆ 理解国际多式联运经营人的法律责任

**任务引入**

上海某货运代理公司接到一批汽车备件进口业务，起运地为德国汉堡，目的地为湖北十堰。负责操作的业务员小王应该如何完成这项工作呢？通过本项目的学习，你应当能够了解如何操作将该批货物按要求平安运达。

## 任务一 了解国际多式联运业务

### 一、国际多式联运的概念

1980年5月于日内瓦通过的《联合国国际多式联运公约》及1997年我国交通部和国家铁路局共同颁布的《国际集装箱多式联运管理规则》的定义中，对国际多式联运做出如下定义：“国际多式联运是指按照国际多式联运合同，以至少两种不同的运输方式，由多式联运经营人将货物从一国境内接管货物的地点运至另一国境内指定交货地点。为履行单一方式货物运输合同所规定的货物接送业务，则不应视为国际多式联运。”

## 二、国际多式联运的特点

（一）发货人与多式联运经营人之间必须有一份多式联运合同

该运输合同是多式联运经营人与托运人之间权利、义务、责任与豁免的合同关系和运输性质的确定，也是区别多式联运与一般货物运输方式的主要依据。该合同约束整个多式联运过程。

（二）国际多式联运全程运输中至少是用两种不同的运输方式，而且是不同运输方式，不同运输区段的连续运输

这里所指的至少两种运输方式可以是海—陆、陆—空、海—空等，这与一般海—海、陆—陆、空—空的联运有着本质的区别。后者是联运，但仍是一种运输工具之间的运输方式，不属于完整的国际多式联运。

（三）国际多式联运必须由一个多式联运经营人对货物运输的全程负责

该多式联运经营人不仅是订立多式联运合同的当事人，也是多式联运单证的签发人。当然，在多式联运经营人履行多式联运合同所规定的运输责任的同时，可将全部或部分运输委托他人（分承运人）完成，并订立分运合同。但分运合同的承运人与托运人之间不存在任何合同关系。无论涉及几种运输方式，分为多少个区段，多式联运的全程运输都是由多式联运经营人完成或组织完成的，多式联运经营人都要对运输的全程负责。

（四）国际多式联运在运输过程中一般以集装箱作为运输的基本单元

现代集装箱运输的发展与国际多式联运的发展紧密相连。国际多式联运必须是国际上的货物运输。这不仅有别于国内货物运输，更主要的是涉及国际运输法规的适用问题。

（五）国际多式联运必须使用一份全程多式联运单证

该单证应满足不同运输方式的需要，多式联运经营并按单一运费率计收全程运费。多式联运实行一票到底，全程单一费率的运输，即发货人只要办理一次托运、一次计费、一次保险，通过一张单证即可实现从起运地到目的地的全程运输。

## 三、国际多式联运的优点

（一）全程统一，理赔方便

国际多式联运中不论运输全程有多远，不论由几种方式共同完成货物运输，也不论全程分为几个运输区段，经过多少次转换，所有一切运输事项均由多式联运经营人负责办理，托运人只需办理一次托运、订立一份运输合同、支付一次费用、办理一次保险，从而省去托运人办理托运手续的许多不便。一旦在运输过程中发生货物的灭失和损坏，就由多式联运经营人对全程负责，从而简化理赔手续，节约理赔时间。此外，由于国际多式联运采用一份货运单证，统一计费，运输过程中各区段的衔接是由多式联运经营人与各实际承运人订立分运合同和与各代理人订立委托合同来完成的，多式联运经营人与这些人一般订有长期的协议，可以从各实际承运人那里取得较优惠的运价，因而简化了制单和结算手续，节省了人力和物力。

（二）运输时间缩短，运输质量提高

在国际多式联运方式下，各个运输环节和各种运输工具之间配合密切，衔接紧凑，货物所到之处中转迅速及时，大大减少货物的在途停留时间，从而保证了货物安全、迅速、准确、及时地运抵目的地，缩短了运输时间。对货主来说，在将货交由第一承运人后即可取得货运单证，并据以结汇，结汇时间提前，不仅有利于加速货物资金的周转，而且减少了成本的支出。此外，

由于货物装载集装箱运输，在一定程度上节省了货物的包装费用和保险费用，且多式联运通过集装箱为运输单元运输，尽管货运途中需经多次转换，但由于使用专业机械装卸，且不涉及箱内货物，因而货损货差事故大为减少，从而在很大程度上提高了货物的运输质量。

（三）运输组织水平提高，运输更加合理化

在国际多式联运开展之前，各区段运输中各种运输方式的经营人各自为政，自成体系。如果由不同的运输经营人共同参与多式联运，由一个多式联运经营人统筹全程运输，运输经营的范围可以大大扩展，同时可以最大限度地发挥其现有设备作用，改善不同运输方式间的衔接工作，选择最佳运输线路，组织合理化运输。

## 四、国际多式联运的运输组织

（一）法定联运和协议联运

1. 法定联运

法定联运是指与多式联运有关的运输票据、联运范围、联运受理的条件与程序、运输衔接、货物交付、货物索赔程序以及承运人之间的费用清算等均应符合有关国际公约和国家颁布的有关规章的规定，并实行计划运输。这种多式联运的最基本特征在于其强制性，即承托双方并不需要对国际多式联运合同的条款予以协商，仅需要按照规定办理即可。这种联运方式有利于保护货主的权利和保护联运作业的顺利进行，但缺点是灵活性较差，使用范围窄，在从事联运的运输企业资格、联运路线、货物种类与数量及受理地/换装地点等方面均做出限制。

法定联运的应用：在我国国内多式联运中，由各港航企业与港口、航运、铁路企业共同协作，完成货物的水水联运和水陆联运，主要适用于保证计划的调拨物资、重点物资和国防、抢险、救灾等急需物资。在国际多式联运中，并不存在这种法定多式联运，但在单一方式下的国际联运大多采取法定多式联运，比如，国际铁路联运即属于法定联运。

2. 协议联运

协议联运是指法定联运以外的联运，最基本的特征在于联运的非强制性。在这种联运形式下，联运所采用的运输方式、运输票据、联运范围、联运受理的条件与程序、运输衔接、货物交付、货物索赔程序以及承运人之间的利益分配与风险承担等均由双方通过友好协商而定。其缺点是，在实践中，货主往往处于劣势，并不具备与联运经营人协商修改联运协议的能力。因此，为了避免联运经营人损害货主利益，无论是国际还是国内都制定了规范这种联运形式的国际公约或法律法规，凡联运协议中与这些国际公约或法律法规相抵触的内容均属无效。

（二）协作式联运与衔接式联运

根据联运组织方式和体制的不同，分为协作式联运与衔接式联运。

1. 协作式联运

协作式联运，是指两种或两种以上运输方式的不同运输企业按照统一的公约、规章或商定的协议，共同将货物从接管货物的地点运到指定交付货物的地点的联运。

在协作式多式联运下，参与联运的承运人均可受理托运的申请、接收货物、签署全程运输单据，并负责自己区段的运输生产，后续承运人除负责自己区段的运输生产外，还需要承担运输衔接工作，而最后承运人则需要承担货物交付以及受理收货人的货损货差索赔。在这种体制下，参与联运的每个承运人均具有双重身份，对外而言，他们是共同承运人，其中一个承运人（或代表所有承运人的联运机构）与发货人订立运输合同，并对其他承运人有约束力，即每个承运人均视为与货主存在运输合同关系；对内而言，每个承运人不但有义务完成自己区段的实际运输和有关的货运组织工作，还应根据规章或协议的规定承担风险和利益分配。

根据开展联运所依据的规则不同，协作式多式联运可进一步细分为法定联运和协议联运。

2. 衔接式联运

衔接式联运是指由一个多式联运经营人综合组织两种或两种以上运输方式的不同运输企业，将货物从接管货物的地点运到指定交付货物的地点的联运。

在实践中，多式联运经营人既可能由不拥有任何运输工具的国际货运代理、场站经营人、仓储经营人担任，也可能由从事某一区段的实际承运人担任。但无论如何，承运人都必须持有国家有关主管部门核准的许可证书，能独立承担责任。

在衔接式多式联运下，运输组织工作与实际运输生产实现了分离，多式联运经营人负责全程运输组织工作，各区段的实际承运人负责实际运输生产。在这种体制下，多式联运经营人也具有双重身份，对于货主而言，他是全程承运人，与货主订立全程运输合同，向货主收取全程运费及其他费用，并承担承运人的义务；对于各区段实际承运人而言，他是托运人，他与各区段实际承运人订立分运合同，向实际承运人支付运费及其他必要的费用。很明显，这种运输组织与运输生产相互分离的形式，符合分工专业化的原则，不但方便了货主和实际承运人，也有利于运输的衔接工作。因此，它是联运的主要形式。

## 任务二　陆桥运输业务

### 一、陆桥运输的概念

在国际多式联运中，陆桥运输起着非常重要的作用。所谓陆桥运输，是指采用集装箱专用列车或卡车，把横贯大陆的铁路或公路作为中间“桥梁”，使大陆两端的集装箱海运航线与专用列车或卡车连接起来的一种连贯运输方式。而大陆桥运输是指利用大陆桥，把大陆两端的海洋运输连接起来的海陆联运的集装箱运输方式，即海—陆—海的连续运输。随着大陆桥运输的发展，陆桥两端的集散点不断扩散，并加入了航空、公路、河运、管道等多种运输方式。大陆桥运输实际上是以铁路为主体，以集装箱为媒介，水运、航空、公路、管道等多种运输方式相结合，横跨洲际大陆，实行海陆衔接，“一票到底”的国际联运。

### 二、美国陆桥运输业务

美国大陆桥是指利用北美的铁路从远东到欧洲的“海陆海”联运。1971 年底，美国大陆桥由经营远东/欧洲航线的船公司和铁路承运人联合开办“海陆海”多式联运线。该大陆桥东起纽约，西至旧金山，它西接太平洋，东连大西洋，全长 4 500 千米。该陆桥运输包括美国大陆桥运输和加拿大大陆桥运输。美国大陆桥有两条运输线路：一条是从太平洋东部沿岸至大西洋西部沿岸的铁路和公路运输线；另一条是从太平洋东部沿岸至北美东南部墨西哥湾沿岸的铁路和公路运输线。加拿大大陆桥与美国大陆桥相似，由船公司把货物海运至温哥华，经铁路运到蒙特利尔等城市，再与大西洋海运相接，但由于种种原因，北美大陆桥运输并未得到充分发展。北美大陆桥是世界上历史最悠久、服务范围最广的陆桥运输线，从远东到北美东海岸的货物有相当一部分是采用双层列车运输的。此外，1982 年开始营运的墨西哥大陆桥由于其服务范围有限，故影响较小。

北美地区的陆桥运输不仅包括上述大陆桥运输，而且包括小陆桥运输和微桥运输等运输组织形式。目前，我国出口美国的集装箱货物，美国相当部分进口商开来的信用证中经常出现OCP、MLB、IPI等词。那么，什么是OCP、MLB、IPI？实际业务中如何具体运用？它们之间有何区别？这对我国出口商、运输经营人来说必须有所了解，从而有利于集装箱货物的进出口工作，避免实际业务中不应出现的责任纠纷和不必要的费用支出。

（一）OCP运输（内陆公共点运输）

"OCP"一词的英文全称为"Overland Common Point"（"内陆公共点"或"陆上公共点"），其含义是指使用两种运输方式，将卸至美国西海岸港口的货物通过铁路运抵美国内陆公共点。从远东至美国内陆公共点的集装箱货物运输，在使用OCP运输方式时应注意下列几点：

（1）OCP运输下的集装箱货物，卖方（发货人）承担的责任、费用终止在美国西海岸港口，货物卸船后，由收货人委托中转商持正本提单向船公司提货，并负责运抵收货人指定地点。

（2）收货人在收到货物单证10天内，必须申请进口保税运输，以保证将货物最终运抵交货地。如不按时提出申请，货物即转至保税仓库，从而产生各项费用。避免这些费用支出的做法是收货人或其代理人委托铁路公司代办运输至内陆公共点的保税申请手续。

（3）OCP运输的集装箱货物，在买卖合同和信用证栏内应加注"OCP运输"字样，签发提单时，其签发要求与买卖合同、信用证要求相符。

（4）OCP运输的集装箱货物，如使用某些船公司美国航线专用提单时，因该提单栏内只有"卸货港""最终交货地"两栏内容，在国内港口装船运往美国使用OCP运输方式，而签发某些船公司专用提单时，目的港一栏内应注明"××港　OCP"。

（5）凡运往内陆公共点集装箱货物，应在卸船45天内由收货人向铁路提供证明，如陆上运输单证、转运单、海关转口申请单等。

（6）OCP运输不是真正的多式联运，尽管全程运输使用海、陆两种运输方式，但海、陆运输区段各自签单，海、陆区段运费各自计收，海、陆区段的运输责任各自划分，因此不具备多式联运使用一张单证、统一责任的要求。

（二）MLB运输（小陆桥运输）

"MLB"一词的英文全称为"Mini Land Bridge"，其运输方式是使用海、陆运输方式将集装箱货物先运至日本港口，再转运至美国西海岸港口，卸船后交由铁路运抵美国东海岸港口或加勒比海港口区域。我国出运到美国的集装箱货物，在使用小陆桥运输时可先将货物运日本港口，再转运美国西海岸卸船后，交铁路运抵美国东海岸或加勒比海区域。使用MLB运输，对我国出口商、运输经营人来说，应注意以下问题：

（1）小陆桥运输是完整的多式联运，由运输经营人签发全程联运提单，并收取全程运费，对全程运输承担责任。

（2）小陆桥运输下的集装箱货物，其提单制作应分别注明：

卸船港：××港

交货地：××交货地

（3）小陆桥运输下成交的货物，卖方（发货人）承担的责任、费用终止于最终交货地。

（4）小陆桥运输下的集装箱货物，运费计收应根据运输经营人在美国注册的运价本收运费，原则上无任何形式的运费回扣，除非运输经营人与货主之间订有服务合同，即在一定时间内提供一定货运量后，货主可享有一个较低运价。

在按服务合同收运费，而货物托运人是无船承运人时，小陆桥运输的集装箱货物应出具两套提单，一套是无船承运人签发给货主的HOUSE-B/L，另一套则是船公司签发给无船承运人的 MEMO-B/L，前者给货主用于结汇，后者供无船承运人在美国的代理凭其向船公司提货。

（二）IPI 运输（内陆公共点多式联运）

“IPI 运输”一词的英文全称为“Inter Point Intermodal”运输。小陆桥运输下的集装箱货物，其抵达区域是美国东海岸和加勒比海区域，而 IPI 运输方式则将集装箱货物运抵内陆主要城市。两者的运输方式、运输途径、运输经营人责任和风险则完全相同。但与 OCP 运输相比较，IPI 是完整的多式联运，而 OCP 运输则不是完整的多式联运。使用 IPI 集装箱多式联运方式时应注意的问题：

（1）在 IPI 运输方式下，其提单缮制时应写明：

卸船港：××港

交货地：××交货地

（2）运输经营人对货物承担的责任从接收货物时起至交付货物时止，即对全程运输负责。

（3）IPI 运输方式下的集装箱货物，在到岸价的情况下，卖方（发货人）承担的责任、费用终止于最终交货地。

（4）IPI 运输尽管使用两种不同运输方式，但使用同一张货运提单，并收取全程运费。

小链接

**OCP、MLB、IPI 三种运输方式比较**

| | OCP | MLB | IPI |
|---|---|---|---|
| 货物成交价 | 卖方承担的责任、费用终止于美国西海岸港口 | 卖方承担责任、费用终止于最终交货地 | 与 MLB 相同 |
| 提单签发 | 仅适用海上区段货物运输 | 适用全程运输区段 | 与 MLB 相同 |
| 运费计收 | 海、陆运输区段分别计收运费 | 收取全程运费 | 与 MLB 相同 |
| 保险区段 | 海、陆运输区段分别投保 | 可全程投保 | 可全程投保 |
| 货物运抵区域 | 内陆公共点 | 美国东海岸和美国湾 | 内陆公共点 |
| 多式联运方式 | 不具备完整的多式联运 | 具备完整的多式联运 | 具备完整的多式联运 |

（四）铁路公司及多式联运的线路

美国私营铁路公司众多，各家提供服务的范围、种类和客户对象也不尽相同。大多数从事国际物流业务的公司与以下几家大的铁路公司签订合同，其服务范围如下：

1. UP 铁路干线（Union Pacific）

从长滩港中转到/来自埃尔帕索、休斯敦、达拉斯、新奥尔良、孟菲斯、圣路易斯等美湾地区的主要内陆中心及周边地区的货物。

从奥克兰中转到/来自盐湖城、丹佛等卡罗拉多河流域的主要内陆中心及周边地区的货物。

2. BN 铁路干线

从长滩港中转到/来自堪萨斯、奥马哈、芝加哥等中西部主要内陆中心及周边地区的货物。

从西雅图到/来自明尼阿波利斯、密尔沃基、芝加哥、底特律、堪萨斯城、路易斯维尔、奥马哈、圣路易斯、孟菲斯等中西部及田纳西州内陆主要枢纽及周边地区的货物。

3. CP 铁路干线

从温哥华中转到/来自卡尔加里、埃德蒙顿、萨斯卡通、里贾纳、温尼伯、多伦多、蒙特利尔等东西线贯穿整个加拿大的货物。

从温哥华中转到/来自美国东北沿海及底特律、辛辛那提、克利夫兰、哥伦布、密尔沃基、明尼阿波利斯等中西部、俄亥俄山谷内陆中心及周边地区的货物。

4. CSX 线

从纽约、巴尔的摩两港中转到/来自芝加哥、哥伦布、底特律、圣路易斯、辛辛那提等中西部地区及俄亥俄山谷内陆中心及周边地区的货物。

从查尔斯顿港中转到/来自亚特兰大、休斯敦、新奥尔良、杰克逊维尔、坦帕、迈阿密的东南沿海和美湾地区中心城市及周边地区的货物。

5. NS 线

从诺福克(Norfolk)中转到/来自堪萨斯城、圣路易斯、路易斯维尔、孟菲斯等中南部产粮区的中心城市和周边地区的货物。并不是所有地区都用铁路运输,从纽约到波士顿,从巴尔的摩到诺福克,从查尔斯顿到威明顿,也可选择驳船运输。在各港口地区的“门到门”运输以及在内陆中心点附近的“门到门”运输,可选择卡车运输方式。一般而言,在港口周边的 260 海里半径范围内,用卡车较火车运输更经济和便捷(卡车司机可以一天内来回)。

内陆运输方式的组合是由多式联运线路开发及成本运价来制定的,每条线路都是最佳运输线路及最低的运输成本,所有港口地区多式联运公司及内陆点多式联运分公司,在操作多式联运货物前,必须检查最佳线路是否存在,并严格按规定的最佳线路通知有关的分段合同运输商具体承运。如线路不存在,应进行线路开发及成本运价分析,尽快规划新的运输线路。

(五)内陆多式联运成本价组成

内陆多式联运的成本价只有多式联运公司才有权参与报价,其成本价是企业实际支出的费用,没有考虑任何商业市场的因素。同商务部门登记的 FMC 内陆运价本上的内陆运价是两回事,FMC 内陆运价已经考虑了市场的因素,有时比内陆成本高,有时比内陆成本低,具体运价定位要视市场情况而定。

在设定内陆多式联运成本价时,要考虑以下因素:

(1)港口到铁路站堆场的拖运费;

(2)铁路站的服务费用;

(3)铁路的运费成本;

(4)不连接铁路之间的转接拖运费;

(5)卡车运到内陆 CY 或 CY 到门的成本;

(6)在没有空箱堆场的地方,调空箱费或还回空箱附近内陆堆场的费用。

在设定内陆多式联运成本价时,下列因素没有考虑:

(1)底盘车的租金;

(2)码头操作费用(如吊上吊下费、TIR、堆存费等);

(3)因没有足够空箱而产生的空箱调运费。

为何没有考虑上述三个因素，是因为这属于海运价及商业市场考虑的范围。这也是为何FMC运价本上的内陆运价同多式联运询价中的内陆成本价不一致的原因。

（六）多式联运超重及大件的运输

美国的公路桥梁法规规定，20英尺箱的货重不得超过38 000磅，40英尺箱的货重不得越过44 000磅。一旦超重被执勤的公路巡警发现，卡车将被扣罚款，并要求当场拆箱，减轻重量，给货主及船东都带来损失。

尽管明确规定进出口美国货物的重量限制，但是超重现象仍时有发生。一方面是疏忽造成，另一方面是由于商业市场的需要不得不这样做。

(1)如果在码头堆场，船公司可以不管，由货主自己想办法解决。

(2)如果在港口，则是船公司的责任。可以用特殊的底盘车，如Slider、X-10、Tri-axle或平板车运输。使用这些特别的底盘车要增加费用，如果是商业市场必须要做，则船公司自己支付；如果不是这个原因，则要让货主支付这笔增加的费用。

(3)如果特殊底盘车也不能用，则唯一的办法是在堆场拆箱减载，所有费用由货主承担。

(4)对运到内陆堆场的超重箱，根据是否有On Dock Rail的卸港，如有可以接受运到内陆堆场的超重箱运输。如果到内陆DOOR，则按到达最后的内陆堆场后的处理方法，见(2)。

对于超重箱运输，建议客户最好在内陆堆场清关。因为卸港后可直接装On Dock Rail。若在港口清关，则清关后，要等下班船到了才能一起出运。若想尽早出运，必须拖运出码头到火车站集中出运，这样就与特殊底盘车一样增加了费用。

关于大件货的多式联运，无论是火车还是卡车运输，基本的原则是不超过9英尺宽，货物高度与设备高度小于13′6″。

在考虑设备的高度时，参考以下因素：底盘车高度4′；框架箱平板高度2′；开顶箱底座1′。

所有的大件货内陆多式联运，必须征得IBS(内陆运输公司)总部的批准并报价，超出以上尺寸的大件原则上是不接受的，特殊情况逐案处理。大件装运火车必须得到联邦货物局的检验认可，并符合铁路上绑扎的规定，同时必须让货主出示甲板装载的保函。

（七）危险品的多式联运

无论用火车还是卡车运输多式联运的危险品，运输之前一定要得到联邦货物局或合格的铁路检验员对箱内货物绑扎情况的检验认可，并对箱外危险品识别标志的检验认可后方可出运。无论是进口还是出口，在订舱时发货人都必须提供内陆运输公司和各区段运输公司的以下文件：

1. 托运单证

(1)正确的托运名称、危险品等级、联合国编号、包装类别；

(2)发货人；

(3)24小时服务的应急联系电话；

(4)危险物品的重量；

(5)发货人的危险品申报；

(6)其他法律上需要的资料。

2. 危险品案例资料说明书

哪些危险品多式联运是可以接受的呢？一般铁路公司不接受对身体和安全可能造成的任何伤害的危险货物，如爆炸品、压缩气体、易燃的物质、传染性物质、有毒及放射性物质。根据危险品的性质，制定了可以直接接受的多式联运危险品，以及需评估后才能接受的危险品清单。

(八)进口货物多式联运的操作程序

一般而言,多式联运的进口货物要求在第一港卸下,并通过各种运输工具转运到目的地。因此在船舶的积载上,要求将属于多式联运的货分区积载,并能在卸港优先卸货。如港口有On-dock 的车皮,从船上卸下后直接装双层列车出运。当然,各港口的工作方式以及铁路运输公司等的工作方式不尽相同,但在多式联运时,要求各港口的内陆运输公司分公司按下列清单一步步地完成内陆多式联运的工作程序。

进口单证部门收到 EDI 进口货物舱单后:

(1)打印出多式联运跟踪报告。

(2)打印出多式联运舱单报告,审核舱单并核查以下内容:

①是否有超重货;

②是否有危险货;

③是否有超长货、大件货。

如果发现以上这些货物,应做相关处理。

(3)审查舱单报告和跟踪报告,如有错误则改正。

(4)利用多式联运舱单或多式联运成本与路线查询表,核实所有路线是否正确。

(5)根据目的地选择承运人。

(6)呈送分派好的货运单证以便准备交货单和保税运输申请。

(7)发出多式联运通知给内陆点分公司。

(8)发出多式联运舱单给铁路,并得到铁路来的 EDI 发票,通知卡车公司工作计划。

(9)尽快接收到交货单和保税运输批准号。

(10)船舶到达港口,应每天监视提箱、交货和铁路车皮运输时间,并通知内陆运输公司。

(11)从收货人/经纪人处得到交货指示,并核实运费和清关情况后交货上门。

对内陆运输公司分公司而言,检查卸港公司通知中所讲的多式联运货是否到达,每天检查其提箱、交货情况,若是上门交货条款,则安排“门到门”运输。

(九)出口货物多式联运的操作程序

在出口货物多式联运中,各分公司同主管公司代理之间的相互联系是非常重要的。为达到这样的效果,应做到以下几点:

(1)订舱前,有关内陆多式联运分公司应核实集装箱是否可用(特别是集装箱不足的地区)。

(2)订舱后,如果是上门提货运输条款,则要同托运人或发货人联系,安排好装箱计划,确定承运人并通知承运人客户装箱的计划。

(3)为了指示铁路出运,空箱提运后,卡车司机要通知船公司每一个订舱号下的集装箱号。

(4)集装箱运到铁路堆场时,所有的动态必须输入管理系统以便跟踪。

(5)随后,内陆运输公司开始跟踪箱子动态并通知港口分公司,若无动态显示,则同铁路管理部门联系要求解释并改正。

(6)港口分公司通过管理系统的多式联运跟踪,报告每天监督出口货物的内陆运输,以确保有足够的时间去港口、火车站提箱送码头出口。

(7)如果在运输中有任何延迟,应立即通知相关承运人,并加以解决。

(8)港口分公司收到铁路承运人寄来的到达通知时,立即书面通知分配好的卡车公司提箱并送交码头。

(9)港口分公司跟踪动态,并在港口接收箱子。

对出口货物多式联运而言,一定要把握内陆 CY、铁路公司的最后结关时间。每条船舶在各内陆堆场,根据运输时间的不同,有不同的铁路结关时间。如果在铁路结关时间以前将集装箱送至内陆堆场,则该箱子可以赶上港口船舶的结关时间,否则难以配上预订的船。

(十)开展上门交接货的服务

为方便客户、提高服务质量和竞争力度,在多式联运提单下,大多数船公司提供上门交接货的服务。根据 FMC 的规定,船公司只要在 FMC 登记过内陆运价费率的和/或服务合同中列明地点的上门交接服务才可以做上门交接货的服务。

在上门交接货的多式联运中,主要提供以下服务:

(1)在货主准备就绪的情况下交接货;

(2)给客户运至客户工厂或仓库提供 2 小时的免费装卸时间;

(3)集装箱货物在重量不得超过 20 英尺/38 000 磅、40 英尺/44 000 磅。在上门交接货的多式联运中,不提供以下服务:

①将箱子拖运至客户工厂或仓库,拖头离开,等装箱完毕,再回来拖箱;

②超重货(除非发货人支付特殊底盘车费用);

③司机协助装卸货;

④需要特殊底盘车或特殊操作(除非愿意支付特殊底盘车和特殊操作费);

⑤停靠 2 个以上的装箱点;

⑥装卸货超过 2 小时;

⑦油罐运输;

⑧严格限制的危险品。

## 三、西伯利亚大陆桥运输业务

沙俄政府时期,为了把相距遥远的东西部连接起来,修建了西伯利亚大铁路。这条铁路东起太平洋沿岸的符拉迪沃斯托克,西至乌拉尔山东麓的叶卡捷琳堡,全长 9 446 千米。从 1891 年起,这条铁路从东西两端同时开工,于 1905 年建成通车,成为横贯欧亚大陆的交通大动脉。此后,为加快开发西伯利亚和远东地区,苏联政府决定修建第二条西伯利亚铁路(贝阿铁路)。这条新铁路西起西伯利亚大铁路的泰舍特站,经勒拿河畔的乌斯季库特、贝加尔湖北端的下安加尔斯克、赤塔州的恰拉、阿穆尔州的腾达、哈巴罗夫斯克(伯力)边疆区的乌尔加尔、共青城,直到日本海沿岸的苏维埃港,全长 4 275 千米。1984 年底贝阿铁路竣工,1985 年正式通车。

西伯利亚大陆桥全长 1.3 万千米,东起俄罗斯东方港,西至俄芬(芬兰)、俄白(白俄罗斯)、俄乌(乌克兰)和俄哈(哈萨克斯坦)边界,过境欧洲和中亚等国家。1997 年后,俄罗斯将西伯利亚大陆桥运输作为国家竞争力的重要组成部分,采取了一系列措施改进运输条件,近些年,年均运量增长 50%以上。目前,中、日、韩进出口中亚的货物有两条通道,一是海运到中国的连云港等港口,再走新亚欧大陆桥到中亚;二是海运到俄罗斯东方港,再从东方港通过西伯利亚大陆桥铁路集装箱班列到中亚。尽管走新亚欧大陆桥到中亚比走西伯利亚大陆桥要近 3 000 多千米,但两陆桥过货量差距却逐年加大。中、日、韩三国出口中亚的货物大约 70%选择了西伯利亚大陆桥,西伯利亚铁路运量的 22%来自中国沿海地区。目前,广州、深圳、厦门、宁波、上海、青岛、天津等港口都有直达俄罗斯东方港的航线。俄、韩十多家船运、铁路和货代公司在中国设立了分公司和办事处，经营西伯利亚海铁联运，揽取中国出口中亚和俄罗斯的货物。

西伯利亚大陆桥运输是指使用国际标准集装箱，将货物由发运国（远东地区）途经跨越欧亚大陆的西伯利亚铁路运至欧洲或中近东的一种运输方式。使用这条陆桥运输线的经营者主要是日本、中国和欧洲各国的货运代理公司。西伯利亚大陆桥大大缩短了从东亚、东南亚及大洋洲到欧洲的运输距离，因而理论上节省了运输时间。但是，由于西伯利亚大陆桥运输在经营管理上存在的问题如港口装卸能力不足、铁路集装箱车辆不足、箱流的严重不平衡以及严寒气候的影响等在一定程度上阻碍了其发展。

### 四、新亚欧大陆桥

俄罗斯的西伯利亚铁路是一条跨越亚欧大陆而将太平洋和大西洋联结起来的陆上桥梁，被人们称为亚欧大陆桥或西伯利亚大陆桥。而由太平洋西岸中国连云港开始的陇海、兰新铁路向西延伸在中国西部边境阿拉山口与哈萨克斯坦共和国的德鲁日巴站接轨，经亚洲、欧洲诸国直到大西洋的另一条陆上通道，则被称为新亚欧大陆桥。1990 年 9 月 12 日，随着中国兰新铁路与哈萨克斯坦土西铁路接轨，连接亚欧的第二座大陆桥正式贯通。该陆桥为亚欧开展国际多式联运提供了一条便捷的国际通道。

新亚欧大陆桥是相对旧亚欧大陆桥而言。它东起太平洋西岸连云港等中国东部沿海港口，西可达大西洋东岸荷兰的鹿特丹、比利时的安特卫普等港口，横贯亚欧两大洲中部地带，总长约 10 900 千米。它的东端直接与东亚及东南亚诸国相连，并进而与美洲西海岸相通；它的中国段西端，从新疆阿拉山口站换装出境进入中亚，与哈萨克斯坦德鲁日巴站接轨，西行至阿克套，进而分北中南三线接上欧洲铁路网通往欧洲。其北线：由哈萨克斯坦阿克套北上与西伯利亚大铁路接轨，经俄罗斯、白俄罗斯、波兰通往西欧及北欧诸国。中线：由哈萨克斯坦往俄罗斯、乌克兰、斯洛伐克、匈牙利、奥地利、瑞士、德国、法国至英吉利海峡港口转海运或由哈萨克斯坦阿克套南下，沿吉尔吉斯斯坦边境经乌兹别克斯坦塔什干及土库曼斯坦阿什哈巴德西行至克拉斯诺沃茨克，过里海达阿塞拜疆的巴库，再经格鲁吉亚第比利斯及波季港，越黑海至保加利亚的瓦尔纳，并经鲁塞进入罗马尼亚、匈牙利通往中欧诸国。南线：由土库曼斯坦阿什哈巴德向南入伊朗，至马什哈德折向西，经德黑兰、大不里士入土耳其，过博斯普鲁斯海峡，经保加利亚通往中欧、西欧及南欧诸国，同时还可经过土耳其埃斯基谢基尔南下中东及北非。新亚欧大陆桥连接着东亚、中亚、西亚、中东、俄罗斯、东欧、中欧、南欧、西欧等 40 余国，占世界国家数的 22%；面积 3 970 万平方千米，占世界陆域面积 26.6%；居住人口 22 亿，占世界人口 36%。

新亚欧大陆桥在中国境内经过陇海、兰新两大铁路干线，全长 4 131 千米。它在徐州、郑州、洛阳、宝鸡、兰州分别与我国京沪、京广、焦柳、宝成、包兰等重要铁路干线相连，具有广阔的腹地。至此，亚太地区运往欧洲、中近东地区的货物可经海运至中国连云港上桥，出中国西部边境站阿拉山口后，进入哈萨克斯坦国境内边境站换装，经铁路运至其边境站、港，再通过铁路、公路、海运继运至西欧、东欧、北欧和中近东各国。而欧洲、中近东各国运往亚太地区的货物，则可经东欧国家铁路（俄罗斯为主）进入中国西部边境站阿拉山口换装，经中国铁路运至连云港后，再转船运至日本、韩国、菲律宾、新加坡、泰国、马来西亚等国和地区。

新亚欧大陆桥使得亚欧之间的货运距离比西伯利亚大陆桥更为缩短，从日本、韩国至欧洲，通过新亚欧大陆桥，水陆全程仅为 12 000 千米，比经苏伊士河少 8 000 多千米，比经巴拿马运河少 11 000 多千米，比绕道好望角少 15 000 多千米。东亚至西欧，经新亚欧大陆桥比经苏伊士运河的全程海运航线，缩短运距 8 000 千米；比通过巴拿马运河缩短运距 11 000 千米。东亚至中亚、中近东，经新亚欧大陆桥比经西伯利亚大陆桥，缩短运距 2 700 千米～3 300 千米。该陆桥运输线的开通将有助于缓解西伯利亚大陆桥运力紧张的状况。

新亚欧大陆桥使得东亚与中亚、西亚的货运距离大幅度减少。日本神户、韩国釜山等港至中亚的哈萨克斯坦、乌兹别克斯坦、吉尔吉斯斯坦、塔吉克斯坦、土库曼斯坦 5 个国家和西亚的伊朗、阿富汗，通过西伯利亚大陆桥和新亚欧大陆桥，海上距离相近，陆上距离相差很大。如到达伊朗德黑兰，走西西伯利亚大陆桥，陆上距离达到 13 322 千米，走新亚欧大陆桥，陆上只有 9 977 千米，两者相差 3 345 千米，到达中亚的阿雷西，走西伯利亚大陆桥，陆上是 8 600 千米，走新亚欧大陆桥，陆上距离只有 5 862 千米，两者相差 2 774 千米。

由于运距的缩短，新亚欧大陆桥在运输时间和运费上将比西伯利亚大陆桥又有所减少，更有利于同海运的竞争。此外，新亚欧大陆桥的东端桥头堡自然条件好，位置适中，气候温和，一年四季可不间断地作业。在亚欧经贸合作中，新亚欧大陆桥具有重要作用。它的东西两端连接着太平洋与大西洋两大经济中心，基本上属于发达地区，但空间容量小，资源缺；而其辽阔狭长的中间地带也即亚欧腹地除少数国家外，基本上都属于欠发达地区，特别是中国中西部、中亚、西亚、中东、南亚地区，地域辽阔，交通不够便利，自然环境较差，但空间容量大，资源富集，开发前景好，开发潜力大，是人类社会赖以生存、发展的物华天宝之地。这里是世界上最重要的农牧业生产基地，粮、棉、油、马、羊在世界上占有重要地位。这里矿产资源有数百种，其中，金、银、铜、铁、铀、铅、锌、铂、镍、钛、锑、汞、铬、镁、钠、钾、钒、铝、钨、锰、钼、磷、硼等均享誉世界。能源尤为富集，煤炭储量 2 万亿吨以上，石油储量约 1 500 亿吨，天然气储量近 7 500 亿立方英尺，堪称世界“能源之乡”。因此，新亚欧大陆桥通过区域，在经济上具有较强的相互依存性与优势互补性，蕴藏了非常好的互利合作前景。新亚欧大陆桥在中国境内全长 4 131 千米，贯穿中国东、中、西部的江苏、山东、安徽、河南、山西、陕西、甘肃、宁夏、青海、新疆 10 个省（区），还影响到湖北、四川、内蒙古等地区。该地区人口约 4 亿，占全国的 30％；国土面积 360 万平方千米，占中国的 37％，在中国的社会经济发展中处于十分重要的位置。中国对大陆桥沿线地区的地质勘探和对两侧 100 千米范围内的空中遥感勘测表明这一地带能源矿产资源相当富集，有开采价值的就达 100 多种，沿桥省（区）名列首位矿产有 64 种，其中储量占全国 50％以上的有煤、铝、铜、镍、石棉等。铜、铂、铅、锌、金等有色金属及石油、电力等均在全国占有举足轻重的地位。特别是煤炭储量 2 000 亿吨，石油储量数百亿吨，不仅在中国内部，在世界上也屈指可数。仅塔里木盆地油气总生成量就有 300 亿吨，相当于世界五大油田总和。该地带还有全国重要的粮食、棉花、油料和畜牧业基地。黄河为该区提供了最大的水资源补给，其中上游是水力资源的“富矿带”；煤炭、石油和黄河水力，资源构成了“中国能源之乡”。这里曾是全国 156 个重点工程及三线军工、重大企业集中布置地区，煤炭、石油、机械、航空、化工、电力、冶炼、纺织等产业具有可观的规模。科学技术力量也比较雄厚。这些优势决定了该地带具有巨大的开发潜力。

新亚欧大陆桥的畅通，有利于促进沿桥国家的经贸合作、亚欧经济的发展与繁荣。对于亚欧两大洲经济走廊的形成，对于开创世界经济的新格局，具有重要的现实意义。新亚欧大陆桥的贯通，有利于促进沿桥区域经济的平衡协调发展，对于推进沿桥地带的开发开放、加快工业化和城市化进程、提高各国综合国力，都具有重大的战略意义。新亚欧大陆桥的发展，有利于开拓中亚市场，对于扩大我国的对外经贸合作，有着不可忽视的重大作用。新亚欧大陆桥的开通与发展，有利于提高我国大陆沿海港口体系的国际地位。它将使我国港口从根本上解脱地理环带制约，优化沿海港口区位，为开展国际贸易运输创造有利条件。

## 五、中欧班列

中欧班列（英文名称为 China Rail Way Express，缩写为 CR express）是由中国国家铁路集团有限公司组织，按照固定车次、线路、班期和全程运行时刻开行，运行于中国与欧洲以及“一带一路”沿线国家间的集装箱等铁路国际联运列车，是深化我国与沿线国家经贸合作的重要载体和推进“一带一路”建设的重要抓手。

自 2011 年首次开行以来，中欧班列发展势头迅猛，辐射范围快速扩大，货物品类逐步拓展，开行质量大幅提高。2020 年，中欧班列累计开行 1.24 万列，运送 113.5 万标箱，分别同比增长 50%、56%，综合重箱率达 98.4%，年度开行数量首次突破 1 万列，单月开行均稳定在 1 000 列以上。中欧班列国内始发城市 59 个，境外到达城市 90 个，运行线达 73 条，实现进出口贸易总额超 8 000 亿美元。

### 思政链接

**中欧班列有力服务新发展格局和国际防疫合作**

在 2020 年新冠病毒性肺炎疫情大流行期间，中欧班列发挥重要战略运输通道作用，优先运输国际合作防疫物资，助力企业复工复产，为维护国际产业链供应链安全提供了有力支撑。中欧班列累计发送国际合作防疫物资 931 万件、7.6 万吨，到达意大利、德国、西班牙、捷克、俄罗斯、波兰、匈牙利、荷兰、立陶宛、比利时等国家，并辐射周边国家。

中欧班列编织出一条高效、快速的运输网络线。海量的防疫物资和生产生活物资通过中欧班列和智慧物流平台的全球调度分发到不同的国家，采用非侵入式的检查大大缩短了单个集装箱的查验时间，铁路货运集结实行 7×24 小时通关服务。这样的多举措运输体系极大缓解运输压力，快速提升了运输效率，加速了国际物流体系的发展，扩宽了销售路径和渠道，让国际货物流转更加快捷。

中欧班列不仅连通欧洲及沿线国家，也连通东亚、东南亚及其他地区；不仅是铁路通道，也是多式联运走廊。目前，已形成西、中、东三条通道。

——西通道。一是由新疆阿拉山口（霍尔果斯）口岸出境，经哈萨克斯坦与俄罗斯西伯利亚铁路相连，途经白俄罗斯、波兰、德国等，通达欧洲其他各国。二是由霍尔果斯（阿拉山口）口岸出境，经哈萨克斯坦、土库曼斯坦、伊朗、土耳其等国，通达欧洲各国；或经哈萨克斯坦跨里海，进入阿塞拜疆、格鲁吉亚、保加利亚等国，通达欧洲各国。三是由吐尔尕特（伊尔克什坦），与规划中的中吉乌铁路等连接，通向吉尔吉斯斯坦、乌兹别克斯坦、土库曼斯坦、伊朗、土耳其等国，通达欧洲各国。

——中通道。由内蒙古二连浩特口岸出境，途经蒙古国与俄罗斯西伯利亚铁路相连，通达欧洲各国。

——东通道。由内蒙古满洲里(黑龙江绥芬河)口岸出境,接入俄罗斯西伯利亚铁路,通达欧洲各国。

相关内容如表 5—1、表 5—2 和图 5—1 所示。

**表 5—1** **23 条既有中欧铁路直达班线**

| 序号 | 国内发(到)城市 | 边境口岸 | 境外到(发)城市 | 方向 |
|---|---|---|---|---|
| 1 | 重庆 | 阿拉山口(霍尔果斯) | 杜伊斯堡(德国)等 | 双向 |
| 2 | | 满洲里 | 切尔克斯克(俄罗斯)等 | 去程 |
| 3 | 郑州 | 阿拉山口(霍尔果斯) | 汉堡(德国)等 | 双向 |
| 4 | | 二连浩特 | 汉堡(德国)等 | 双向 |
| 5 | 成都 | 阿拉山口(霍尔果斯) | 罗兹(波兰)等 | 双向 |
| 6 | 武汉 | 阿拉山口(霍尔果斯) | 帕尔杜比采(捷克)等 | 双向 |
| 7 | | 阿拉山口(霍尔果斯) | 汉堡(德国)等 | 双向 |
| 8 | | 满洲里 | 托木斯克(俄罗斯)等 | 回程 |
| 9 | 苏州 | 满洲里 | 华沙(波兰)等 | 去程 |
| 10 | | 满洲里 | 布列斯特(白俄罗斯)等 | 回程 |
| 11 | 义乌 | 阿拉山口(霍尔果斯) | 马德里(西班牙)等 | 双向 |
| 12 | 沈阳 | 满洲里 | 汉堡(德国)等 | 双向 |
| 13 | 长沙 | 满洲里 | 汉堡(德国)等 | 去程 |
| 14 | 兰州 | 阿拉山口(霍尔果斯) | 汉堡(德国)等 | 双向 |
| 15 | 北京—天津 | 二连浩特 | 乌兰巴托(蒙古)等 | 双向 |
| 16 | 连云港 | 阿拉山口(霍尔果斯) | 阿拉木图(哈萨克斯坦)等 | 双向 |
| 17 | 营口 | 满洲里 | 后贝加尔(俄罗斯)等 | 双向 |
| 18 | 青岛 | 阿拉山口(霍尔果斯) | 阿拉木图(哈萨克斯坦)等 | 去程 |
| 19 | 乌鲁木齐 | 阿拉山口(霍尔果斯) | 阿拉木图(哈萨克斯坦)等 | 去程 |
| 20 | 西安 | 阿拉山口(霍尔果斯) | 阿拉木图(哈萨克斯坦)等 | 双向 |
| 21 | 合肥 | 阿拉山口(霍尔果斯) | 阿拉木图(哈萨克斯坦)等 | 去程 |
| 22 | 济南 | 阿拉山口(霍尔果斯) | 阿拉木图(哈萨克斯坦)等 | 去程 |
| 23 | 东莞 | 阿拉山口(霍尔果斯) | 阿拉木图(哈萨克斯坦)等 | 去程 |

表 5—2　　**陆续开通的 29 条中欧铁路直达班线**

| 序号 | 国内发(到)城市 | 边境口岸 | 境外到(发)城市 | 方向 |
|---|---|---|---|---|
| 1 | 石家庄—保定 | 阿拉山口<br>(霍尔果斯)<br>二连浩特 | 明斯克(白俄罗斯)等 | 双向 |
| 2 | 昆明 | 阿拉山口<br>(霍尔果斯)<br>二连浩特 | 鹿特丹(荷兰)等 | 双向 |
| 3 | 贵阳 | 阿拉山口<br>(霍尔果斯)<br>二连浩特 | 杜伊斯堡(德国)等 | 双向 |
| 4 | 厦门 | 阿拉山口<br>(霍尔果斯)<br>满洲里 | 罗兹(波兰)等 | 双向 |
| 5 | 库尔勒 | 阿拉山口<br>(霍尔果斯) | 杜伊斯堡(德国)等 | 双向 |
| 6 | 太原 | 阿拉山口<br>(霍尔果斯)<br>二连浩特 | 阿拉木图(哈萨克斯坦)等<br>莫斯科(俄罗斯)等 | 双向 |
| 7 | 南昌 | 阿拉山口<br>(霍尔果斯)<br>二连浩特 | 阿拉木图(哈萨克斯坦)等<br>莫斯科(俄罗斯)等 | 双向 |
| 8 | 南京 | 阿拉山口<br>(霍尔果斯)<br>满洲里 | 阿拉木图(哈萨克斯坦)等<br>莫斯科(俄罗斯)等 | 双向 |
| 9 | 南宁 | 二连浩特<br>满洲里 | 乌兰巴托(蒙古国)等<br>莫斯科(俄罗斯)等 | 双向 |
| 10 | 哈尔滨 | 满洲里 | 比克良(俄罗斯)等 | 双向 |
| 11 | 长春 | 满洲里 | 施瓦茨海德(德国)等 | 双向 |
| 12 | 大连 | 满洲里 | 汉堡(德国)等 | 双向 |
| 13 | 银川 | 阿拉山口<br>(霍尔果斯) | 德黑兰(伊朗)等 | 双向 |
| 14 | 西宁 | 阿拉山口<br>(霍尔果斯) | 阿拉木图(哈萨克斯坦)等<br>杜伊斯堡(德国)等 | 双向 |
| 15 | 包头 | 阿拉山口<br>(霍尔果斯)<br>二连浩特 | 德黑兰(伊朗)等<br>乌兰巴托(蒙古国)等 | 双向 |
| 16 | 临沂 | 阿拉山口<br>(霍尔果斯)<br>二连浩特 | 阿拉木图(哈萨克斯坦)等<br>乌兰巴托(蒙古国)等 | 双向 |
| 17 | 淄博 | 阿拉山口<br>(霍尔果斯)<br>二连浩特 | 阿拉木图(哈萨克斯坦)等<br>乌兰巴托(蒙古国)等 | 双向 |

续表

| 序号 | 国内发(到)城市 | 边境口岸 | 境外到(发)城市 | 方向 |
|---|---|---|---|---|
| 18 | 武威 | 阿拉山口<br>(霍尔果斯) | 阿拉木图(哈萨克斯坦)等 | 双向 |
| 19 | 义乌 | 阿拉山口<br>(霍尔果斯) | 德黑兰(伊朗)等 | 双向 |
| 20 | 连云港 | 阿拉山口<br>(霍尔果斯) | 伊斯坦布尔(土耳其)等 | 双向 |
| 21 | 天津 | 阿拉山口<br>(霍尔果斯)<br>满洲里 | 莫斯科(俄罗斯)等 | 双向 |
| 22 | 徐州 | 阿拉山口<br>(霍尔果斯)<br>满洲里 | 阿拉木图(哈萨克斯坦)等<br>莫斯科(俄罗斯)等 | 双向 |
| 23 | 乌兰察布 | 阿拉山口<br>(霍尔果斯)<br>二连浩特 | 阿拉木图(哈萨克斯坦)等<br>乌兰巴托(蒙古国)等 | 双向 |
| 24 | 赣州 | 阿拉山口<br>(霍尔果斯)<br>二连浩特 | 阿拉木图(哈萨克斯坦)等<br>莫斯科(俄罗斯)等 | 双向 |
| 25 | 济宁 | 阿拉山口<br>(霍尔果斯)<br>二连浩特 | 阿拉木图(哈萨克斯坦)等<br>乌兰巴托(蒙古国)等 | 双向 |
| 26 | 深圳 | 阿拉山口<br>(霍尔果斯) | 杜伊斯堡(德国)等 | 双向 |
| 27 | 广州 | 阿拉山口<br>(霍尔果斯) | 杜伊斯堡(德国)等 | 双向 |
| 28 | 金华 | 阿拉山口<br>(霍尔果斯) | 杜尔日(法国)等 | 双向 |
| 29 | 安康 | 阿拉山口<br>(霍尔果斯) | 阿拉木图(哈萨克斯坦),德国等 | 双向 |

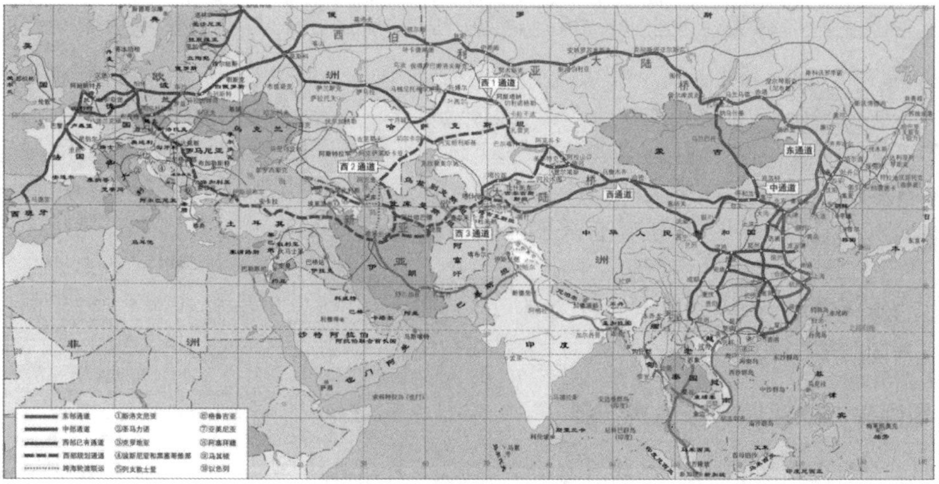


**图 5—1　中欧铁路通道规划**

# 任务三 国际多式联运经营人

## 一、国际多式联运经营人的定义

《联合国国际多式联运公约》总则中规定:多式联运经营人(Multimodal Transport Operator)是指本人或通过其代表与发货人订立多式联运合同的任何人。他是事主,而不是发货人的代理人或代表或参加多式联运的承运人的代理人或代表,并且负有履行合同的责任。

国际多式联运经营人既不是发货人的代理或代表,也不是承运人的代理或代表,它是一个独立的法律实体。国际多式联运经营人具有双重身份,对货主来说,国际多式联运经营人是承运人,它与发货人订立多式联运合同,是多式联运中的合同承运人。对实际承运人来说,多式联运经营人又是托运人,它与自己不承担区段的其他承运人订立分运或分包运输合同以完成其他区段的运输。当然,多式联运经营人也可以本人身份参加多式联运全程运输中某一个或一个以上区段的实际运输,作为该区段的实际承运人,对自己承担的区段的货物运输负责。

因此,在国际多式联运的全过程中,多式联运经营人是以双重身份出现的。多式联运经营人既是发货人也是收货人。它一方面与货主签订多式联运合同,另一方面又与实际承运人签订运输合同。多式联运经营人不论以何种身份出现,都是以本人身份而不是以货方或承运人的代理人身份出现,作为总承运人对全程运输负责,对货物灭失、损坏、延迟交付等均承担责任。

## 二、国际多式联运经营人的类型

多式联运经营人可以分为两种:一种为承运人型多式联运经营人,另一种为无船承运人型多式联运经营人。

### (一)承运人型多式联运经营人

承运人型多式联运经营人是指拥有一种或一种以上的运输工具,并实际参加联运全程中一个或多个区段运输的经营人。这类多式联运经营人一般由某一种运输方式的承运人发展而来,例如由海运、陆运或航空运输企业发展而来。如一些船公司作为多式联运经营人,在接收货物后,不但要负责海上运输,还需要安排汽车、火车与飞机的运输,多式联运经营人往往将这些内陆运输再委托给其他相应运输方式的承运人来运输,对交接过程中可能产生的装卸和包装储藏业务也委托给有关行业办理。承运人型多式联运经营人必须对货主负整个运输过程中产生的责任。

### (二)无船承运人型多式联运经营人

无船承运人型多式联运经营人是指本人不拥有任何一种运输工具,在联运全程中各区段的运输都要通过与其他实际承运人订立分运合同来完成的经营人。这类多式联运经营人一般由货运代理人或仓储公司等与运输有关的企业发展而成。无船承运人型多式联运经营人接收货物后,将运输委托给各种方式运输承运人,但其对货主仍应负责。尽管这类多式联运经营人没有自己的运输工具,但由于在长期工作中与各有关方已建立了良好的业务关系,因此在组织联运全程方面具有一定的优势。

## 三、国际多式联运经营人的责任制

多式联运中货物的全程运输是由多式联运经营人和各区段的实际承运人共同完成的。在多式联运的两种或两种以上的不同运输方式中，每一种方式所在区段适用的法律对承运人责任的规定往往是不同的。所以对多式联运经营人赔偿责任的分析，首先必须确定责任制，即其应承担的责任范围。在目前的国际集装箱多式联运中，经营人所负的责任范围主要有以下三种类型。

（一）统一责任制（Uniform Liability System）

统一责任制（又称同一责任制）就是多式联运经营人对货主负有不分区段的统一原则责任，也就是说，在多式联运中由多式联运经营人对整个多式联运过程按单一规范负统一的责任。即经营人对全程运输中货物的灭失、损坏或延期交付负全部责任，无论事故责任是明显的，还是隐蔽的；是发生在海运段，还是发生在内陆运输段，均按一个统一原则由多式联运经营人统一按约定的限额赔偿。统一责任制是最符合多式联运特点的责任制度，由于其采取了一种法律规范，明确了经营人和货方之间的法律关系，消除了由于各区段承运人相互推卸责任所带来的隐患。责任制对联运经营人来说责任负担相对较重

（二）网状责任制（Network Liability System）

网状责任制是指多式联运经营人对整个运输全过程负责，而各区段的实际承运人仅对自己完成的运输区段负责，但对货物的灭失、损坏或延期交付的赔偿，则根据各运输方式所适用的法律规定处理，如海上区段按《海牙规则》处理，铁路区段按《国际铁路运输公约》处理，公路区段按《国际公路货物运输公约》处理，航空区段按《华沙公约》处理。在不适用上述国际法规时，则按相应的国内法规的规定处理。同时，赔偿限额也是按各区段的国际法规或国内法规的规定赔偿，对不明区段的货物隐蔽损失，或推定该货损发生在海上，按相关海上运输规则处理，或按双方约定的原则处理。

在多式联运实际业务中，大部分多式联运经营人采用的责任形式是网状责任制。相对于统一责任制而言，网状责任制减轻了多式联运经营人的风险责任，对于保护刚刚起步的我国多式联运经营人的积极性，保证我国多式联运业务健康发展具有一定积极意义。此外，由于我国各运输区段如海上、公路、铁路等均有成熟的运输管理法规可以遵循，采用网状责任制，各运输区段所适用的法规可保持不变。但采用网状责任制容易在责任判定、赔偿限额等方面产生较大分歧。

（三）修正统一责任制（Modified Uniform Liability System）

修正统一责任制是介于统一责任制与分段责任制之间的责任制，又称混合责任制，即在责任范围方面与统一责任制相同，而在赔偿限额方面与分段责任制相同。《联合国国际货物多式联运公约》对于多式联运经营人的责任制形式采用了修正统一责任制。根据这一责任形式，多式联运经营人对货损的处理，不管是否能确定造成货损的实际运输区段，都将适用《联合国国际货物多式联运公约》（以下简称《多式联运公约》）中的相关规定。但《多式联运公约》第 19 条又规定：如果货物的灭失或损坏发生于多式联运的某一特定区段，而对这一区段适用的一项国际公约或强制性国家法律规定的赔偿责任限额高于本公约规定的赔偿责任限额，则多式联运经营人对这种灭失或损坏的赔偿，应按照该国际公约或强制性国家法律予以确定。根据这一规定，一旦发生货物的灭失或损坏，多式联运经营人对货损的赔偿首先要依据所适用的法律规定来确定所适用的责任制形式。

《联合国国际货物多式联运公约》中采用的修正统一责任制，使国际多式联运中出现了双层赔偿责任关系，即多式联运经营人与货主（托运人）之间的赔偿责任关系，以及多式联运经营人与其分包人之间的赔偿责任关系。前者的赔偿责任关系受制于多式联运公约的规定。由于

多式联运公约的强制性，这一规定中多式联运经营人不能放弃或降低赔偿责任限制，也不能将自己承担的责任转嫁货主。而对多式联运经营人与其分包人的赔偿责任，多式联运公约并未做任何规定，这在国际多式联运实务中容易产生纠纷。

## 四、国际多式联运经营人的责任期间

责任期间(Period of Responsibility)是指行为人履行义务、承担责任在时间上的范围。不言而喻，承运人责任期间的长短，也在一定程度上体现了承运人承担义务的多少和责任的轻重。《联合国国际货物多式联运公约》中规定：多式联运经营人对多式联运货物的责任期间为接收货物时起至交付货物时止。这一规定表明不论货物的接收地和目的地是港口还是内陆，不论多式联运合同中规定的运输方式如何，也不论多式联运的经营人是否将部分或全部运输任务委托给他人履行，多式联运经营人都必须对货物全程运输负责，包括货物在两种运输方式间交换的过程。这个规定与我国《海商法》以及《汉堡规则》关于承运人责任期间的规定完全相同。在国际集装箱多式联运中，海上承运人在很多情况下演变成了合同承运人，即与货物托运人订有多式联运合同的多式联运经营人，此外，其他运输方式的承运人也可以充当多式联运经营人。

### (一)单一运输公约下承运人的责任期间

对于海上承运人的责任期间，根据《海牙规则》的规定，承运人的责任期间是"自货物装上船时起至卸下船时止"这一段时间。就是说货物的灭失或损坏是在该期间产生的，才适用《海牙规则》。然而实际业务中，由于人们对"装上船"和"卸下船"的理解存在一定差异，因而《海牙规则》的这一规定不是特别明确。故实际业务中，大多数船公司的提单以"钩到钩"作为承运人的责任期间。

"钩到钩"原则规定，在使用装运船舶起重机起吊货物时，对于货物的风险，承运人只在货物被吊离地面时起至货物被吊离船落地时止这一段时间内负责。由于"钩到钩"原则所表示的责任期间在《海牙规则》规定的范围内，因此这样的规定是有效的。当然，在使用不同装卸设备时，"钩到钩"原则有相应不同的具体定义。《海牙规则》又进一步规定："对货物没有装上船或货物已从船上卸下后，承运人的权利、义务不受本规则的限制，承托双方自由协商，即使其责任或权利大于本规则，也为法律所许可。"

此外，《海牙规则》中所规定的承运人的责任期间并非绝对的，还要受有些国家国内法的规定和港口惯例的约束。有些国家为了保护货主的利益，以法律、港口规章或惯例的形式，要求承运人负更多的责任。承运人可以与港口、仓储经营人订立合同，对于他们的过失造成的货物损失保留追偿的权利。

《汉堡规则》延长了承运人的责任期间，规定："承运人对货物的负责时间包括货物在装船港、运输途中和卸船港承运人掌握的整个期间。"也就是说，从收到货物时起到交付货物时止。当然，收货和交货都有区域限制，在港口以外收交货物的，就不能以此收交为责任期间的开始和结束。《汉堡规则》的这一规定，突破了《海牙规则》对承运人的最低责任期间，向装卸前后两个方向发展，在一定程度上加重了承运人的责任。根据《汉堡规则》的规定，无论货物的灭失或损坏发生在哪一区域，只要是在承运人掌管期间发生的，收货人均可向承运人提出赔偿要求，即使是实际上的货物灭失或损坏并非属于承运人的责任。当然，这并不排除承运人向有关责任人行使追偿的权利。

至于其他国际货物运输公约，如《国际公路货物运输公约》、《国际铁路货物运输公约》、《国际航空货物运输公约》(《华沙公约》)等对承运人责任期间的规定,与《汉堡规则》的规定大体相同,即承运人的责任期间为:从承运人接管货物时起至交付货物后止,差别主要在于接管和交付货物的方式与地点。由于在货物运输实务中,接管和交付货物的方式涉及实际责任期间的长短和风险的大小,因此各货运公司通常都在其章程、运输条件中予以明确规定。

(二)《联合国国际货物多式联运公约》对承运人责任期间的规定

《联合国国际货物多式联运公约》根据集装箱运输下,货物在货主仓库、工厂以及集装箱货运站、码头堆场交接的特点,对多式联运经营人规定的责任期间是:"多式联运经营人对于货物的责任期间,自其接管货物之时起至交付货物时止。"

《联合国国际货物多式联运公约》规定,多式联运经营人接管货物有两种形式:

(1)从托运人或其代表处接管货物。

(2)根据接管货物地点适用的法律或规章,货物必须交其运输的管理当局或其他第三方。

实际业务中,上述第一种接管货物方式比较常见。第二种接管货物的方式中,即使多式联运公约规定多式联运经营人的责任从接管货物时开始,但在从港口当局手中接收货物的情况下,若货物的灭失或损坏是在当局保管期间发生的,多式联运经营人可以不负责任。

《联合国国际货物多式联运公约》对交付货物规定的形式有三种:

(1)将货物交给收货人;

(2)如果收货人不向多式联运经营人提取货物,则按多式联运的合同或按照交货地点适用的法律或特定行业惯例,将货物置于收货人支配之下;

(3)将货物交给根据交货地点适用法律或规章必须向其交付的当局或其他第三方。

在收货人不向多式联运经营人提取货物的情况下,多式联运经营人可按上述第(2)、(3)种交货形式交货,责任同样即告终止。在实践中,经常会发生这种情况,如收货人并不急需该批货物,为了节省仓储费用等情况,这有可能造成收货人延迟提货。因此,多式联运公约的这种规定不仅是必要的,也是合理的。

《联合国国际货物多式联运公约》在其责任期间规定中所指的多式联运经营人,包括他的受雇人、代理人或为履行多式联运合同而使用其服务的任何其他人;所指的发货人和收货人,也包括他们的受雇人或代理人。

### 五、国际多式联运经营人的赔偿责任

(一)经营人的赔偿责任基础

《多式联运公约》第16条明确规定,经营人在责任期间内对货物损坏、货物灭失和延迟交付负有责任。前面已经讲过,《多式联运公约》的赔偿责任基础是完全过失责任原则,并且采用了与《汉堡规则》相类似的规定。

《多式联运公约》规定的这种责任基础是顺应历史潮流的。随着科学技术的发展进步,运输人能够避免因自己的疏忽、过失所造成损害的机会越来越大了,那种过于偏护承运人的不完全过失责任是应该弃之不用了。多式联运又是包含有两种或两种以上的运输方式,而航空采用完全过失责任制,公路、铁路采用严格责任制。如果仅从海运角度来考虑,显然是不合理的。况且,《汉堡规则》的责任基础也是完全过失责任制。

(二)非合同的赔偿责任

《多式联运公约》第20条规定了非合同的赔偿责任,第一款强调不论是基于合同还是基于侵权提起的诉讼都不能使经营人丧失责任限制的保护。第二款强调如果货主根据侵权行为法

或其他法律向经营人的雇用人员、代理人或委托人索赔，特别是当货主向具体运输承运人索赔时，只要这类人在受雇范围内行为，他们就可以享受公约规定的经营人的权利和抗辩，并根据公约中的经营人责任限制赔偿。

（三）经营人的责任限制

《多式联运公约》中有三种赔偿标准，具体规定如下：

第一赔偿标准是包括水运的赔偿标准，经营人对货物损坏或者灭失的最高赔偿为每包或每货运单位 920SDR，或毛重每千克 2.75SDR，以高者为准。对延迟交付以应付运费的 2.5 倍为其责任限制，但由此计得的赔偿总额不得超过多式联运合同规定应付运费的总额。并且延迟赔偿与灭失损坏赔偿总和，不能超过货物全损时经营人赔偿的最高额。

第二赔偿标准对不包括海上或内河运输的多式联运，经营人的责任限额为毛重每千克 8.33SDR，这个标准与《公路货运公约》下公路承运人的赔偿限额相等。这实际上是对经营人的一种特别保护，即不包括水运的多式联运无非就是由公路、铁路、航空等组成的，而在这当中，公路的赔偿限额最低。

第三赔偿标准，根据《多式联运公约》，如果货物灭失或损坏已确定发生在多式联运的某特定区段，而对这一区段适用的国际公约或强制性国家法律规定的赔偿限额高于第一或第二赔偿标准，则多式联运经营人对此种灭失或损坏的赔偿限额，应按照该公约或强制性国家法律予以确定。这种规定弥补了《多式联运公约》有时规定的限额过少的缺陷，起到了平衡作用。

小链接

**各运输方式下有关国际公约的责任限额**

| 公约名称 | 每件或每一单位责任限额 SDR | 毛重每千克责任限额 SDR | 备注 |
|---|---|---|---|
| 《海牙规则》 | 100 英镑 | — | |
| 《维斯比规则》 | 666.67 | 2 | |
| 《汉堡规则》 | 835 | 2.5 | |
| 《鹿特丹规则》 | 875 | 3 | |
| 《多式联运公约》 | 920 | 2.75 | 包括海运或内河运输 |
| 《多式联运公约》 | — | 8.33 | 不包括海运或内河运输 |
| 《CMR(公路)》 | — | 8.33 | |
| 《CIM(铁路)》 | — | 16.66 | |
| 《华沙公约》 | — | 17 | |

《多式联运公约》第 21 条规定了经营人丧失责任限制权利的情况。其关键在于货物灭失、损坏或延迟交付是经营人或其受雇人、代理人等有意或明知可能发生而毫不在意的行为或不

行为所引起的。具体表现在：经营人和发货人串通起来欺骗收货人，在多式联运单据中列入有关货物的不实资料，对货物的重量或数量、危险性质、主要标志甚至货物品类做相应记载，没有做适当和必要的批注；经营人或其受雇人、代理人或为完成多式联运合同的其他人根本就未尽到一个普通业务人员所应尽的职责。

## 小　结

1. 国际多式联运是指按照国际多式联运合同，以至少两种不同的运输方式，由多式联运经营人将货物从一国境内接管货物的地点运至另一国境内指定交货地点。为履行单一方式货物运输合同所规定的货物接送业务，则不应视为国际多式联运。

2. 陆桥运输是指采用集装箱专用列车或卡车，把横贯大陆的铁路或公路作为中间“桥梁”，使大陆两端的集装箱海运航线与专用列车或卡车连接起来的一种连贯运输方式。

3. 北美地区的陆桥运输主要包括大陆桥运输、小陆桥运输和微桥运输等运输组织形式。

4. 欧亚大陆桥包括西伯利亚大陆桥、新亚欧大陆桥。随着“一带一路”建设不断推进，目前已形成东、中、西三条多式联运走廊。

5. 多式联运经营人(Multimodal Transport Operator)是指本人或通过其代理人与发货人订立多式联运合同的任何人，他是事主，而不是发货人的代理人或代表或参加多式联运的承运人的代理人或代表，并且负有履行合同的责任。国际多式联运经营人既不是发货人的代理或代表，也不是承运人的代理或代表，它是一个独立的法律实体。

6. 多式联运经营人对多式联运货物的责任期间为接收货物时起至交付货物时止。多式联运经营人的责任制主要有统一责任制、网状责任制、修正统一责任制三种形式。

## 职场体验

### 案例分析

中国香港某出口商委托一多式联运经营人作为货运代理，将一批半成品的服装经印度孟买转运至新德里。货物由多式联运经营人在其货运站装入两个集装箱，且签发了清洁提单，表明货物处于良好状态下接收的。集装箱经海路从中国香港运至孟买，再由铁路运至新德里。在孟买卸船时发现其中一个集装箱外表损坏。多式联运经营人在该地的代理将此情况于铁路运输前通知铁路承运人。当集装箱在新德里开启后发现，外表损坏的集装箱所装货物严重受损；另一集装箱虽然外表完好、铅封也无损，但内装货物已受损。香港出口商要求多式联运经营人赔偿其损失。请分析多式联运经营人对两箱货损是否负责，如负责，其赔偿责任如何，可否享受责任限制。

### 业务操作

沈阳一公司与新加坡一公司签发销货合同，约定按 CIF 价采用陆海联运方式从沈阳经汽车运输运至大连经海运出口至新加坡，并规定可以签发凭指示的多式联运提单。货运代理 A 接受委托后，以自己的名义分别向汽车承运人和海上承运人办理托运和订舱事宜。货物装上汽车后，货运代理 A 因无自己的多式联运提单，则委托另一家货运代理 B 向沈阳公司签发了多式联运提单，并向其收取了全程包干运费。试分析该业务中：

(1)货运代理 A 、货运代理 B 的性质以及应承担的责任是什么？

(2)谁负责安排租车订舱——沈阳公司还是新加坡公司？他们在选择多式联运经营人时

应考虑哪些因素?

(3)货运代理 A 需要设计哪些业务环节和业务内容?

(4)此案涉及的多式联运提单、公路运单、海运提单在当事人栏和运输栏上应如何缮制?

## 学习评价

### 一、单项选择题

1. 多式联运经营人对货物承担的责任期限是(　　)。

A. 自己运输区段　　B. 全程运输

C. 实际承运人运输区段　　D. 第三方运输区段

2.《多式联运公约》对包括海运或内河运输的货损,多式联运经营人对每一件或每一货损单位的赔偿限额为(　　)。

A. 666.67 SDR　　B. 100 SDR　　C. 920 SDR　　D. 835 SDR

3. 已知运输条款 CY-CY,提单记载装船港、卸船港、接货地、交货地,该提单是(　　)。

A. 直达海运提单　　B. 海海转运提单　　C. 海海联运提单　　D. 多式联运提单

4. 国际多式联运经营人是(　　)。

A. 发货人的代理人　　B. 承运人的代理人

C. 具有独立法人资格的经济实体　　D. 实际运输人

5. 多式联运单据的签发人是(　　)。

A. 船公司　　B. 货主　　C. 多式联运经营人　　D. 收货人

6. 使用两种运输方式将卸至美国西海岸港口的货物通过铁路运抵美国的内陆公共点地区,并享有优惠运价的运输方式是(　　)。

A. SLB　　B. OCP　　C. MLB　　D. IPI

7. 多式联运经营人在网状责任制下,承担的货物运输责任是(　　)。

A. 全程　　B. 自己运输区段

C. 实际承运人区段外的区段　　D. 自己控制区段

8. 西伯利亚大陆桥通往我国北方地区需经过的铁路国境站是(　　)。

A. 满洲里　　B. 二连站　　C. 阿拉山口站　　D. 绥芬河车站

9. 西伯利亚大陆桥通往我国南方地区需经过的铁路国境站是(　　)。

A. 满洲里　　B. 二连站　　C. 阿拉山口站　　D. 丹东站

10. 东起中国连云港,西至荷兰鹿特丹的铁路运输线是(　　)。

A. 西伯利亚大陆桥　　B. 新亚欧大陆桥　　C. 北美大陆桥　　D. 小陆桥

### 二、多项选择题

1. 由多个承运人共同完成货物全程运输下使用的提单有(　　)。

A. 转运提单　　B. 联运提单　　C. 多式联运提单　　D. 直达提单

E. 港到港提单

2. 美国地区运输条款有(　　)。

A. OCP　　B. MLB　　C. IPI　　D. DDC

E. DDP

3. MTO 责任制有(　　)。

A. 单一责任制　　B. 网状责任制　　C. 同一责任制　　D. 严格责任制

E. 分段责任制

4. 西伯利亚大陆桥运输线路具有(　　)的特点。

A. 运输距离缩短　　B. 轨距相同，不用换轨
C. 途中运行时间减少　　D. 运输成本降低
E. 需要换轨

5. 根据《多式联运公约》，多式联运单据的签字形式，如不违背所在国法律，可以是（　　）。
A. 手签　　B. 盖章　　C. 符号　　D. 机械打出
E. 印刷

6. 国际多式联运的优点主要表现在（　　）。
A. 无货损　　B. 降低运输成本，节约运输费用
C. 安全迅速　　D. 手续简便，提早结汇
E. 以上都对

7.《联合国国际货物多式联运公约》规定的多式联运经营人对货物灭失、损坏的责任限额是（　　）。
A. 国际货物多式联运如包括水运在内，每件货物为 920SDR
B. 国际货物多式联运如包括水运在内，按货物毛重每千克 2.75SDR
C. 国际货物多式联运如不包括水运在内，赔偿限额为货物毛重每千克 8.33SDR
D. 国际货物多式联运如不包括水运在内，每件货物为 920SDR
E. 以上都对

8. 国际多式联运经营人在集装箱货运站收货后并签发提单，意味着（　　）。
A. 发货人应自行负责货物报关　　B. 多式联运经营人负责货物报关
C. 发货人负责联系海关监装及加封　　D. 多式联运经营人负责制作装箱单
E. 以上都对

9. 国际多式联运的特点有（　　）。
A. 两种或两种以上运输方式　　B. 一次托运
C. 一次投保　　D. 一次付费
E. 一次运输

10. 从连云港出发的亚欧大陆桥通过的城市有（　　）。
A. 郑州　　B. 洛阳　　C. 兰州　　D. 乌鲁木齐
E. 厦门

**三、判断题**

1. 国际多式联运所运输货物必须是集装箱货物，不可以是一般的散杂货。（　　）
2. 网状责任制下，多式联运经营人按多式联运合同统一规定的标准进行赔偿。（　　）
3. 国际多式联运经营人根据发货人的要求，可签发转让或不可转让的多式联运单证。（　　）
4. 两机场间的航空运输，需要利用汽车运输进行货物的接送，这种陆空联运的形式属于有关多式联运的国际公约或惯例所界定的国际多式联运范畴。（　　）
5.《联合国国际货物多式联运公约》是调整国际多式联运方面的国际公约，因此对多式联运经营人具有强制适用性。（　　）
6.《联合国国际货物多式联运公约》对运输方式的种类未做限制，可以由陆海、陆空、海空等运输方式组成。（　　）
7. 国际多式联运经营人是代理人。（　　）
8. 签发国际多式联运提单时，副本提单上必须注明“不可转让副本”字样。（　　）
9. 北美大陆桥运输是世界上最早出现的陆桥运输方式。（　　）
10. 集装箱多式联运单一运费构成包括运输总成本、经营管理费用和经营利润。（　　）

**四、简答题**

1. 简述国际多式联运的定义。
2. 简述国际多式联运的特点。
3. 简述 OCP、MLB、IPI 三种运输方式的区别。
4. 举例说明国际多式联运经营人的类型。
5. 简述国际多式联运经营人的责任制。
6. 简述中欧班列开通的三条通道。
7. 货运代理人作为 MTO 安排多式联运业务,《多式联运公约》对 MTO 交付货物的形式是如何规定的?
8. 简述集装箱多式联运单一费率的构成。

# 项目六　国际货运事故处理

**知识目标**

- ◆ 了解国际货运事故索赔的程序
- ◆ 熟悉各类运输货运索赔流程

**能力目标**

- ◆ 能够缮制索赔函
- ◆ 能够完成索赔单证的整理
- ◆ 能够处理各类运输中产生的货运纠纷

**思政目标**

- ◆ 理解职业素养与货运质量的关系
- ◆ 培育货运代理从业人员的工匠精神

**重点难点**

- ◆ 熟悉货物运输事故理赔流程
- ◆ 索赔对象的确定

**任务引入**

日本EC海运公司于2019年5月25日从日本横滨装运10辆汽车到上海，货物装船后，船公司签发了没有批注的清洁提单，提单号为YS—016，船名"幸福"0422航次。该船于2017年6月2日停靠上海港A作业区五号泊位。在卸货时，发现其中5辆汽车外表损坏，理货公司制作货物残损单，船公司签字确认。收货人上海B汽车进出口公司提货时发现车辆受损，后来上海B汽车进出口公司修理车辆，费用为人民币2万元(有修理发票)。收货人欲向船公司索赔，但对索赔等事宜不熟悉，请货运代理替收货人写一份索赔函。

## 任务一　了解索赔原则

### 一、索赔的基本原则

货物的索赔和理赔是一项政策性较强、涉及面较广、情况复杂，并具有一定法律原则的涉外工作。因此，在实际工作中，应坚持实事求是，有根有据，合情合理，区别对待，讲究实效。

实事求是，就是应根据所发生事故的实际情况，分析造成事故的原因，确定损失程度和金额。也就是说，该索赔的，必须坚持原则行使索赔权利。

有根有据，是处理货物索赔的基础，在向承运人或其他有关当事人提出索赔时，应掌握造成货损事故的有利证据，并依据合同有关条款、国际惯例提出索赔。

合情合理，就是从所发生的事故中合理确定责任方应承担的责任和赔偿金额，必要时也可做出一些让步，其目的主要是能使货损事故合理地、尽早地处理。

区别对待，就是应根据我国的对外政策、对方的态度和有关业务往来，根据不同对象，有理、有利、有节，采取不同方式区别处理。

讲究实效，是指在货损事故索赔中注重实际效果，充分注意保护自身的经济利益、政治利益，以及对外影响和业务发展。

## 二、索赔对象的确定

国际贸易、运输中货物索赔的提出一般有这样的情况：货物数量或件数的缺少或货物残损、灭失；货物的质变或货物实际状况与合同规定的要求不符；承运人在货物运输途中没有适当地保管和照料货物；货物的灭失、损害属保险人承保的责任范围内等。因此，根据货物发生灭失或损害的不同原因，受损方提出索赔的对象也是不同的。

如果货物是由于下列原因造成灭失或损坏：

(1)原装货物数量不足；

(2)货物的品质与合同规定不符；

(3)包装不牢致使货物受损；

(4)未在合同规定的装运期内交货等；

(5)唛头不清。

收货人凭有关部门、机构出具的鉴定证书向发货人(卖方)提出索赔。

如果货物是由于下列原因造成灭失或损坏：

(1)在卸货港交付的货物数量少于提单中所记载的货物数量；

(2)收货人持有正本清洁提单提取货物时，货物发生残损、缺少，且系承运人的过失；

(3)货物的灭失或损害是由承运人免责范围以外的责任所致等。

上述情况则由收货人或其他有权提出索赔的人凭有关部门、机构出具的鉴定证书向承运人提出索赔。

如果货物的灭失或损害属下列范围：

(1)承保责任范围内，保险人应予赔偿的损失；

(2)承保责任范围内，由于自然灾害或意外原因等事故使货物遭受损害；

(3)在保险人责任期限内。

上述情况则由受损方凭有关证书、文件向保险公司提出索赔。

不论是哪一种原因发生的索赔案，也不管是向谁提出索赔，一项合理的索赔必须具备下列原则：

(1)提赔人要有正当提赔权。

提出货物索赔的人原则上是货物所有人，或提单上记载的收货人或合法的提单持有人。此外，还可能是货运代理人或其他有关当事人。

(2)责任方必须负有实际赔偿责任。

事实上，索赔方提出索赔并非都能得到赔偿，如属于承运人免责范围之内的，或属保险人承保责任外的货损，在很大程度上是不能得到赔偿的。

确定或证明责任方负有实际赔偿责任的文件通常有:卸货记录、检验报告、交货记录、残损记录、合同责任条款等。

(3)索赔时应具备的单证。

①索赔申请书。索赔申请书是受损方向责任方提出的赔偿要求,主要内容包括:索赔人的名称和地址;船名、抵港日期、装船港及接货地点名称;货物有关情况;短缺或残损情况;索赔日期、索赔金额、索赔理由。

②提单。提单是划分责任方与受损方责任的主要依据,在提出索赔时,索赔人应出具提单正本或其影印本。

③货物残损检验证书。该证书是受损方针对所发生的货损原因不明或不易区别时,向检验机构申请检验货物后出具的单证。

④货物残损单。该单是对货物运输、装卸过程中货物残损所做的实际记录,受损方依据经责任方签署的货物残损单提出索赔。

⑤索赔清单。索赔清单主要列明货损事故所涉及的金额,通常按货物的到岸价计算。另外,提出索赔时应出具的单证还有商业发票、短损单、修理单等。

(4)赔偿的金额必须是合理的。

合理的赔偿金额是以货损实际程度为基础。但是,在实际中责任方则往往受赔偿责任限额的保护,如承运人的赔偿可享受提单中的赔偿责任限额,保险人的赔偿以保险金额为基础。

(5)在规定的期限内提出索赔。

一项有效的索赔必须在规定的期限内提出,这就是通常所说的"索赔时效"。否则,货物的损害即使确由责任方的过失所致,索赔人提出的索赔在时效过后很难得到赔偿。

## 思政链接

**防范重于索赔**

浙江省某货运代理公司接受某进出口公司的委托出运100桶对乙酰氨基粉和40桶葡萄糖酸钙至哥伦比亚。当货物运抵目的港后,哥伦比亚海关发现实际货物为140桶对乙酰氨基粉,海关当即将多发的40桶对乙酰氨基粉当作走私品扣留,并以走私行为对哥伦比亚收货人做出没收40桶对乙酰氨基粉和罚款1 900美元的决定。得知这一错装事件后,货运代理立即调查,查明果然是多装了40桶对乙酰氨基粉,同时误将40桶葡萄糖酸钙留在货运代理仓库内。究其原因,是因为业务人员工作疏忽,在开出仓单时,仅写了一种货名即对乙酰氨基粉而造成的。最终货运代理需承担由于代理过失,即打单错误所引起的全部经济损失。

案例思考:本案例向我们揭示了一个极易被忽视的道理,即货运代理看起来是一种无本生意、极易操作的业务,其实并非如此。它学问很多,也很深,任何一个环节出现错误操作,如选择运输工具有误、选择承运人有误、发往目的地有误、报关内容有误、投保有误、保单内容被忽视以及仓库保管不当等,都可能造成无法挽回的损失。因此,国际货运代理的从业人员要从最基本的事做起,踏实肯干,努力做好自己的本职工作,每个环节的操作人员都应有较强的敬业精神和责任心。

# 任务二　海运货损事故处理

## 一、海运货损事故的确定

由于海上风险的存在和货物运输过程中涉及很多环节的作业特点，海上货物运输事故的发生实属难免。虽然可根据有关合同条款、法律、公约等规定，处理所发生的货损事故。但是，在实际处理过程中，受损方与责任方之间有时会发生争议。一般而言，海运货损事故虽有可能发生于各个环节，但很大程度上是在最终目的地收货人收货时或收货后才被发现。

当收货人提货时，如发现所提取的货物数量不足、外表状况或货物的品质与提单上记载的情况不符，则应根据提单条款的规定，将货物短缺或损坏的事实，以书面的形式通知承运人或承运人在卸港的代理人，以此表明提出索赔的要求。如果货物的短缺或残损不明显，也必须是在提取货物后规定时间内，向承运人或其代理人提出索赔通知。

在海运货损事故索赔或理赔中，提单、收货单、过驳清单、卸货报告、货物溢短单、货物残损单、装箱单、积载图等货运单证均可作为货损事故处理和明确责任方的依据，对海上承运人来说，为保护自己的利益和划清责任，应该妥善处理这些单证。

通常，货运单证的批注是区分或确定货运事故责任方的原始依据，特别是在装货或卸货时，单证上的批注除确定承运人对货物负责的程度外，有时还直接影响货主的利益，如能否持提单结汇、能否提出索赔等。

海上风险多变也是造成货运事故的主要原因之一。船舶在海上遭遇恶劣气候的情况下，为明确货损原因和程度，应核实航海日志、船方的海事声明或海事报告等有关资料和单证。

货运事故发生后，收货人与承运人之间未能通过协商对事故的性质和程度取得一致意见时，则应在共同同意的基础上指定检验人检验所有应检验的项目，检验人签发的检验报告是确定货损责任的依据。

## 二、索赔程序

海上货运公约，如《海牙规则》《维斯比规则》《汉堡规则》，以及各船公司的提单条款，一般都规定货损事故发生后，根据运输合同或根据提单有权提货的人可向承运人或其代理的提出书面通知，声明保留索赔权。

无论是根据《海牙规则》还是根据航运习惯，一般都将交付货物时是否提出书面货损通知看作是表明按提单记载事项将货物交付给收货人的推定证据。也就是说，即使收货人在接收货物时未提出书面通知，以后也可根据货运单证上的批注，或检验人的检验证书，作为相反的证据提出索赔。而且，即使收货人在收货时提出了书面通知，但在提出具体索赔时，也必须出具原始凭证，证明其所收到的货物不是清洁提单上所记载的在外表良好状况下接受装船的货物。因此，索赔方在提出书面索赔通知后，应尽快备妥各种有关单证，然后向承运人或其代理人提出货损索赔要求。

货物一旦发生灭失或损坏，通常由收货人向承运人或其代理人提出索赔。但是，当收货人根据货物保险条款从承保货物的保险人那里得到了赔偿后，保险人可代位（指代替收货人）向承运人或其代理人追偿。

### 三、索赔单证

作为举证的手段，索赔方出具的索赔单证不仅可证明货损的原因、种类、程度，还可确定最终责任方。海运中使用的主要货损索赔单证有：

(1)索赔申请书或索赔清单。

索赔方一旦正式向承运人递交索赔申请书或索赔清单，则意味着索赔方正式提出了索赔要求。因此，如果索赔方仅仅提出货损通知，而没有出具作为举证手段的货运单证和向承运人递交索赔申请书、索赔清单，事实上可解释为索赔方并没有提出正式索赔要求。

(2)提单。

提单既是货物收据、交货凭证，又是确定承运人与收货人之间责任的最终证明，是收货人提出索赔依据的主要单证。

(3)过驳清单或卸货报告、货物残损单和货物溢短单。

(4)重理单。

重理单是对货物件数或其他有疑问时，承运人要求复查而做的单证，是复查结果的证明文件。提出索赔时使用的其他单证还有货物发票、修理单、装箱单、拆箱单等。

### 四、权益转让

货物在海上运输过程中发生灭失或损害，此项货物灭失或损害是由承运人的过失造成时，通常由收货人向承运人提出索赔，但也有收货人根据提货单或保险合同，直接向保险人提出赔偿。当收货人从保险人那里得到赔偿后，则通过签署一份权益转让证书，将向承运人提出的索赔权利转让给保险人，保险人凭以向承运人索赔。该份权益转让书的主要内容为：我们(收货人)将对该货物的权利和利益转让给你们(保险人)，我们授权给你们并以我们的名义向有关政府、企业、公司或个人提出你们认为合适的赔偿要求或法律上的诉讼；有关这方面你们所需要的文件，我们可随时提供。

### 五、担保与扣船

如货损由承运人的过失所造成，责任已明确，证据也充分，且损害金额较大。作为受损方除做好一般正常的索赔工作所需要的各种手续外，为保证索赔顺利了结，可在船舶离港前采取保全措施，要求船方提供担保。这种担保分现金担保、银行担保、担保函三种方式。

现金担保由承运人或船东保赔协会汇给索赔人一定数额的现金作担保，以后的索赔款项可在保证金内支付。

银行担保和担保函都是书面担保形式，前者由银行出具，后者一般由船东保赔协会出具。

如受损方认为通过正常途径不能取得担保，则可采取扣船措施，即在责任方(承运人)未提供担保前，向法院或有关当局申请扣押船舶，不准船舶离港。但采取扣船措施时，必须慎重，以防因扣船措施不当而产生不良的影响及不必要的纠纷和经济损失。

### 六、索赔的受理与审核

索赔的受理与审核是承运人的一项理赔工作，是海上货物运输全过程中一个很重要的组成部分。这是因为货物运输质量的好坏直接关系到理赔工作。在运输质量好的情况下，索赔案件就会减少，理赔工作也会随之而减少。

一般来说，国外提赔人往往是通过国外代理提出索赔，由运输货物的承运人受理，承运人在国外的代理无权处理，除非经承运人委托或授权。

（一）分清责任

承运人在处理索赔时，首先应分清发生货损的原因和应承担的责任范围。当受损方向承运人提出某项具体索赔时，承运人可根据提单中有关承运人的免责条款解除责任。因此，在索赔和理赔过程中，往往会发生举证和反举证。原则上，受损方要想获得赔偿，必须举证，而责任方希望免除责任、减少责任，则必须反举证和举证。反举证是分清货损责任的重要手段，有时在一个案件中会多次进行，直到最终确定责任。

（二）审核

审核是处理货损事故仔细且重要的工作。在从事理赔工作时主要审核的内容有：

(1)索赔的提出是否在规定的期限内，如果期限已过，提赔人是否已要求展期；

(2)提出索赔所出具的单证是否齐全；

(3)单证之间有关内容是否相符，如船名、航次、提单号、货号、品种、检验日期等；

(4)货损是否发生在承运人的责任期限内；

(5)船方有无海事声明或海事报告；

(6)船方是否已在有关单证上签字确认；

(7)装卸港的理货数量是否准确。

（三）承运人免责或减少责任应出具的主要单证

承运人对所发生的货损欲解除责任，或意图证明自己并无过失行为，则应出具有关单证对所发生的货损不承担或少承担责任。除前述的收货单、理货计数单、货物溢短单、货物残损单、过驳清单等货运单证外，承运人还应提供：

(1)积载检验报告；

(2)舱口检验报告；

(3)海事声明或海事报告；

(4)卸货事故报告。

（四）索赔金的支付

通过举证与反举证，虽然已明确了责任，但在赔偿金额上未取得一致意见时，则应根据法院判决或决议支付一定的索赔金。关于确定损失金额的标准，海牙规则并没有做出规定，但在实际业务中大多以货物的CIF价作为确定赔偿金额的标准。

## 任务三　铁路货运事故处理

在铁路货物运输中，凡涉及铁路与发货人、收货人之间，或参加运送铁路间、铁路内部各单位间发生货物损害时，应在事故发生当日编制记录，作为分析事故原因、确定责任的原始证明和处理赔偿的依据。

### 一、货损事故记录编制

货运事故记录分为商务记录、普通记录与技术记录三种。

（一）商务记录

商务记录是在货物运送过程中对发生的货损、货差或其他不正常情况所做的如实记载，是具体分析事故原因、责任和请求赔偿的基本文件。在商务记录中，应确切地记载货物的实际情况和运送当时发现的不良状况，以及发生货物损坏的原因。记录中应列举事实，而不应包括关于责任问题和发生损失原因的任何判断。同时，对商务记录各栏内容应逐项填记。

遇有下列情况之一，应编制商务记录：

(1)发现货物的名称、重量、件数等与运单和运行报单中所记载的事项不符；

(2)货物发生全部或部分灭失或损害，或包装破损；

(3)有货无票或有票无货；

(4)由国境站开启装有危险货物的车辆时。

商务记录必须在发现事故的当日编制，并按每票货物分别编制。如果运送同一发货人和同一收货人的同一种类的货物时，准许在到达站对数批货物编制一份商务记录。

接受商务记录的铁路部门，如对记录有异议，则应从收到记录之日起45天内，将异议通知编制商务记录的人。超过这一期限，则被认为记录业已接受。

(二)普通记录与技术记录

货物运送过程中，如发现上述属商务情况以外的情况时，如有需要，车站应编制普通记录，普通记录不作为赔偿的依据。

当查明货损原因是车辆状况不良所致，除编制商务记录外，还应按该货损情况编制有关车辆状态的技术记录，并附于商务记录内。

## 二、确定事故的赔偿

(一)赔偿请求的提出与受理

发货人、收货人均有权根据运输合同提出赔偿要求。发货人必须以书面形式向发送站提出赔偿要求时，该代理必须出示发货人或收货人的委托书，以证明这种赔偿请求权是合法的。委托书应该根据赔偿请求按铁路的法令和规章办理。

自赔偿请求提出之日(凭发信邮局戳记或铁路在收到提出的赔偿请求书出具的收据为凭)起，铁路必须在180天内审查此项请求，并对赔偿请求人给予答复。

(二)索赔的依据及有关文件

索赔人在向铁路部门提出赔偿要求时，必须同时出具下列文件：

(1)货物发生全部灭失，由发货人提出赔偿时，发货人应出具运单副本，如由收货人提出赔偿时，则应同时出具运单和运单副本；

(2)货物发生部分灭失或质变、毁损时，收货人、发货人均可提出索赔，同时应出具运单以及铁路到达站给收货人的商务记录；

(3)货物发生运输延误时，应由收货人提出赔偿，并提交运单；

(4)对于承运人多收运送费用的情况，发货人可按其已付的款额向承运人追回多收部分的费用，但同时应出具运单副本或铁路部门规定的其他有关文件。如由收货人提出追回多收费用的要求，则应根据其支付的运费为基础，同时还需出具运单。

在提出索赔的赔偿请求书上，除应附有运单或运单副本外，在适当情况下还需附商务记录，以及能证明货物灭失、损坏和货物价值的文件。

(三)索赔请求时效

凡根据运输合同向铁路部门提出的索赔，以及铁路部门对发货人、收货人关于支付运费、罚款的赔偿要求应在9个月内提出；有关货物运输延误的赔偿，则应在2个月内提出。上述时效的计算方法是：

(1)关于货物损坏或部分灭失以及运输延误的赔偿，自货物交付之日或应交付之日起计算。

(2)关于货物全部灭失的赔偿，自货物按期运到后30天内。

(3)关于补充支付运费、杂费、罚款的要求，或关于退还此项款额的赔偿要求，则应自付款之日起计算。如未付款时，从货物交付之日起计算。

(4)关于支付变卖货物的货款要求，则自变卖货物之日起计算。

# 任务四　公路货运事故处理

## 一、货损事故责任的确定

公路承运人对自货物承运时起至交付货物期间内所发生的货物灭失、损害是由于装卸、运输、保管以及交接过程中发生运输延误、灭失、损坏、错运等负赔偿责任。

1. 货损

货损是指货物磨损、破裂、湿损、变形、污损、腐烂等。

2. 货差

货差是指货物发生短少、失落、错装、错卸、交接差错等。

3. 有货无票

货物存在而运单及其他票据未能随货同行或已遗失。

4. 运输过失

因误装、误卸，办理承运手续过程中的过失，或漏装、过失等。

5. 运输延误

已接受承运的货物由于始发站未及时运出，或中途发生变故等原因，致使货物未能如期到达。

造成货损差的其他原因，还有破包、散捆、票据编制过失等。

对下列原因造成的货损事故，公路承运人不承担赔偿责任：

(1)由于自然灾害发生的货物遗失或损坏；

(2)包装完整，但内容业已短少；

(3)由于货物的自然特性所致；

(4)因根据卫生机关、公安、税务机关有关规定处理的货物；

(5)由托运人自行保管、照料所引起货物的损害；

(6)货物未过磅发生数量短少；

(7)承托双方订有协议，并对货损有特别规定者。

## 二、货损事故记录的编制

货损货差商务事故记录一般根据下列要求编制：

(1)事故发生后，由发现事故的运送站或就近站前往现场编制商务记录，如系重大事故，在有条件时还应通知货主一起前往现场调查，分析责任原因；

(2)如发现货物被盗，应尽可能保持现场，并由负责记录的业务人员或司机根据发现的情况会同有关人员做好现场记录；

(3)对于在运输途中发生的货运事故，司机或押运人应将事故发生的实际情况如实报告车站，并会同当地有关人员提供足够的证明，由车站编制一式三份的商务事故记录；

(4)如货损事故发生于货物到达站，则应根据当时情况，会同司机、业务人员、装卸人员编制商务记录。

### 三、货损事故的赔偿

受损方在提出赔偿要求时，首先应做好赔偿处理手续，具体做法如下：

(1)向货物的发站或到站提出赔偿申请书；

(2)提出赔偿申请的人必须持有有关票据，如行李票、运单、货票、提货联等；

(3)在得到责任方给予赔偿的签章后，赔偿申请人还应填写“赔偿要求书”，连同有关货物的价格票证，如发票、保单、货物清单等，送交责任方。

在计算货损货差的金额时，主要有三种情况：

(1)发货前的损失，应按到达地当天同一品类货物的计划价或出厂价计算，已收取的运费也应予以退还；

(2)到达后损失，应按货物运到当天同一品类货物的调拨价计算赔偿；

(3)对价值较高的货物，则应按一般商品调拨价计算赔偿。

## 任务五 空运货运事故处理

### 一、索赔的有关法律依据

在航空货物运输过程中，主要是两种运输范围的问题：国际运输和国内运输。在航空国际货运中，主要的法律依据是《华沙公约》和《海牙议定书》；在国内货物运输中，主要是《中华人民共和国民用航空法》《中国民用航空货物国内运输规则》。

除了这两个法律条文外，还有以下同航空货运有关的国家法律和规定：《中华人民共和国民事诉讼法》《中华人民共和国民法典》《中华人民共和国商品检验法》《中华人民共和国动植物检验法》《中华人民共和国濒危动物保护法》《中华人民共和国消费者权益法》《中国民航局政府令》《中国民航航空货运管理规则》，以及本国适用的有利于消费者的法律和法规。

### 二、索赔人

索赔人包括：

(1)货运单上列明的托运人或收货人。

(2)持有货运单上托运人或收货人签署的权益转让书的人员，即承保货物的保险公司、受索赔人之托的律师、有关的其他单位、集运货物的主托运人和主收货人。

(3)托运人、收货人是指主运单上填写的托运人或收货人。向航空公司提出索赔的应是主运单上填写的托运人或收货人。客户或分运单上的托运人、收货人或其他代理应向主运单上填写的托运人或收货人提出索赔。

(4)如果收货人在到达站已将货物提取，则托运人将无权索赔。如托运人要求索赔，应该有收货人出具的权益转让书。

## 三、索赔地点和时限

### （一）索赔的地点

托运人、收货人或其代理在货物的始发站、目的站或损失事故发生的中间站，可以书面的形式向承运人（第一承运人或最后承运人或当事承运人）或其代理人提出索赔要求。

### （二）提出赔偿要求的时限

货物损坏（包括短缺）属于明显可见的赔偿要求，应从发现时起立即提出并最迟延至收到货物之日起 14 天内提出。

货物运输延误的赔偿要求，在货物由收货人支配之日起 21 天内提出。

货物毁灭或遗失要求，应自填货运单之日起 120 天之内提出。

任何异议，均按上述规定期限，向承运人以书面形式提出。除承运人有欺诈行为外，有权提取货物的人如果在规定时限内没有提出异议，将丧失对承运人诉讼的权利。

对于提出索赔的货物，货运单的法律诉讼时效为两年。

## 四、索赔所需的文件

索赔所需的文件包括：

（1）正式索赔函两份（收货人/发货人向代理公司、代理公司向航空公司）；

（2）货运单正本或副本；

（3）货物商业发票、装箱清单和其他必要资料；

（4）货物舱单（航空公司复印）；

（5）货物运输事故签证（货物损失的客观、详细情况）；

（6）商检证明（货物损害后由商检等中介机构所做的鉴定报告）；

（7）运输事故记录；

（8）来往邮件。

## 五、赔偿规定

货物没有办理声明价值，承运人按照实际损失的价值赔偿，赔偿的最高限额为毛重每千克 20 美元。已向承运人办理货物声明价值，并付声明价值附加费，按声明价值赔偿。

货物的内损是指货物的外包装完好，但货物本身破损了。对于此类货物的破损，如无确实的证据证明是由于承运人的过错造成的，则不应当负责。但对于外包装破损或有盗窃痕迹，则应负责赔偿。如果货物的一部分或者货物中任何物件发生遗失、损坏或者延误，用以决定承运人责任限额的重量，仅为该件或者件数的总重量。如果货物的一部分或者货物中任何物件发生遗失、损坏或者延误，以致影响同一份货运单所列的另一包装件或者其他包装件的价值时，在确定责任限额时，另一包装件的总重量也应当考虑在内。

## 六、索赔程序

### （一）货物运输事故签证

当航空地面代理在卸货时，发现货物破损，即由航空公司或航空公司地面代理填写货物运输事故签证，其主要是在目的站货物出现问题的一个证明。在填写这份签证之前，收货人需要进一步确认内装物的受损程度，可以同航空公司的货运人员共同开箱检查，确认货物的具体受损程度。在开箱检查时，会出现两种情况：一是外包装破损，内装物完好；二是外包装破损，内装物破损。在第二种情况下，又会出现由于货主没有按照航空货物包装的要求包装而导致的货物受损，这种情况就需要货物和承运人共同承担责任。这份证明要客观地描述货物出现问题的状况，尽量不要出现“短少”等模糊性词语。这份签证由航空公司的货运部门签完后，再由收货人签字，其中一份航空公司留存，另一份由收货人留存。

（二）索赔申请书

自发现货物发生问题后，一定要按照公约所规定的赔偿时限提出赔偿要求，需要向航空公司提出书面的索赔申请书。

**实用范例**

**索赔函示例**

中国国际航空公司货运部：

本公司在提取来自首尔的一票货，运单号为 999—12345675，1 件共 100 千克，由 CA888/09APR 承运。该货在目的地交付时发生严重的外包装破损（详见贵公司开具的事故鉴定书）。现本着实事求是、维护双方共同利益的原则，我公司向贵公司提出以下处理意见和索赔申请。

该货物价值 6 000 美元，请给予原价赔偿。参见托运人出具的受损货物价值证明。

请贵公司予以尽快办理为盼，谢谢合作。

随附：运单、装箱单、发票、事故记录等。

白云代理公司

2017—4—15

（三）航空公司审核所有的资料和文件

航空公司审核所有的资料和文件是索赔程序中非常重要的环节，以确认相关资料和文件的真实性。

（四）航空公司进一步调查

（1）如货物办理保险，保险公司全额赔偿后，保险公司再向承运人提出，承运人视限额赔偿。

（2）货物遗失，查看来往电传。货物破损、潮湿，查看记录是全部损坏还是部分损坏。

（3）了解始发站是否收到索赔函，避免双重索赔。

（4）填写国际货物索赔报告。

（五）填写航空货物索赔单

由航空公司填写航空货物索赔单，索赔人签字盖章，表明航空公司正式认可索赔的有关事项。

（六）货物索赔审批单

航空货物的索赔根据索赔货物的金额需要各级领导审批。

（七）责任解除协议书

在索赔人收到索赔款时签署责任解除协议书，即放弃诉讼权及进一步索赔权。

# 任务六 货运保险理赔

## 一、保险合同下的保险索赔

保险人与被保险人之间的保险合同形式习惯上是以保单来体现的。保单具有法律效力，对双方当事人均有约束。一份有效的保单必须载明这样一些基本内容：(1)当事人的名称和地址；(2)保险标的；(4)保险风险和事故的种类；(4)保险金额；(5)保险费；(6)保险责任开始的日期、时间和保险期限；⑦订立合同的日期。除上述事项外，其他事项可由保险人和被保险人协商后加注在保险单上。

在海运进出口贸易中，如果货物的灭失或损害发生在保单规定的责任范围内，被保险人可向保险人提出补偿要求。被保险人在提出保险索赔时，应做好下列一些工作：

(一)损失通知

被保险人得知保险的货物业已发生损害，应立即通知保险人。保险人在接到损害通知后，应采取相应的措施，如检验货物损害的程度；提出施救办法；确定保险责任；追查第三方责任等。检验完毕后应取得检验报告，作为保险人日后追偿的重要凭证。

(二)向承运人等有关方提出索赔

被保险人或其代理人在提货时发现货物受损，除向保险人报损外，还应立即通知承运人、海关、港务当局等有关方，并索取有关货损的证明。在所规定的期限内，及时向责任方提出索赔，同时保留追偿权利，必要时申请延长索赔时效。

(三)采取合理的施救措施

被保险的货物一旦发生货损事故，被保险人应对货物采取必要的施救措施，以防止损失进一步扩大。因抢救、阻止或为减少货损的措施而支付的合理费用，可由保险人负责，但以不超过该批被救货物的保险金额为限。

(四)备妥必要的索赔单证

被保险的货物经过检验，并办妥承运人等第三方的赔偿手续后，应立即向保险人或其代理人提出赔偿要求，在提出索赔时，通常提供下列单证：

(1)保险单或保险凭证正本；

(2)运输合同，包括海运提单或陆路运单；

(3)货物的商业发票；

(4)检验报告、海事报告记录；

(5)有关货损、货差的证明；

(6)索赔清单等。

总之，在保险理赔处理中，审核索赔方提出的索赔内容是一项很仔细且重要的工作。归纳起来，审核如下主要内容：

(1)索赔单证、证书、文件是否齐全；

(2)单证上的内容记载是否相符；

(3)货损是否发生在承保责任范围内；

(4)提单上有无批注；

(5)有无海事声明、海事报告、检验报告、残损单等。

## 二、保险损害赔偿原则的确定

保险合同是保险人对承保责任范围内的保险标的发生损害时负责赔偿的合同。根据保险合同确定损害赔偿的基本原则是：

(1)被保险人对保险标的必须具有保险权益，否则不能依据保险合同提出赔偿；

(2)保险合同内的标的必须具有损害发生的事实，而且所发生的损害与运输风险有关；

(3)赔偿不是保险标的归还，而是在经济上给予补偿；

(4)同一标的不能向两家以上不同的保险公司投保，否则属重复保险，保单无效。如果投保人在不了解具体做法的情况下，同时在两家以上保险公司投保，则应在从其中一家得到赔偿后做出声明，否则会构成欺骗行为。

在保险理赔中，很多货损事故索赔涉及第三者的责任，此种索赔的原则应遵循：

(1)凡属发货人的过失所致，如货物残损、数量短缺、包装不牢等，则由收货人直接申请检验出证，并及时将商检证书和有关单证备妥，在规定的期限内向发货人提出索赔；

(2)如货物的损害是由于承运人过失所致，收货人根据承运人的签证，申请检验出证，连同有关货运单证交卸货口岸的保险公司或船公司代理；

(3)涉及国内装卸和运输部门责任的货损事故，收货人应立即向有关责任方取得货运记录，直接向其提出索赔，或向保险人提出索赔；

(4)因在国内负责中转由于运输安排过失造成的货损货差事故，收货人应向责任方提出索赔，保险人不负责任。

## 三、损害赔偿保险责任范围

货物赔偿责任范围主要根据保险人与被保险人订立的保险合同中的条款来确定，一般有三种情况：

### (一)平安险的责任范围

(1)被保险的货物在运输途中因恶劣气候、雷电、海啸、地震、洪水等自然灾害造成货物全部损失或推定全损；

(2)由于运输工具遭受搁浅、触礁、沉没、碰撞、火灾、爆炸等意外事故造成货物全部或部分损失；

(3)在货物装卸或转运时由于一件或数件货物落海造成的全部或部分损失；

(4)被保险人对承保责任内的货物遭受危险时采取抢救，或为防止或减少货损的措施而支付的合理费用，但以不超过该批货物的保险金额为限；

(5)运输工具遇难后，在避难港由于卸货所引起的损失，以及在中途港、避难港由于卸货、储存、运送所产生的特殊费用；

(6)共同海损分摊和救助费用；

(7)运输合同或提单上订有“船舶互碰责任”条款，根据该条款应由货方偿还船方的损失。

### (二)水渍险的责任范围

除包括上述平安险的各项责任外，还负责被保险货物由于恶劣气候、雷电、海啸、地震、洪水等自然灾害造成的部分损失。

### (三)一切险的责任范围

除包括上述平安险、水渍险的各项责任外，还负责被保险货物在运输途中由于外来原因所致的全部或部分损失。

对由于下列原因造成的货损,保险人不予赔偿:

(1)被保险人的故意行为或过失造成的货损;

(2)属于发货人的过失责任;

(3)在保险责任开始前,被保险货物业已存在品质不良或货物数量短缺;

(4)被保险货物的自然损耗、自然特性、内在缺陷、市价跌落、运输延误等引起的损失或费用;

(5)附加险条款规定的责任范围和除外责任。

## 小　结

1. 合理索赔的原则包括:索赔人有正当提赔权、责任方负有实际赔偿责任、索赔时应具备相关的单证、赔偿的金额合理、在规定的期限内提出。

2. 狭义的货运事故是指运输中发生的货损货差事故,广义的货运事故还包括运输单证差错、迟延交付货物,海运中的"无单放货"等情况。

3. 运输中发生货运事故的原因有很多,其中大部分是由于承运人的原因所致。但是,还有一些货运事故是由货方(托运人、发货人)、第三方(港口、机场、集装箱货运站),或由不可抗力导致。不同原因所致运输中的货损货差损失将由不同当事人所承担,可能是运输合同、买卖合同、保险合同等不同合同中的当事人。

4. 原装货物数量不足、货物的品质与合同规定不符、包装不牢致使货物受损、未在合同规定的装运期内交货等原因,可依据贸易合同向托运人索赔;在卸货港交付的货物数量少于提单中所记载的货物数量,收货人持正本清洁提单取货时,发现货物发生残损、缺少,且系承运人的过失,货物的灭失或损坏是由于承运人免责范围以外的责任所致等原因,可依据提单或运输合同向承运人索赔;承保责任范围内,由于自然灾害或意外原因等事故使货物遭受损害等原因,可依据保险合同向保险人索赔。

5. 各种运输方式下货运事故索赔的程序基本相同。主要步骤为首先发出书面的货损通知,然后提交索赔申请书或索赔清单及随附单证,当事双方无法通过协商解决争议时,则进入诉讼或仲裁程序。索赔人应在规定的诉讼时效届满之前提起诉讼或仲裁,否则就失去了索赔的权利和经济利益。

## 职场体验

### 案例分析

一票航空运输的货物,从新加坡经北京中转到天津,运输的是机器设备,货运单号 555—89783442(Airport of departure:新加坡;Airport of destination:天津),3 件货物重 178 千克,计费重量共 206 千克,从新加坡运往北京采用的是飞机运输,再从北京转运天津时,使用卡车运输,但在高速公路上不幸发生车祸,设备全部损坏。请问:航空公司是否应赔偿?理由何在?如果赔偿,应赔偿多少?

### 业务操作

日本 YS 海运公司于 2019 年 5 月 25 日从日本横滨装运 10 辆汽车到上海。货物装船后,船公司签发了没有批注的清洁提单,提单号为 YS—3106,船名"OSAKA MARU"0426 航次。

该船于2019年6月2日停靠上海港A作业区五号泊位。在卸货时，发现其中5辆汽车外表损坏，理货公司制作货物残损单，船公司签字确认。收货人上海B汽车进出口公司提货时发现车辆受损。后来上海B汽车进出口公司修理车辆，费用为RMB120 000，有修理发票。收货人欲向船公司索赔，但对索赔等事宜不熟悉，请你替收货人写一份索赔函。

## 学习评价

### 一、单项选择题

1. 就造成货运事故产生的责任人而言，货运事故可分为(　　)。

A. 托运人的责任事故　　B. 承运人的责任事故

C. 第三者的责任事故　　D. 收货人的责任事故

2. 对于货运事故的责任划分，下列属于托运人责任的是(　　)。

A. 对货物的故意或过失所造成的损害　　B. 标识不清

C. 货物交付承运人之前的货损货差　　D. 包装欠妥

3. 对于货运事故的责任划分，下列属于承运人责任的是(　　)。

A. 对货物的故意或过失所造成的损害　　B. 标识不清

C. 船舶不适航造成的货物损害　　D. 包装不固

4. 货运中收货人索赔的对象有(　　)。

A. 保险人　　B. 承运人　　C. 托运人　　D. 银行

5. 收货人可向托运人索赔的原因有(　　)。

A. 未在合同规定的装运期内交货　　B. 包装不牢致使货物受损

C. 货物的品质与合同规定不符　　D. 原装数量不足

6. 收货人可向承运人索赔的原因有(　　)。

A. 货物的灭失或损坏是由于承运人免责范围以外的责任所致

B. 包装不牢致使货物受损

C. 收货人持正本清洁提单取货时，发现货物发生残损、缺少，且系承运人的过失

D. 在卸货港交付的货物数量少于提单中所记载的货物数量

### 二、简答题

1. 索赔的原则有哪些？
2. 海运索赔中所需的单证有哪些？
3. 空运索赔中所需的单证有哪些？
4. 保险索赔中所需的单证有哪些？
5. 铁路索赔中所需的单证有哪些？
6. 什么是事故记录？

### 三、案例分析

1. 我国A公司与某国B公司于2018年10月20日签订购买52 500吨化肥的CFR合同。A公司开出信用证规定，装船期限为2019年1月1日至1月10日，由于B公司租来运货的“顺风号”轮在开往某外国港口途中遇到飓风，2018年1月20日才完成装运。承运人在取得B公司出具的保函的情况下签发了与信用证条款一致的提单。“顺风号”轮于1月21日驶离装运港。A公司为这批货物投保了水渍险。2018年1月30日，“顺风号”轮途经巴拿马运河时起火，造成部分化肥烧毁。船长在命令救火过程中又造成部分化肥湿毁。船在装货港口的延迟，使该船到达目的地时遇上化肥价格下跌。A公司在出售余下的化肥时价格不得不大幅度下降，给A公司造成很大损失。请根据上述事例，回答以下问题：

(1)途中烧毁的化肥损失属什么损失,应由谁承担?为什么?

(2)途中湿毁的化肥损失属什么损失,应由谁承担?为什么?

(3)A公司可否向承运人追偿由于化肥价格下跌造成的损失?为什么?

2. 一票从澳大利亚墨尔本空运到北京的奶酪:货运单号999－89783444,1件500千克,货物价值20 000美元。飞机于2017年8月9日到达北京机场,当天上午9:00航空公司发出到货通知。收货人当天办理完海关手续后到机场提货时,发现货物并没有放在冷库保存,奶酪解冻后受损,收货人当时便提出异议。因为在货运单的操作注意事项栏中明显注明“KEEP COOL”字样,但工作人员在分拣时疏忽没有看到。最后经过挑选,损失达60%左右。请问:

(1)收货人能否向承运人索赔?为什么?

(2)承运人如果赔偿,能否享受责任限额?为什么?

(3)赔偿总金额是多少?

3. 我国货主A公司委托B货运代理公司办理一批服装货物海运出口,从青岛港到日本神户港。B公司接受委托后,出具自己的House B/L给货主。A公司凭此到银行结汇,提单转让给日本D贸易公司。B公司又以自己的名义向C海运公司订舱。货物装船后,C公司签发海运提单给B公司,B/L上注明运费预付,收发货人均为B公司。实际上C公司并没有收到运费。货物在运输途中由于船员积载不当,造成服装玷污受损。C公司向B公司索取运费,遭拒绝,理由是运费应当由A公司支付,B仅是A公司的代理人,且A公司并没有支付运费给B公司。A公司向B公司索赔货物损失,遭拒绝,理由是其没有诉讼权。D公司向B公司索赔货物损失,同样遭到拒绝,理由是货物的损失是由C公司过失造成的,理应由C公司承担责任。根据题意,请回答:

(1)本案中B公司相对于A公司而言是何种身份?

(2)B公司是否应负支付C公司运费的义务,理由何在?

(3)A公司是否有权向B公司索赔货物损失,理由何在?

(4)D公司是否有权向B公司索赔货物损失,理由何在?

(5)D公司是否有权向C公司索赔货物损失,理由何在?

4. 2018年5月20日,我国甲电力有限公司从欧洲进口一批发电机组及配套设备,委托我国乙货运代理公司负责全程运输。乙货运代理公司以托运人的身份向海运承运人订舱,装卸港口分别为A和B。货物从欧洲港口起运前,甲电力有限公司向我国丙财产保险股份有限公司投保海洋货物运输一切险,保险单上启运港和目的港分别为A和B。2018年6月9日,在发电设备被海运至我国B港后,乙货运代理公司又转委托中国丁运输有限公司将其运至甲电力有限公司在C地的工地,并向其支付陆运运费。发电设备在公路运输途中,从丁运输有限公司的车上侧移跌落地面,严重受损。请分析:

(1)甲公司的货损应向谁索赔?为什么?

(2)丁运输有限公司是否要承担责任?为什么?

(3)保险公司是否承担责任?为什么?

# 附录一：常用货运代理词汇（英汉对照）

| | |
|---|---|
| agency | 代理 |
| animal and plant quarantine | 动植物检疫 |
| apply to the customs | 报关 |
| arrival notice | 到达通知 |
| average agreement | 海损协议书 |
| bonded warehouse | 保税仓 |
| barge carrier | 载驳船、子母船 |
| basic service ports | 主要停靠港 |
| berth | 泊位 |
| bill of lading(B/L) | 提单、海运提单 |
| bill of lading original | 提单正本 |
| booking | 订舱 |
| booking container summary | 集装箱订舱总单 |
| booking list | 订舱清单 |
| booking note(B/N) | 订舱单，托运单 |
| box rates | 包箱费率 |
| broken | 破损 |
| bulk container | 散货集装箱 |
| buyer | 买方、付款人 |
| cargo under custom's supervision | 海关监管货物 |
| clearance | 清关 |
| clear in/out | 办理海关进口手续/结关后离港 |
| commodity inspection certificate | 商品检验证书 |
| customs declaration | 报关 |
| customs drawback | 海关退税 |
| customs valuation | 海关估价 |
| cargo delivery notice | 提货通知 |
| cargo manifest | 货物舱单、运货单 |
| cargo tracer | 货物查询单 |
| carrier | 承运人 |
| carrier haulage | 承运人接运 |
| carrier pack | 承运人装箱 |
| cell | 箱格 |
| CFS to CFS | 集装箱货运站到货运站 |
| CFS to CY | 集装箱货运站到集装箱堆场 |
| CFS to door | 集装箱货运站到门 |

| | |
|---|---|
| chassis | 底盘车 |
| check digit | 核对数字 |
| CIM | 国际铁路货物运输公约 |
| class rate | 分级运费率 |
| clause paramount | 首要条款 |
| clean bill of lading | 清洁提单 |
| clean shipping document | 清洁货运单证、清洁提单 |
| CMR | 国际公路货物运输公约 |
| collapsible container | 折叠式集装箱 |
| combination rate | 联运费率 |
| combined transport B/L | 联运提单 |
| combined－transport operator(CTO) | 联运经营人 |
| commodity Inspection | 商品检验 |
| common carrier | 公共承运人 |
| common law | 习惯法、不成文法律 |
| concealed damage | 隐藏损坏 |
| confirmed booking | 确定订舱 |
| consignee | 收货人 |
| container | 集装箱、货柜 |
| container freight station(CFS) | 集装箱货运站 |
| container cargo | 集装箱货 |
| container load plan(CLP) | 集装箱装箱清单 |
| container loading list | 集装箱装箱清单 |
| container number list | 集装箱号码单 |
| container rehandling report | 集装箱翻舱报告 |
| container ship | 集装箱船 |
| container terminal | 集装箱码头 |
| container unit train | 集装箱专用列车 |
| container unloading list | 集装箱卸箱清单 |
| container yard(CY) | 集装箱堆场 |
| containerization | 集装箱化 |
| contents unknown | 内容不知，内货不详 |
| conventional vessel | 常规船 |
| convertible container ship | 集装箱杂货两用船 |
| copy of B/L | 提单副本 |
| cost and freight(C&F) | 成本加运费价格 |
| cost，insurance and freight(CIF) | 成本加运费保险费价，到岸价格 |
| CY to CFS | 集装箱堆场到货运站 |
| CY to CY | 集装箱堆场到堆场 |
| CY to door | 集装箱堆场到门 |
| damage | 破损 |
| dangerous cargo list | 危险货物清单 |
| declare | 申报 |
| defective | (集装箱箱体)异常 |

| | |
|---|---|
| delivery order | 交货单 |
| delivery record | 交货记录 |
| demurrage | 滞期费 |
| dented | 凹损 |
| devanning | 拆箱 |
| devanning report | 拆箱报告单 |
| dock apron | 码头前沿 |
| Dock receipt | 场站收据 |
| Door to CFS | 门到集装箱货运站 |
| door to CY | 门到集装箱堆场 |
| door to door | 门到门 |
| dry cargo container | 干货集装箱 |
| duplicate | 副本 |
| entered inward/outward | 船抵港时向海关申报/船装货前向海关申报 |
| export clearance | 出口清关 |
| export declaration | 出口报关 |
| early termination clause | 提前终止条款 |
| empty container | 空箱 |
| equipment receipt(EIR) | 设备交接单 |
| equipment receipt in(out) | 设备交接(交出)单 |
| export declaration | 出口申报单 |
| export permit | 出口许可证 |
| face clause | 提单正面条款 |
| feeder port | 集散港、支线港 |
| feeder service | 支线运输 |
| fiber glass reinforced plastic container | 玻璃钢集装箱 |
| final destination | 最终目的地 |
| flat bed trailer | 平板式拖车 |
| flat car | 平板车 |
| flat rack container | 板架式集装箱 |
| forklift | 叉车、铲车 |
| fragmental transport | 分段运输 |
| free alongside ship(FAS) | 船边交货 |
| free carrier(FRC) | 货物交指定地点承运人价格 |
| free on board(FOB) | 船上交货,离岸价格 |
| free time | 免费存放期限 |
| freight all kinds(FAK) | 均一费率,不分品种运价 |
| freight forwarder | 货运代理人、货运公司 |
| freight liner | 定期货运列车 |
| freight and insurance paid to(CIP) | 运费和保险费付至目的地价格 |
| freight paid to(CPT) | 运费付至目的地价格 |
| freight ton | 计费吨 |
| front—handling mobile crane | 集装箱正面吊运起重机 |
| frontier health and quarantine | 国境卫生检疫 |

| | |
|---|---|
| full container load(FCL) | 集装箱整箱货 |
| full container ship | 全集装箱船 |
| gantry container crane | 集装箱门式起重机 |
| gate | 大门 |
| group carnage, transportation in groups | 成组运输 |
| health certificate | 健康证书 |
| Hague Rules | 海牙规则 |
| Hague Visby Rules | 海牙—维斯比规则 |
| Hamburg Rules | 汉堡规则 |
| handling charge | 装卸费、搬运费 |
| high cube container | 大型集装箱 |
| hook | 吊钩 |
| Inspection Certificate of Quanlity | 品质检验证书 |
| Inspection Certificate of Quantity | 数量检验证书 |
| Inspection Certificate of Weight | 重量检验证书 |
| Inspection Certificate of Origin | 产地检验证书 |
| Inspection Certificate of Fumigation | 熏蒸证书 |
| immediate transportation | 即运 |
| import permit | 进口许可证 |
| import/export tariff | 进口/出口税率 |
| incidental liabilities and expenses | 附带责任和费用 |
| inland depot | 内陆货运站 |
| inland transportation charge | 内陆运输费 |
| inspection certificate | 检验证书 |
| insulated container | 保温集装箱 |
| insurance | 保险 |
| interior post type container | 内柱式集装箱 |
| intermodal operator | 多式联运经营人 |
| International Convention for safe Container(CSC) | 国际集装箱安全公约 |
| International Maritime Organization(IMO) | 国际海事组织 |
| International Multimodal Transport Convention | 国际多式联运公约 |
| International Standardization Organization( ISO) | 国际标准化组织 |
| inward manifest | 进口舱单 |
| joint rate | 联合运输费率 |
| land bridge | 陆桥、大陆桥 |
| lashing operation | 加固(捆扎)作业 |
| LCL service charge | 拼箱服务费 |
| less than container load cargo(LCL) | 拼箱货 |
| letter of credit(L/C) | 信用证 |
| letter of guarantee(L/G) | 银行担保书,保函 |
| lift on/lift off(LO/LO) | 吊上吊下方式 |
| lighter aboard ship(LASH) | 拉西型船、载驳船 |
| liner | 班轮 |
| loading and unloading line | 装卸线 |

| | |
|---|---|
| loading list | 装货清单 |
| local clause | 地区条款 |
| local devanning(LD) | 当地拆箱 |
| local repair(LR) | 当地修理 |
| local vanning(LV) | 当地装箱 |
| maintenance shop | 维修车间 |
| mates receipt(M/R) | 大副收据 |
| micro-bridge | 微型陆桥 |
| mini-land bridge | 小陆桥 |
| mixing rate | 混装费率 |
| mobile crane | 移动式起重机 |
| non-vessel operator | 无船承运人 |
| ocean freight | 海运运费 |
| on board B/L | 装船提单 |
| on deck/liberty clause | 装载甲板自由条款 |
| open side container | 侧壁全开式集装箱 |
| open-top(bard top)container | 开顶(硬顶)集装箱 |
| open-top(soft top)container | 开顶(软顶)集装箱 |
| outside post type container | 外柱式集装箱 |
| overland transit empty | 外地空箱回送 |
| overland transit full | 外地装货回运 |
| pallet | 托盘、货板 |
| pen container | 牲畜集装箱 |
| pick up charge | 提箱费 |
| piggyback trailer on flat car | 背负式集装箱运输 |
| place of delivery | 交货地点 |
| place of receipt | 接货地点 |
| Protection and Indemnity Associations or Club(P &I) | 保赔协会 |
| quayside container crane | 岸边集装箱起重机 |
| rail division | 铁路费用 |
| rail wagon | 铁路货车 |
| ramp | 跳板 |
| received B/L | 待装提单 |
| refrigerated container | 冷藏集装箱 |
| repair shop | 修理车间 |
| road vehicle | 公路车辆 |
| roll on/roll off(RO/RO) | 滚装方式 |
| round the world service | 环球运输 |
| rubber-tired transtainer | 轮胎式集装箱龙门起重机 |
| seal | 铅封 |
| semi-container ship | 半集装箱船 |
| semi-trailer tractor | 半挂车牵引车 |
| service charge | 服务费 |
| shipped B/L | 已装船提单 |

| | |
|---|---|
| shipper load and count | 由托运人装箱并计数 |
| shipper pack | 由托运人装箱 |
| shipping charge | 装船费 |
| sort fall freight | 亏舱运费 |
| side door container | 侧开门集装箱 |
| slot | 箱位 |
| special cargo list | 特种货物清单 |
| spreader | 集装箱吊具 |
| storage charge | 保管费、仓储费 |
| stowage plan | 货物配载图 |
| straddle carrier | 跨运车 |
| surcharge(or additional) | 附加费 |
| tally sheet | 理货单 |
| tank container | 罐式集装箱 |
| terminal | 码头 |
| terminal handling charge | 装卸费用 |
| terminal port | 终点港 |
| though B/L | 联运提单 |
| tractor | 牵引车 |
| transfer crane | 搬运起重机 |
| transtainer | 集装箱龙门起重机 |
| twenty foot equivalent unit(TEU) | 20 英尺集装箱换算单位 |
| unitized | 成组化 |
| unitized cargo | 成组货物 |
| vanning | 装箱 |
| ventilated container | 通风集装箱 |

# 附录二:常用附加费中英文名称对照

由于船舶、货物、港口及其他方面的种种原因,船方在运输货物时增加费用开支或蒙受经济损失。船方为补偿这些开支或损失,除基本费率外,按规定另外收取的费用,称作附加费(Surcharge 或 Additional)。常见的附加费有:

燃油附加费(Bunker Surcharge or Bunker Adjustment Factor,BAF)
货币贬值附加费(Devaluation Surcharge or Currency Adjustment Factor,CAF)
绕航附加费(Deviation Surcharge)
苏伊士运河附加费(Suez Canal Surcharge)
转船附加费(Transshipment Surcharge)
直航附加费(Direct Additional)
港口附加费(Port Surcharge)
港口拥挤附加费(Port Congestion Surcharge)
超重附加费(Heavy-lift Additional)
超长附加费(Long Length Additional)
洗舱费(Cleaning Charge)
熏蒸费(Fumigation Charge)
冰冻附加费(Ice Surcharge)
选择卸货港附加费(Optional Fees or Optional Additional)
变更卸货港附加费(Alteration Charge)
应急燃油附加费(Emergency Bunker Surcharge)
整体费率上调(General Rate Increase)
目的地交货费(Destination Delivery Charge)
空箱调运费(Equipment Reposition Charge)
码头作业(操作)费(Terminal Handling Charge)
产地接货费(Original Receiving Charge)

# 附录三：世界主要海运港口

| 港口名称 | 中文译名 | 所属国家(地区) | 所属航线 |
|---|---|---|---|
| Aarhus | 奥尔胡斯 | 丹麦 | 西北欧 |
| Abadan | 阿巴丹 | 伊朗 | 波斯湾 |
| Abidjan | 阿比让 | 科特迪瓦 | 西非 |
| Abu Dhabi | 阿布扎比 | 阿联酋 | 波斯湾 |
| Acajutla | 阿卡胡特拉 | 萨尔瓦多 | 中南美 |
| Acapulco | 阿卡普尔科 | 墨西哥 | 中南美 |
| Accra | 阿克拉 | 加纳 | 西非 |
| Adelaide | 阿得雷德 | 澳大利亚 | 澳新 |
| Aden | 亚丁 | 也门 | 红海 |
| Alexandria | 亚历山大 | 埃及 | 地中海 |
| Alger | 阿尔及尔 | 阿尔及利亚 | 地中海 |
| Amsterdam | 阿姆斯特丹 | 荷兰 | 西北欧 |
| Ancona | 安科纳 | 意大利 | 地中海 |
| Annaba | 安纳巴 | 阿尔及利亚 | 地中海 |
| Antofagasta | 安托法加斯塔 | 智利 | 中南美 |
| Antwerp | 安特卫普 | 比利时 | 西北欧 |
| Apapa | 阿帕帕 | 尼日利亚 | 西非 |
| Apia | 阿皮亚 | 西萨摩亚 | 澳新 |
| Aqaba | 亚喀巴 | 约旦 | 红海 |
| Arica | 阿里卡 | 智利 | 中南美 |
| Assab | 阿萨布 | 埃塞俄比亚 | 红海 |
| Athens | 雅典 | 希腊 | 地中海 |
| Auckland | 奥克兰 | 新西兰 | 澳新 |
| Avonmouth | 阿芬默思 | 英国 | 西北欧 |
| Bahia Blanca | 布兰卡港 | 阿根廷 | 中南美 |
| Bahrain | 巴林 | 巴林 | 波斯湾 |
| Baltimore | 巴尔的摩 | 美国 | 美国东岸 |

续表

| 港口名称 | 中文译名 | 所属国家(地区) | 所属航线 |
| --- | --- | --- | --- |
| Banana | 巴纳纳 | 扎伊尔 | 西非 |
| Bandar Abbas | 阿巴斯港 | 伊朗 | 波斯湾 |
| Bandar Shahpour | 沙赫普尔港 | 伊朗 | 波斯湾 |
| Bangkok | 曼谷 | 泰国 | 暹罗湾 |
| Banjul(Bathurst) | 班珠尔 | 冈比亚 | 西非 |
| Barcelona | 巴塞罗那 | 西班牙 | 地中海 |
| Barranquilla | 巴兰基利亚 | 哥伦比亚 | 中南美 |
| Basra | 巴士拉 | 伊拉克 | 波斯湾 |
| Bassein | 勃生 | 缅甸 | 孟加拉湾 |
| Bata | 巴塔 | 赤道几内亚 | 西非 |
| Beira | 贝拉 | 莫桑比克 | 东非 |
| Beirut | 贝鲁特 | 黎巴嫩 | 地中海 |
| Belawan | 勿拉湾 | 印度尼西亚 | 印尼 |
| Belfast | 贝尔法斯特 | 英国 | 西北欧 |
| Belize | 伯利兹 | 伯利兹 | 中南美 |
| Benghazi | 班加里 | 利比亚 | 地中海 |
| Berbera | 伯贝拉 | 索马里 | 东非 |
| Bergen | 卑尔根 | 挪威 | 西北欧 |
| Biibao | 毕尔巴鄂 | 西班牙 | 西北欧 |
| Birkenhead | 伯肯黑德 | 英国 | 西北欧 |
| Bissau | 比绍 | 几内亚比绍 | 西非 |
| Bizerta | 比塞大 | 突尼斯 | 地中海 |
| Boma | 博马 | 扎伊尔 | 西非 |
| Bombay | 孟买 | 印度 | 波斯湾 |
| Bordeaux | 波尔多 | 法国 | 西北欧 |
| Boston | 波士顿 | 美国 | 美国东岸 |
| Bourgas | 布尔加斯 | 保加利亚 | 地中海 |
| Bremen | 不来梅 | 德国 | 西北欧 |
| Bremerhaven | 不来梅哈芬 | 德国 | 西北欧 |
| Brest | 布雷斯特 | 法国 | 西北欧 |
| Bridgetown | 布里奇顿 | 巴巴多斯 | 中南美 |
| Brighton | 布赖顿 | 特立尼达和多巴哥 | 中南美 |

续表

| 港口名称 | 中文译名 | 所属国家(地区) | 所属航线 |
|---|---|---|---|
| Brindisi | 布林迪西 | 意大利 | 地中海 |
| Brisbane | 布里斯班 | 澳大利亚 | 澳新 |
| Bristol | 布里斯托尔 | 英国 | 西北欧 |
| Brunei | 文莱 | 文莱 | 北加拿大 |
| Brussel | 布鲁塞尔 | 比利时 | 西北欧 |
| Buenaventura | 布埃纳文图拉 | 哥伦比亚 | 中南美 |
| Buenos Aires | 布宜诺斯艾利斯 | 阿根廷 | 中南美 |
| Buffalo | 布法罗 | 美国 | 美国 |
| Bunbury | 邦伯里 | 澳大利亚 | 澳新 |
| Bushire | 布什尔 | 伊朗 | 波斯湾 |
| Butterworth | 巴特沃思 | 马来西亚 | |
| Cabinda | 卡宾达 | 安哥拉 | 西非 |
| Cadiz | 加的斯 | 西班牙 | 西北欧 |
| Calcutta | 加尔各答 | 印度 | 孟加拉湾 |
| Callao | 卡亚俄 | 秘鲁 | 中南美 |
| Cam Pha | 锦普 | 越南 | 越南 |
| Cambridge | 坎布里奇 | 美国 | 美国 |
| Cape Town | 开普敦 | 南非 | 西非 |
| Caracas | 加拉加斯 | 委内瑞拉 | 中南美 |
| Cardiff | 加的夫 | 英国 | 西北欧 |
| Cartagena | 卡塔赫纳 | 哥伦比亚 | 中南美 |
| Casablanca | 卡萨布兰卡 | 摩洛哥 | 西非 |
| Cayenne | 卡宴 | 圭亚那(法属) | 中南美 |
| Cebu | 宿务 | 菲律宾 | 菲律宾 |
| Ceuta | 休达 | 休达(西属) | 西非 |
| Chalna | 查尔纳 | 孟加拉国 | 孟加拉湾 |
| Champerico | 钱佩里科 | 危地马拉 | 中南美 |
| Charlotte Amalie | 夏洛特阿马利亚 | 维尔京群岛(美属) | 中南美 |
| Cheribon | 井里文 | 印度尼西亚 | 印尼 |
| Chicago | 芝加哥 | 美国 | 美国 |
| Chittagong | 吉大港 | 孟加拉国 | 孟加拉湾 |
| Chongjin(Seishin) | 清津 | 朝鲜 | 朝鲜 |

续表

| 港口名称 | 中文译名 | 所属国家(地区) | 所属航线 |
|---|---|---|---|
| Christchurch | 克赖斯特彻奇 | 新西兰 | 澳新 |
| Christiansted | 克里斯琴斯特德 | 维尔京群岛(美属) | 中南美 |
| Churchill | 彻奇尔 | 加拿大 | 加拿大东岸 |
| Cienfuegos | 西恩富戈斯 | 古巴 | 中南美 |
| Cleveland | 克利夫兰 | 美国 | 美国西岸 |
| Cochin | 科钦 | 印度 | 波斯湾 |
| Colombo | 科伦坡 | 斯里兰卡 | 斯里兰卡 |
| Colon | 科隆 | 巴拿马 | 中南美 |
| Conakry | 科纳克里 | 几内亚 | 西亚 |
| Constantsa | 康斯坦萨 | 罗马尼亚 | 罗马尼亚 |
| Copenhagen | 哥本哈根 | 丹麦 | 西北欧 |
| Corinto | 科林托 | 尼加拉瓜 | 中南美 |
| Cork | 科克 | 爱尔兰 | 西北欧 |
| Cotonou | 科托努 | 贝宁 | 西非 |
| Cristobal | 克里斯托巴尔 | 巴拿马 | 中南美 |
| Cruz Grande | 克里斯格兰德 | 智利 | 中南美 |
| Da Nang | 岘港 | 越南 | 越南 |
| Dacca | 达卡 | 孟加拉国 | 孟加拉湾 |
| Dakar | 达喀尔 | 塞内加尔 | 西非 |
| Daman | 达曼 | 沙特阿拉伯 | 波斯湾 |
| Dar es Salaam | 达累斯萨拉姆 | 坦桑尼亚 | 东非 |
| Darwin | 达尔文 | 澳大利亚 | 澳新 |
| Detroit | 底特律 | 美国 | 美国东岸 |
| Djakarta(Jakarta) | 雅加达 | 印度尼西亚 | 印尼 |
| Djiboiti | 吉布提 | 吉布提 | 红海 |
| Doha | 多哈 | 卡塔尔 | 波斯湾 |
| Douala | 杜阿里 | 喀麦隆 | 西非 |
| Dover | 多佛尔 | 英国 | 西北欧 |
| Dubai | 迪拜 | 阿联酋 | 波斯湾 |
| Dublin | 都柏林 | 爱尔兰 | 西北欧 |
| Dunedin | 达尼丁 | 新西兰 | 澳新 |
| Dunkirk | 敦刻尔克 | 法国 | 西北欧 |

续表

| 港口名称 | 中文译名 | 所属国家(地区) | 所属航线 |
| --- | --- | --- | --- |
| Durban | 德班 | 南非 | 东非 |
| Durres | 都拉斯 | 阿尔巴尼亚 | 阿尔巴尼亚 |
| Dusseldorf | 杜塞尔多夫 | 德国 | 西北欧 |
| East London | 东伦敦 | 南非 | 东非 |
| Ensenada | 恩塞纳达 | 墨西哥 | 中南美 |
| Felixstowe | 费力克斯托 | 英国 | 西北欧 |
| Fort de France | 法兰西堡 | 马提尼克岛 | 中南美 |
| Frankfurt | 法兰克福 | 德国 | 西北欧 |
| Freeport | 弗里波特 | 巴哈马联邦 | 中南美 |
| Freetown | 弗里敦 | 塞拉里昂 | 西非 |
| Fremantle | 弗里曼特尔 | 澳大利亚 | 澳新 |
| Fukuoka | 福冈 | 日本 | 日本 |
| Funafuti | 富纳富提 | 图瓦卢 | 澳新 |
| Funchal | 丰沙尔 | 波兰 | 西北欧 |
| Gdansk | 格丁尼亚 | 波兰 | 西北欧 |
| Gdynia | 杰拉 | 意大利 | 地中海 |
| Genoa | 热那亚 | 意大利 | 地中海 |
| Ghent | 根特 | 比利时 | 西北欧 |
| Gibraltar | 直布罗陀 | 直布罗陀 | 西北欧 |
| Glasgow | 格拉斯哥 | 英国 | 西北欧 |
| Gothenburg | 哥德堡 | 瑞典 | 西北欧 |
| Grangemouth | 格兰杰默斯 | 英国 | 西北欧 |
| Guayaquil | 瓜亚基尔 | 厄瓜多尔 | 中南美 |
| Gwadur | 瓜达尔 | 巴基斯坦 | 波斯湾 |
| Haifa | 海法 | 以色列 | 地中海 |
| Haiphong | 海防 | 越南 | 越南 |
| Hakodate | 函馆 | 日本 | 日本 |
| Halifax | 哈利法克斯 | 加拿大 | 加拿大东岸 |
| Halmstad | 哈尔姆斯塔德 | 瑞典 | 西北欧 |
| Hamburg | 汉堡 | 德国 | 西北欧 |
| Hamilton | 哈密尔顿 | 百慕大群岛 | 中南美 |
| Haugesund | 豪格松 | 挪威 | 西北欧 |

续表

| 港口名称 | 中文译名 | 所属国家(地区) | 所属航线 |
|---|---|---|---|
| Havana | 哈瓦那 | 古巴 | 中南美 |
| Helsinborg | 赫尔辛堡 | 瑞典 | 西北欧 |
| Helsingor | 赫尔辛格 | 丹麦 | 西北欧 |
| Helsinki | 赫尔辛基 | 芬兰 | 西北欧 |
| Hiroshima | 广岛 | 日本 | 日本 |
| Hobart | 霍巴特 | 澳大利亚 | 澳新 |
| Hodeida | 荷台达 | 也门 | 红海 |
| Hong Kong | 香港 | 中国 | 港澳 |
| Hongay | 鸿基 | 越南 | 越南 |
| Honiara | 霍尼亚拉 | 所罗门群岛 | 澳新 |
| Honolulu | 火奴鲁鲁(檀香山) | 美国 | 美国西岸 |
| Horta | 奥尔塔 | 亚速尔群岛(葡属) | 西非 |
| Houston | 休斯敦 | 美国 | 美国东岸 |
| Hull | 赫尔 | 英国 | 西北欧 |
| Immingham | 伊明翰 | 英国 | 西北欧 |
| Iquique | 伊基克 | 智利 | 中南美 |
| Iskenderun(Alexandretta) | 伊斯肯德伦 | 土耳其 | 地中海 |
| Istanbul | 伊斯坦布尔 | 土耳其 | 地中海 |
| Izmir | 伊兹密尔 | 土耳其 | 地中海 |
| Jiddah(Jeddah) | 吉达 | 印度尼西亚 | 印尼 |
| Jogjakarta | 日惹 | 印度尼西亚 | 印尼 |
| Johore Bahru | 柔佛巴鲁 | 马来西亚 | 新马 |
| Karachi | 卡拉奇 | 巴基斯坦 | 波斯湾 |
| Kavieng | 卡维恩 | 巴布亚新几内亚 | 澳新 |
| Kawasaki | 川崎 | 日本 | 日本 |
| Khorramshahr | 霍拉姆沙赫尔 | 伊朗 | 波斯湾 |
| Kiel | 基尔 | 德国 | 西北欧 |
| Kieta | 基埃塔 | 所罗门群岛 | 澳新 |
| Kingston | 金斯敦 | 牙买加 | 中南美 |
| Kingstown | 金斯敦 | 圣文森特和格林纳丁斯 | 中南美 |
| Kismayu | 基斯马尤 | 索马里 | 东非 |
| Kobe | 神户 | 日本 | 日本 |

续表

| 港口名称 | 中文译名 | 所属国家(地区) | 所属航线 |
|---|---|---|---|
| Kompong Som | 磅逊 | 柬埔寨 | 暹罗湾 |
| Kota Kinabalu | 亚庇 | 马来西亚 | 北加里曼丹 |
| Kotka | 科特卡 | 芬兰 | 西北欧 |
| Kuching | 古晋 | 马来西亚 | 北加里曼丹 |
| Kudat | 库达特 | 马来西亚 | 北加里曼丹 |
| Kure | 吴港 | 日本 | 日本 |
| Kuwait | 科威特 | 科威特 | 波斯湾 |
| La Guaira | 拉瓜伊拉 | 委内瑞拉 | 中南美 |
| La Paz | 拉巴斯 | 墨西哥 | 中南美 |
| La Plata | 拉普拉塔 | 阿根廷 | 中南美 |
| Labuan | 拉布安 | 马来西亚 | 北加里曼丹 |
| Lae | 莱城 | 巴布亚新几内亚 | 澳洲 |
| Lagos | 拉各斯 | 尼日利亚 | 西非 |
| Lancaster | 兰开斯特 | 英国 | 西北欧 |
| Las Palmas | 拉斯帕尔马斯 | 加那利群岛 | 西非 |
| Latakia | 拉塔基亚 | 叙利亚 | 地中海 |
| Launceston | 朗塞斯顿 | 澳大利亚 | 澳洲 |
| Lautoka | 劳托卡 | 斐济 | 澳洲 |
| Le Havere | 勒阿弗尔 | 法国 | 西北欧 |
| Leghorn(Livorno) | 里窝那 | 意大利 | 地中海 |
| Libreville | 利伯维尔 | 加蓬 | 西非 |
| Limassol | 利马索尔 | 塞浦路斯 | 地中海 |
| Lindi | 林迪 | 坦桑尼亚 | 东非 |
| Lisbon | 里斯本 | 葡萄牙 | 西北欧 |
| Liverpool | 利物浦 | 英国 | 西北欧 |
| Lome | 洛美 | 多哥 | 西非 |
| London | 伦敦 | 英国 | 西北欧 |
| Londonderry | 伦敦德里 | 英国 | 西北欧 |
| Long Beach | 长滩 | 美国 | 美国西岸 |
| Los Angeles | 洛杉矶 | 美国 | 美国西岸 |
| Luanda | 罗安达 | 安哥拉 | 西非 |
| Lubeck | 卢贝克 | 德国 | 西北欧 |

续表

| 港口名称 | 中文译名 | 所属国家(地区) | 所属航线 |
|---|---|---|---|
| Lyttelton | 立特尔顿 | 新西兰 | 澳新 |
| Macao | 澳门 | 中国 | 港澳 |
| Madang | 马丹 | 巴布亚新几内亚 | 澳新 |
| Madras | 马德拉斯 | 印度 | 孟加拉湾 |
| Mahe | 马希 | 印度 | 波斯湾 |
| Majunga | 马仁加 | 马达加斯加 | 东非 |
| Makasar | 望加锡 | 印度尼西亚 | 印尼 |
| Malabo(Santa Isabel) | 马拉博 | 赤道几内亚 | 西非 |
| Malacca | 马六甲 | 马来西亚 | 新马 |
| Male | 马累 | 马尔代夫 | 波斯湾 |
| Malindi | 马林迪 | 肯尼亚 | 东非 |
| Malmo | 马尔默 | 瑞典 | 西北欧 |
| Malta | 马耳他 | 马耳他 | 地中海 |
| Manchester | 曼彻斯特 | 英国 | 西北欧 |
| Manila | 马尼拉 | 菲律宾 | 菲律宾 |
| Manzanilo | 曼萨尼略 | 墨西哥 | 中南美 |
| Mar del Plata | 马德普拉塔 | 阿根廷 | 中南美 |
| Maracaibo | 马拉开波 | 委内瑞拉 | 中南美 |
| Marseilles | 马赛 | 法国 | 地中海 |
| Massawa | 马萨瓦 | 埃塞俄比亚 | 红海 |
| Matadi | 马塔迪 | 扎伊尔 | 西非 |
| Melbourne | 墨尔本 | 澳大利亚 | 澳新 |
| Menado | 万鸦老 | 印度尼西亚 | 印尼 |
| Messina | 墨西拿 | 意大利 | 地中海 |
| Miami | 迈阿密 | 美国 | 美国东岸 |
| Middlesbrough | 米德尔斯布勒 | 英国 | 西北欧 |
| Midland | 米德兰 | 加拿大 | 加拿大东岸 |
| Mindelo | 明德卢 | 佛得角 | 西非 |
| Miri | 米里 | 马来西亚 | 北加里曼丹 |
| Mobile | 莫比尔 | 美国 | 美国东岸 |
| Mogadiscio | 摩加迪沙 | 索马里 | 东非 |
| Moji | 门司 | 日本 | 日本 |

续表

| 港口名称 | 中文译名 | 所属国家(地区) | 所属航线 |
|---|---|---|---|
| Mokha | 穆哈 | 也门 | 红海 |
| Mombasa | 蒙巴萨 | 肯尼亚 | 东非 |
| Monrovia | 蒙罗维亚 | 利比里亚 | 西非 |
| Montevideo | 蒙得维迪亚 | 乌拉圭 | 中南美 |
| Montreal | 蒙特利尔 | 加拿大 | 加拿大东岸 |
| Moulmein | 毛淡棉 | 缅甸 | 孟加拉湾 |
| Mozambique | 莫桑比克 | 莫桑比克 | 东非 |
| Mukalla | 木卡拉 | 也门 | 红海 |
| Murmansk | 摩尔曼斯克 | 俄罗斯 | 西北欧 |
| Muscat | 马斯喀特 | 阿曼 | 波斯湾 |
| Mutsamudu | 木察木杜 | 科摩罗 | 东非 |
| Nagasaki | 长崎 | 日本 | 日本 |
| Nagoya | 名古屋 | 日本 | 日本 |
| Naha | 那霸 | 日本 | 日本 |
| Nakhodka | 纳霍德卡 | 俄罗斯 | 俄罗斯东岸 |
| Nampo | 南浦 | 朝鲜 | 朝鲜 |
| Nantes | 南特 | 法国 | 西北欧 |
| Napier | 纳皮尔 | 新西兰 | 澳新 |
| Naples(Napoli) | 那不勒斯 | 意大利 | 地中海 |
| Nassau | 拿骚 | 巴哈马联邦 | 中南美 |
| Nauru | 瑙鲁 | 瑙鲁 | 澳新 |
| New Amsterdam | 新阿姆斯特丹 | 圭亚那 | 中南美 |
| New Orleans | 新奥尔良 | 美国 | 美国北岸 |
| NewPlymouth | 新普利默斯 | 新西兰 | 澳新 |
| New York | 纽约 | 美国 | 美国北岸 |
| Newcastle | 纽卡斯尔 | 英国 | 西北欧 |
| Newport | 纽波特 | 英国 | 西北欧 |
| Norfolk | 诺福克 | 美国 | 美国北岸 |
| Nouakchott | 努瓦克肖特 | 毛里塔尼亚 | 西非 |
| Noumea | 努美阿 | 新喀里多尼亚 | 澳新 |
| Nukualofa | 努库阿洛法 | 汤加 | 澳新 |
| Oakland | 奥克兰 | 美国 | 美国西岸 |

续表

| 港口名称 | 中文译名 | 所属国家(地区) | 所属航线 |
|---|---|---|---|
| Odessa | 敖德萨 | 俄罗斯 | 地中海 |
| Oran | 澳兰 | 阿尔及利亚 | 地中海 |
| Osaka | 大阪 | 日本 | 日本 |
| Oslo | 奥斯陆 | 挪威 | 西北欧 |
| Otaru | 小樽 | 日本 | 日本 |
| Owendo | 奥文多 | 加蓬 | 西非 |
| Padang | 巴东 | 印度尼西亚 | 印尼 |
| pago pago | 帕果帕果 | 东萨摩亚 | 澳新 |
| Palembang | 巨港 | 印度尼西亚 | 印尼 |
| Panama | 巴拿马 | 巴拿马 | 中南美 |
| Papeete | 帕皮提 | 波利尼西亚(法属) | 澳新 |
| Paramaribo | 帕拉马里博 | 苏里南 | 中南美 |
| Paranagua | 巴拉那瓜 | 巴西 | 中南美 |
| Penang | 槟城 | 马来西亚 | 新马 |
| Perth | 珀斯 | 澳大利亚 | 澳新 |
| Philadelphia | 费城 | 美国 | 美国东岸 |
| Phnom Penh | 金边 | 柬埔寨 | 暹罗湾 |
| Piraievs | 比雷埃夫斯 | 希腊 | 地中海 |
| Plymouth | 普利茅斯 | 蒙特塞拉特岛 | 中南美 |
| Pointe des Galets | 加莱角 | 留尼汪岛 | 东非 |
| Pointe Noire | 黑角 | 刚果 | 西非 |
| Pointe-a-Pitre | 皮特尔角 | 瓜德罗普岛 | 中南美 |
| Ponce | 蓬塞 | 波多黎各 | 中南美 |
| Pondicherry | 本地治里 | 印度 | 孟加拉湾 |
| Pontianak | 坤甸 | 印度尼西亚 | 印尼 |
| PortAdelaide | 阿德雷德港 | 澳大利亚 | 澳新 |
| Port au Prince | 太子港 | 海地 | 中南美 |
| PortCastries | 卡斯特里港 | 圣卢西亚 | 中南美 |
| Port Elizabeth | 伊丽莎白港 | 南非 | 东非 |
| Port Harcourt | 哈科特港 | 尼日利亚 | 西非 |
| Port Kelang | 巴生港 | 马来西亚 | 新马 |
| Port kembla | 肯布兰 | 澳大利亚 | 澳新 |

续表

| 港口名称 | 中文译名 | 所属国家(地区) | 所属航线 |
|---|---|---|---|
| Port Limon | 利蒙港 | 哥斯达黎加 | 中南美 |
| Port Louis | 路易港 | 毛里求斯 | 东非 |
| Port Moresby | 莫尔兹比港 | 巴布亚新几内亚 | 澳新 |
| Port Novo | 波多诺伏 | 贝宁 | 西非 |
| Port of Spain | 西班牙港 | 特立尼达和多巴哥 | 中南美 |
| Port Said | 塞得港 | 埃及 | 地中海 |
| Port Stanley | 斯坦利港 | 马尔维纳斯群岛 | 中南美 |
| Port Sudan | 苏丹港 | 苏丹 | 红海 |
| PortVictoria | 维多利亚港 | 塞舌尔 | 东非 |
| PortVila | 维拉港 | 瓦努阿图 | 澳新 |
| Portland(Maine) | 波特兰 | 美国 | 美国东岸 |
| Portland(Orcgon) | 波特兰 | 美国 | 美国东岸 |
| Portsmouth | 朴次茅斯 | 英国 | 西北欧 |
| Priolo | 辟利洛 | 意大利 | 地中海 |
| Puerto Cabello | 卡贝略港 | 委内瑞拉 | 中南美 |
| Punta Arenas | 彭塔阿雷纳斯 | 智利 | 中南美 |
| Puntarenas | 彭塔雷纳斯 | 哥斯达黎加 | 中南美 |
| Pusan(Busan) | 釜山 | 韩国 | 韩国 |
| Quebec | 魁北克 | 加拿大 | 加拿大东岸 |
| Rabat | 拉巴特 | 摩洛哥 | 西非 |
| Rabaul | 腊包尔港 | 巴布亚新几内亚 | 澳新 |
| Rangoon | 仰光 | 缅甸 | 孟加拉湾 |
| Recife | 累西腓 | 巴西 | 中南美 |
| Reykjavik | 雷克雅未克 | 冰岛 | 西北欧 |
| Riga | 里加 | 拉脱维亚 | 西北欧 |
| Rijeka | 里耶卡 | 南斯拉夫 | 地中海 |
| Rio de janeiro | 里约热内卢 | 巴西 | 中南美 |
| Rio Grande | 里奥格兰德 | 巴西 | 中南美 |
| Rostock | 罗斯托克 | 德国 | 西北欧 |
| Rotterdam | 鹿特丹 | 荷兰 | 西北欧 |
| Sabang | 沙璜 | 印度尼西亚 | 印尼 |
| Saigon | 胡志明市(西贡) | 越南 | 越南 |

续表

| 港口名称 | 中文译名 | 所属国家(地区) | 所属航线 |
|---|---|---|---|
| San Cruz | 圣克鲁斯 | 加那利群岛 | 西美 |
| San cruz del Sur | 南圣克鲁斯 | 古巴 | 中南美 |
| San Diego | 圣迭戈 | 美国 | 美国西岸 |
| San Fernando | 圣费尔南多 | 特立尼达和多巴哥 | 中南美 |
| San Francisco | 旧金山 | 美国 | 美国西岸 |
| San Jose | 圣何赛 | 危地马拉 | 中南海 |
| San Juan | 圣胡安 | 波多黎各 | 中南美 |
| San Juan del Sur | 南圣胡安 | 尼加拉瓜 | 中南美 |
| San Lorenzo | 圣洛伦索 | 阿根廷 | 中南美 |
| San Tome | 圣多美 | 圣多美和普林西比 | 西非 |
| Sandakan | 山打根 | 马来西亚 | 北加里曼丹 |
| Sandwich | 桑德危奇 | 英国 | 西北欧 |
| Santiago | 圣地亚哥 | 佛得角 | 西非 |
| Santo | 圣吐 | 瓦努阿图 | 澳新 |
| Santo Domingo | 圣多明各 | 多米尼加共和国 | 中南美 |
| Santos | 圣多斯 | 巴西 | 中南美 |
| Savsnnah | 萨凡纳 | 美国 | 美国东岸 |
| Seattle | 西雅图 | 美国 | 美国西岸 |
| Semarang | 三宝垄 | 印度尼西亚 | 印尼 |
| Sete | 塞特 | 法国 | 地中海 |
| Sharjah | 沙加 | 阿联酋 | 波斯湾 |
| Sibu | 诗巫 | 马来西亚 | 北加里曼丹 |
| Singapore | 新加坡 | 新加坡 | 新马 |
| Southampton | 南安普敦 | 英国 | 西北欧 |
| Split | 斯普利特 | 南斯拉夫 | 地中海 |
| St. Denis | 圣但尼 | 留尼汪岛 | 东非 |
| St. George's | 圣乔治 | 格林纳达 | 中南美 |
| St. Georges | 圣乔治 | 百慕大群岛 | 中南美 |
| St. John | 圣约翰 | 加拿大 | 加拿大东岸 |
| St. John's | 圣约翰斯 | 安提瓜和巴布达 | 中南美 |
| St. Lawrence | 圣劳伦斯 | 加拿大 | 加拿大东岸 |
| St. Thomas | 圣托马斯 | 维京群岛 | 中南美 |

续表

| 港口名称 | 中文译名 | 所属国家(地区) | 所属航线 |
|---|---|---|---|
| Stavanger | 斯塔万格 | 挪威 | 西北欧 |
| Stockholm | 斯德哥尔摩 | 瑞典 | 西北欧 |
| Suez | 苏伊士 | 埃及 | 红海 |
| Sur | 苏尔 | 黎巴嫩 | 地中海 |
| Surabaya | 泗水 | 印度尼西亚 | 印尼 |
| Suva | 苏瓦 | 斐济 | 澳新 |
| Swansea | 斯旺西 | 英国 | 西北欧 |
| Sydney | 悉尼 | 澳大利亚 | 澳新 |
| Szczecin | 什切青 | 波兰 | 西北欧 |
| Tabaco | 塔巴科 | 菲律宾 | 菲律宾 |
| Takoradi | 塔克拉迪 | 加纳 | 西北欧 |
| Tallin | 塔林 | 爱沙尼亚 | 西北欧 |
| Tamatave | 塔马塔夫 | 马达加斯加 | 东非 |
| Tampico | 坦皮科 | 墨西哥 | 中南美 |
| Tandjungpriok | 丹戎不碌 | 印度尼西亚 | 印尼 |
| Tanga | 坦噶 | 坦桑尼亚 | 东非 |
| Tangier | 丹吉尔 | 摩洛哥 | 西非 |
| Tarawa | 塔拉瓦 | 基里巴斯 | 澳新 |
| Tawau | 斗湖 | 马来西亚 | 北加里曼丹 |
| Tel Aviv | 特拉维夫 | 以色列 | 地中海 |
| Tema | 特马 | 加纳 | 西非 |
| Tjirebon | 井里汶 | 加纳 | 西非 |
| Tokyo | 东京 | 日本 | 日本 |
| Toronto | 多伦多 | 加拿大 | 加拿大东岸 |
| Toulor | 土伦 | 法国 | 地中海 |
| Trieste | 的里雅维特 | 意大利 | 地中海 |
| Trincomalee | 亭可马里 | 斯里兰卡 | 斯里兰卡 |
| Tripoli | 的黎波里 | 利比亚 | 地中海 |
| Trujillo | 特鲁希略 | 洪都拉斯 | 中南美 |
| Tumaco | 图马科 | 哥伦比亚 | 中南美 |
| Tunis | 突尼斯 | 突尼斯 | 地中海 |
| Valona | 发罗拉 | 阿尔巴尼亚 | 阿尔巴尼亚 |

续表

| 港口名称 | 中文译名 | 所属国家(地区) | 所属航线 |
|---|---|---|---|
| Valparaiso | 瓦尔帕莱索 | 智利 | 中南美 |
| Vancouver | 温哥华 | 加拿大 | 加拿大西岸 |
| Varna | 瓦儿纳 | 保加利亚 | 地中海 |
| Vasa | 瓦沙 | 芬兰 | 西北欧 |
| Venice | 威尼斯 | 意大利 | 地中海 |
| Victoria | 维多利亚 | 喀麦隆 | 西非 |
| Vigo | 维哥 | 西班牙 | 西北欧 |
| Visby | 维斯比 | 瑞典 | 西北欧 |
| Walvis bay | 沃儿维斯湾 | 纳米比亚 | 西非 |
| Wellington | 惠灵顿 | 新西兰 | 澳新 |
| Wewak | 威瓦克 | 巴布亚新几内亚 | 澳新 |
| Willemstad | 威廉斯塔德 | 安的列斯(荷属) | 中南美 |
| Wismar | 维斯马 | 德国 | 西北欧 |
| Yokohama | 横滨 | 日本 | 日本 |
| Zanzibar | 桑给巴儿 | 坦桑尼亚 | 东非 |

# 参考资料


1. 杨志刚:《国际货运代理实务法规与案例》,人民交通出版社 2014 年版。

2. 王海兰:《运输管理实务》,上海财经大学出版社 2017 年版。

3. 赵加平、张益海:《国际货运及代理实务》,中国海关出版社 2017 年版。

4. 苏兆河:《货运代理/世界技能大赛项目实训指导》,中国劳动社会保障出版社 2019 年版。

5. 陈言国:《国际货运代理实务》,电子工业出版社 2017 年版。

6. 孙明:《国际货运代理实务》,同济大学出版社 2020 年版。

7. 武德春、武骁:《国际多式联运实务》,机械工业出版社 2016 年版。

8. 杨鹏强:《国际货运代理实务》,电子工业出版社 2021 年版。

9. 许丽洁:《国际物流与货运代理》,人民邮电出版社 2020 年版。

10. 江红:《航空运输地理》,人民交通出版社 2017 年版。

11. 王艳:《国际航空货运实务》,清华大学出版社 2016 年版。

12. 张清,杜扬:《国际物流与货运代理》,机械工业出版社 2020 年版。

13. 顾永才、高倩倩:《国际物流与货运代理》,首都经济贸易大学出版社 2016 年版。

14. 龙桂先:《国际物流与货运代理实务》,机械工业出版社 2016 年版。

15. 郑克俊:《国际货运代理业务处理》,清华大学出版社 2017 年版。

16. 编写组:《2015 版国际铁路货物联运操作实务》,中国铁道出版社 2016 年版。

17. 邓永贵、王静梅:《铁路货物运输》,化学工业出版社 2017 年版。

18. 王慧、李学华、张宇诺:《铁路集装箱运输与多式联运》,北京交通大学出版社 2017 年版。

19. 编委会:《铁路集装箱运输管理》,中国铁道出版社 2016 年版。

20. 方照琪:《集装箱运输管理与国际多式联运》,电子工业出版社 2016 年版。

21. 孟祥茹、宋伟、姜华:《国际集装箱多式联运》,人民交通出版社 2017 年版。

22. 郝秀辉:《航空运输合同法》,法律出版社 2016 年版。

23. 李鹏:《我国第三方国际海运物流经营人法律问题研究》,中国法制出版社 2017 年版。

24. 何丽新:《海商法:案例与材料》,法律出版社 2016 年版。

25. 郭萍、韩立新、王欣:《航运业务与海商法》,大连海事大学出版社 2016 年版。

26. 戴小红:《国际航空货运代理实务》,中国金融出版社 2020 年版。

27. 李贺:《国际货物运输与保险理论、实务、案例、实训》,上海财经大学出版社 2016 年版。

28. 付丽茹、解进强:《公路运输实务》,清华大学出版社 2016 年版。

29. 中国涉外商事海事审判网, http://www.ccmt.org.cn。

30. 中国裁判文书网,http://wenshu.court.gov.cn。

31. 中国航贸网,http://www.snet.com.cn。
32. 亿通国际,http://www.easipass.com。
33. 中远海运集装箱运输有限公司,http://lines.coscoshipping.com。
34. 中国国际海运网,http://www.shippingchina.com。
35. 民航资源网,http://www.carnoc.com。
36. 中国国际货运代理协会, http://www.cifa.org.cn。
37. 中国船舶代理及无船承运人协会,http://www.casa.org.cn。
38. 中国航空运输协会,http://www.cata.org.cn。